"十三五"江苏省高等学校重点教材

高等职业教育财务会计类规划教材

管理会计案例教程

GUANLI KUAIJI ANLI JIAOCHENG

（第二版）

苑梅 朱璋龙 主编

东北财经大学出版社
Dongbei University of Finance & Economics Press

大连

图书在版编目（CIP）数据

管理会计案例教程 / 苑梅，朱璋龙主编. —2 版. —大连：东北财经大学出版社，2024.8（2025.1重印）. —（高等职业教育财务会计类规划教材）. —ISBN 978-7-5654-5360-1

Ⅰ. F234.3

中国国家版本馆CIP数据核字第20246LX951号

东北财经大学出版社出版

（大连市黑石礁尖山街217号　邮政编码　116025）

网　　址：http://www.dufep.cn

读者信箱：dufep@dufe.edu.cn

大连天骄彩色印刷有限公司印刷　　东北财经大学出版社发行

幅面尺寸：185mm×260mm　　字数：432千字　　印张：18.75

2024年8月第2版　　　　　　　2025年1月第2次印刷

责任编辑：王天华　　　　　　　　　　责任校对：高　铭

封面设计：原　皓　　　　　　　　　　版式设计：原　皓

定价：48.00元

第二版前言

本书作为"十三五"江苏省高等学校重点教材，自2021年出版以来，承蒙读者厚爱，取得了较大的影响力。2021年11月，财政部印发的《会计改革与发展"十四五"规划纲要》提出，"十四五"时期会计审计标准更加科学，管理会计指引体系得到进一步完善，需要积极推动会计工作数字化转型，研究信息化新技术应用于会计基础工作、管理会计实践、财务会计工作和单位财务会计信息系统建设。同时，需要进一步加强对企业管理会计应用的政策指导、经验总结和应用推广，推进管理会计在加速完善中国特色现代企业制度、促进企业有效实施经营战略、提高管理水平和经济效益等方面发挥积极作用。为了贯彻落实"十四五"时期会计改革与发展的总体目标，进一步强化对管理会计知识和技能的学习，我们对本书进行了全面修订。

本次修订以习近平新时代中国特色社会主义思想和党的二十大报告为指引，深入学习贯彻党的二十届三中全会精神，引入新质生产力概念，增加"学思践悟"栏目，并对一些技能训练做了修改，同时在原有29个微课的基础上，增加了7个综合运用管理会计知识分析实际业务的微课，以期为广大读者进一步提高对管理会计基本指引和应用指引的认知提供帮助。

本书可单独使用，也可以与《管理会计项目化实训工作手册》配套使用。本书可作为高等院校大数据与会计、大数据与财务管理、大数据与审计等财经类专业教材，也可作为成人高校、社会从业人员、社会爱好者的业务学习用书。

本书是校企合作编写的教材，也是"十三五"江苏省高等学校重点教材，由无锡商业职业技术学院苑梅、朱璋龙拟定编写提纲并担任主编，无锡商业职业技术学院周婷婷、何晨担任副主编。具体编写分工如下：项目一由朱璋龙、付裕编写，项目二和项目三由何晨编写，项目四由李旭珈编写，项目五和项目六由周婷婷编写，项目七由王晓辉编写，项目八由全新月编写，项目九由苑梅编写，案例由用友网络科技股份有限公司新道科技股份有限公司任子宜、江苏苏港会计师事务所（特殊普通合伙人）无锡分所何智、雄宇重工集团股份有限公司赵磊搜集和编写，最终由苑梅和朱璋龙统稿。在本书的编写过程中，编者得到了很多企业专家的指导和帮助，在此深表谢意。

由于编者水平有限，书中难免存在疏漏和不妥之处，恳请专家学者、使用本书的老师和同学们批评指正。

编　者

2024年8月

第一版前言

　　管理会计是会计的重要分支，它主要服务于企业和行政事业单位的内部管理活动，是通过利用相关信息，有机融合财务与业务活动，在单位规划、决策、控制和评价等方面发挥重要作用的管理活动。管理会计属于现代企业会计工作实践的范畴。它依托现代管理科学和会计学理论基础，以现代企业经营活动及其价值表现为研究对象，运用管理会计工具方法，将企业经营活动和财务活动的融合分析结果提供给企业管理者以便其进行决策。在建设中国式现代化进程中，必须坚持自信自立，必须坚持守正创新，运用具有中国特色的管理会计方法助推企业创造价值。因此，本书以现代企业财务会计信息和其他有关信息为对象，利用专门的决策方法对企业经营、投资等正在发生或即将发生的重要经济活动及问题进行预测、决策、实施、评价与考核，从现代企业内部管理的需要出发，阐述预测决策会计、规划控制会计和责任会计的基本理论和方法。

　　更为重要的是，2016年6月22日，财政部发布了《管理会计基本指引》，明确了管理会计的目标、原则、四大要素，以及管理会计在七大领域内的应用工具和方法。2017年9月，财政部发布了《关于印发〈管理会计应用指引第100号——战略管理〉等22项管理会计应用指引的通知》，进一步明确了管理会计在现代企业中的重要职能和重要地位。本书正是为满足现代企业经营管理的需要而编写的，编者分析了管理会计基本职业岗位需求能力，在校企合作团队的调研、讨论、再调研、再讨论基础上，形成了编写大纲，包括管理会计认知、成本性态分析与变动成本计算、本量利分析、经营预测分析、短期经营决策分析、长期投资决策分析、全面预算分析、存货控制分析、业绩评价分析等9个项目。在编写体例上，以案例为引，导入教学，目的是引导学生学习。每个项目按照思维导图、素质目标、知识目标、能力目标、技能要点与重难点、引导案例、思政专栏、实训任务等为编写体系，促使学生更好地把握管理会计工具方法的应用。在编写形式上，本书采用的是嵌入式操作指引的编写方法，将以案例形式设置的实训任务、任务分析、操作步骤、完成任务等嵌入相关项目和任务中。

　　本书的主要特色与创新如下：

　　（1）内容建设体现思政元素与专业课程的融合性。本书编者以新商科人才培养为背景，在专业课程内容中融入了关于理想信念、中国精神、法律意识和道德修养的思政内容，使本书成为培养"诚信为本，操守为重"职业素养的学材。

　　（2）内容设计体现"案例导入+任务步骤示范+技能训练"的技能积累性。本书以案例作为情景再现手段，将实践操作与理论分析融为一体，鼓励读者独立思考，引导读者注重能力、重视师生双向交流。

　　（3）内容呈现方式体现"图、文、声、影并茂"的立体性。本书依托精品课程资源、在线开放课程、微课+视频+动画+课件等课程资源，能够满足教师线上线下的教学需求。为方便教学，我们在书中以二维码的形式添加了29个重点和难点的微课，用微信扫一扫即可直接观看。为方便查找，书后特增加了"数字化教学资源索引"。

（4）内容表现形式体现灵活性。本书是校企合作开发的类似于工作手册式的教材，构建教学项目、教学任务和案例导入训练，实现项目制下任务驱动的动态化教材与课程教学资源的高度融合，教师可以根据学生的需求和不足，灵活地为学生挑选内容进行授课，体现了教材内容编写形式的创新性。

本书是校企合作编写的教材，也是"十三五"江苏省高等学校重点教材，由无锡商业职业技术学院苑梅、朱璋龙拟定编写提纲并担任主编，无锡商业职业技术学院周婷婷、何晨担任副主编。具体编写分工如下：项目一由朱璋龙编写，项目二和项目三由何晨编写，项目四由李旭珈编写，项目五和项目六由周婷婷编写，项目七由王晓辉编写，项目八由全新月编写，项目九由苑梅编写，案例由新道科技股份有限公司李媛媛、连丽搜集和编写，最终由苑梅和朱璋龙统稿。在本书的编写过程中，编者得到了无锡商业大厦大东方股份有限公司财务总监胡蔚玲的指导和帮助，在此深表谢意。

本书在出版过程中，得到了江苏省级课程思政《管理会计》示范项目、江苏省"青蓝工程"中青年学术带头人和江苏省"青蓝工程"优秀教学团队的支持，在此一并表示感谢。

本书既可以作为高职高专财务会计类专业的教学用书，也可以作为企事业单位相关岗位的培训用书。同时，本书在会计类岗位从业者职业技能培训以及其他职业技能培训方面，能够提供基于项目化的任务驱动型训练。

由于编者水平有限，书中纰漏在所难免，恳请读者批评指正。

编　者

2023年1月

目 录

项目一

管理会计认知

管理会计的含义
- 管理会计的概念
- 管理会计的特点

管理会计的产生和发展
- 管理会计的产生
- 管理会计的发展
  - 第一阶段：强调成本确认
  - 第二阶段：强调成本相关性
  - 第三阶段：强调成本决策分析功能
  - 第四阶段：强调成本的行为面
- 管理会计在我国的发展

管理会计的职能与目标
- 管理会计的职能
  - 预测经济前景
  - 参与经济决策
  - 规划经营目标
  - 控制经济过程
  - 考核评价经营业绩
- 管理会计的目标

管理会计与财务会计的比较
- 联系
  - 两者目标一致
  - 两者信息同源
  - 两者主要指标相互渗透
- 区别
  - 工作的侧重点不同
  - 遵循的原则和标准不同
  - 观念和取向不同
  - 对会计人员素质的要求不同
  - 编制报告的时间跨度不同
  - 信息精确程度不同
  - 会计方法不同
  - 信息特征表现不同

管理会计的运用原则
- 战略导向原则
- 融合性原则
- 适应性原则
- 成本效益原则

管理会计的应用环境
- 内外部环境
- 业财融合
- 管理机构及组织

管理会计的工具方法

管理会计的基本内容

任务一　管理会计理论体系构建

项目一　管理会计认知

任务二　管理会计职业道德体系构建

管理会计职业认知
- 岗位的技能认知
- 岗位的专业认知
  - 充足的专业技能准备
  - 充足的职业技能准备
  - 熟悉业务、行业、宏观政策
  - 具有开拓、创新和学习意识
- 岗位的价值认知
  - 爱岗敬业
  - 诚信从业
  - 客观公正
  - 保守秘密
  - 廉洁自律

管理会计职业道德与会计法律制度的关系
- 联系
- 区别

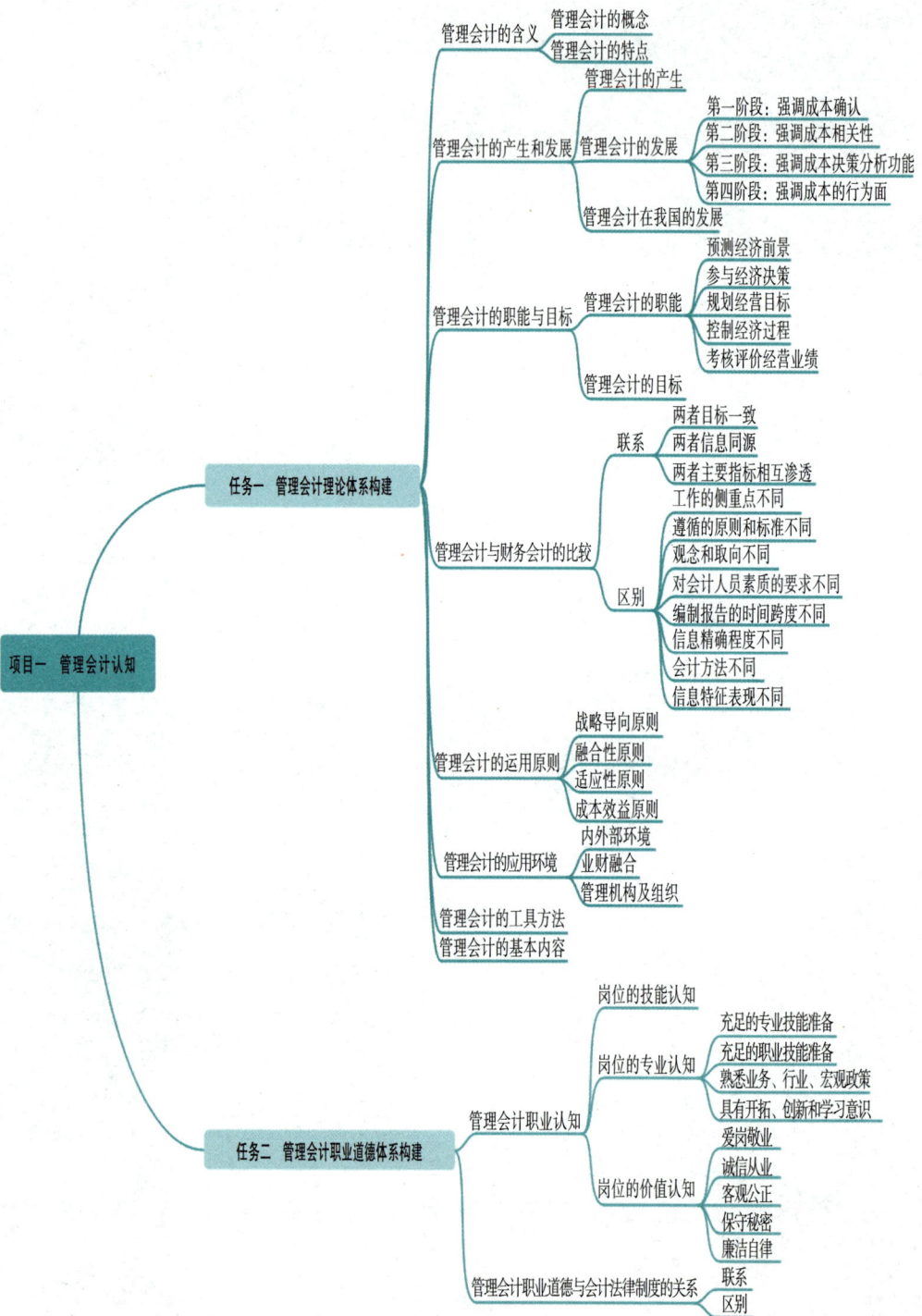

项目一思维导图

素质目标

◆通过学习管理会计的产生与发展，培养学生形成正确的会计史观，增强历史使命感和责任感

◆通过学习我国管理会计应用指引，培养学生树立诚信为本、操守为重的正确职业道德观，培养学生吃苦耐劳、爱岗敬业的工匠精神

◆通过学习管理会计与财务会计的比较，培养学生以效率、和谐、持续为目标的经济增长和社会发展方式的绿色发展理念，培养学生提高经营要素质量的集约化效率意识

◆通过学习管理会计基本内容，培养学生廉洁自律、合规守法的法治意识，培养学生自主学习、团队协作的能力

知识目标

◆熟悉并掌握管理会计的概念、职能和目标

◆理解并掌握管理会计与财务会计的区别

◆理解并掌握管理会计的内容

◆熟悉并遵守管理会计职业道德规范

能力目标

◆通过学习管理会计的产生与发展，能充分认识到管理会计的重要性，将来能够认真投入管理会计工作中

◆通过学习管理会计应用指引，能构建管理会计理论与实操体系，为以后从事管理会计工作奠定理论基础

◆通过学习管理会计职业道德，能树立正确的职业道德观，为以后从事管理会计工作奠定素质基础

技能要点与重难点

技能要点	重难点
（1）能掌握并运用管理会计职能分析企业财务信息 （2）能掌握并运用管理会计与财务会计为企业服务 （3）能认知管理会计职业道德和职业能力为从业奠定基础	（1）运用管理会计职能分析企业财务信息 （2）运用管理会计与财务会计为企业服务

◆◆◆ 引导案例 ◆◆◆

新质生产力赋能企业财务管理高质量发展

2023年9月7日，习近平总书记在黑龙江考察调研期间首次提出新质生产力。2024年1月31日，中共中央政治局就扎实推进高质量发展进行第十一次集体学习，习近平总书记在主持学习时强调，高质量发展是新时代的硬道理。

所谓新质生产力是以科技创新为主的生产力，是摆脱了传统增长路径、符合高质量发展要求的生产力，是数字时代更具融合性、更体现新内涵的生产力。新质生产力覆盖新一代数字技术、生物技术、新能源、新材料、高端装备、新能源汽车、绿色环保，以及航空航天、海洋装备等。新质生产力是以数字化、网络化、智能化的新技术为支撑，以深化数字技术应用为主要功能的全新生产力形态。

新质生产力对企业财务管理的高质量发展起到哪些作用呢？根据对新质生产力的内涵了解，发现新质生产力对财务管理高质量发展具有重要作用。首先，引入新质生产力，使得财务管理可以通过自动化、智能化的方式处理海量数据，为财务管理决策提供更为准确、可靠的数据支持。其次，企业可以实时监控现金流、订单处理、销售数据等财务状况，及时发现潜在的风险和问题，并采取相应的措施进行防范和应对。再次，新质生产力提供的数据分析工具，可以深入挖掘和分析企业财务数据，从而帮助企业了解自身财务状况和经营成果，优化资源配置和决策支持。最后，通过数字化平台，新质生产力可以更加紧密地与采购、生产、销售等业务环节相连接，实现信息的实时共享和协同处理，促进业财融合与协同发展。

资料来源：王欣，刘光强，干胜道．新质生产力赋能财务管理高质量发展的机制与路径［J］．财会月刊，2024，45（09）：41-46．

◆任务

（1）新质生产力在企业的规划、决策、控制和评价等方面发挥着什么作用？

（2）新质生产力能够有效满足企业内部管理者的需要吗？

任务一　管理会计理论体系构建

一、管理会计的含义

（一）管理会计的概念

管理会计是会计的重要分支，主要服务于单位（包括企业和行政事业单位，下同）内部管理需要，是通过利用相关信息，有机融合财务与业务活动，在单位规划、决策、控制和评价等方面发挥重要作用的管理活动。[①]关于管理会计的概念，西方学者有很多不同的观点。

---

①　摘自财政部《关于全面推进管理会计体系建设的指导意见》（财会〔2014〕27号）。

美国会计学会管理会计分会对管理会计作出的定义是：管理会计就是运用适当的技术和概念，处理企业历史和计划的经济信息，以有助于管理人员制订合理的、能够实现经营目标的计划，以及达到各项目标所进行的决策。

英国特许管理会计师公会对管理会计作出的定义是：管理会计是为组织创造价值和保值而收集、分析、传递和使用与决策相关的财务与非财务信息的职业。

加拿大管理会计师协会对管理会计作出的定义是：管理会计是会计专业的一个分支，是提供企业管理计划、指挥、决策所需要的信息，以及企业各个管理层级如何有效利用信息进行最有效决策的过程。

国际会计师联合会对管理会计作出的定义是：在一个组织内部，对管理当局用于规划、评价和控制的信息（财务的和运营的）进行确认、计量、积累、分析、处理、解释和传输的过程，以确保其资源的利用并对它们承担经管责任。

从以上定义可以看出，管理会计是为强化企业内部经营管理，提高经济效益服务，运用一系列专门的方式方法，收集汇总、分析和报告各种经济信息，其处理的信息包括财务信息和非财务信息，最后将处理结果提供给企业管理者用于决策。

（二）管理会计的特点

现代管理会计与财务会计并列存在，两者形成会计学科的两大分支。与财务会计相比，管理会计具有以下特点：

1.侧重为企业内部经营管理服务

现代管理会计主要通过对财务和管理信息的提供及其分析和解释，侧重为企业管理部门正确地进行优化决策和有效地改善生产经营服务。

2.方式方法灵活多样

现代管理会计要充分利用财务会计记账、核算提供的资料，以及从上述资料之外取得有关信息，根据管理要求加工计算，为管理提供各种有用的资料。现代管理会计以灵活而多样的形式对财务会计的有关资料进行加工、改制和延伸；对各种经营方案的经济效益进行分析对比，并为编制所作的加工计算和汇总。

3.兼顾全局与局部两个方面

现代管理会计为了更好地服务于企业经营管理，必须兼顾企业生产经营的全局与局部两个方面。

4.面向未来

由于管理会计是为企业决策和控制提供相关信息的会计，因此，在现代管理会计研究中，将管理会计界定为决策与计划会计，即"决策与计划会计"可以作为管理会计的同义词，这表明了管理会计的边界。决策与计划会计主要是以未来尚未发生的事项作为处理对象，依据其所掌握的丰富资料，对生产经营中各个方面采取的有关方案能够取得的经济效益，事先进行科学的预测和分析比较，以便为正确选取最优方案提供客观依据。

5.广泛应用数学方法

现代管理会计越来越广泛地应用高等数学和现代数学方法。随着科学技术的不断进步、生产经营的日趋复杂、企业规模的不断扩大，整个企业管理正朝着定量化的方向发展。

二、管理会计的产生和发展

（一）管理会计的产生

管理会计是一门多种学科相互渗透的综合性和应用性很强的学科，在学科性质上属于会计学科的一个分支。它为企业管理者规划和控制企业的各种经济活动提供信息。管理会计工作包括收集、分类、处理、分析和报告信息。

管理会计是从传统的会计中分离出来的，它是一门边缘学科，是管理学与会计学互相交叉的一门综合性学科，是经济发展、管理科学发展和科学技术发展的必然结果。管理会计包括成本会计和管理控制系统两大组成部分，我们研究管理会计技术方法的演进，是以历史和发展的眼光，审视管理会计各个阶段的变化和发展，结合考察管理会计研究焦点的演变及未来管理会计工作的变动趋势，试图从中得出对管理会计学术研究和实务运用的有益启示。

（二）管理会计的发展

管理会计研究在不同的时期有不同的焦点，并且无不受到其技术方法沿革的影响。它大致经历了以下四个阶段：第一阶段强调成本确认，主要注重成本核算的真实和精确；第二阶段强调成本相关性，主要注重不同目的的成本信息要求；第三阶段强调成本决策分析功能，主要注重成本管理的战略价值；第四阶段强调成本的行为面，主要注重多人决策情形下各行为层面的激励和考评。

1.第一阶段：强调成本确认

第一阶段主要在第二次世界大战以前，管理会计的研究焦点是成本确认。成本会计系统围绕全部成本的认定而展开，其主要任务是尽可能得到精确而又真实的成本。在高级成本会计中，还专门研究如何在复杂的生产环境中归集成本的问题。为了得到精确而又真实的成本，成本会计人员使用的是一种财务特性很强的计量方法，而衡量这种计量方法的基本条件，是它必须能提供特定的、明确的、可以适用于所有目的的历史成本信息，只有这样它才能被接受。使用者只要根据自己的期望来调整这种绝对真实的成本信息就可以了。

2.第二阶段：强调成本相关性

第二阶段主要在第二次世界大战以后，人们逐渐认识到会计信息应当满足使用者，尤其是管理层的需要。于是，为计划和控制提供信息的管理会计得以发展起来，其技术方法也不断丰富。与强调全部成本的确认相比，这一阶段的特点是强调相关成本。为了得到相关成本，管理会计强调"不同目的不同成本"这一指导思想，强调潜在用户的决策需要，强调演绎推理的方法。从这种意义上讲，相关成本要反映的是有条件的真实（conditional truth）或有意境的真实（contextual truth），这一阶段的管理会计技术方法也充分体现了这一特征。

3.第三阶段：强调成本决策分析功能

第三阶段主要在20世纪60年代末期至70年代初期。20世纪50年代和60年代初，管理会计系统应为决策提供信息的观点开始得到认同，使决策分析成为管理会计新的研究焦点。先是新古典经济学派的框架被管理会计研究人员广泛运用于决策分析。新古典经济学派分析问题的基本方法是边际分析法，其基本理论假设是信息完整充实、不需要任何成本便可取得信息，其重要概念包括边际成本、边际收入、增量现金流量等。在上述方法论、理论假设和概念的基础上，用严格的数学方法分析管理会计决策问题成为可能，管理会计的研究向着精密的数量化技术方法的方向发展。本量利分析、成本估算、投入产出法、线性规划、学习曲线、存货控制和方差分析等计划决策模型在这一时期发展起来。在以后的时期，管理会计研究人员将不确定性引入决策过程，但管理会计信息本身是一种有成本的经济商品，应按成本效益原则进行生产。这里有一种形象的说法，管理会计有关信息、模型、专家的"市场"需要受成本效益原则这只看不见的手操纵（Horngren，1975）。于是，信息经济学的成本效益分析方法被广泛用于不确定环境的决策分析。成本效益分析方法还通过对信息系统选择与信息系统设计分离出来，大大简化了决策模型的复杂度。

4. 第四阶段：强调成本的行为面

第四阶段，在信息经济学的发展下，又产生了代理理论、交易成本理论等。这些理论试图进一步解决多人决策（multi-person decision）问题。不同于传统的单人决策（single-person decision）方法，多人决策方法更多地关注管理会计的行为层面，被用于解决最佳激励方式和业绩考核方案的选择等行为问题。但目前运用多人决策方法所能解决的还只限于明确问题，要想在复杂的多人决策情形下，建立具有针对性的管理会计技术方法，并要求管理会计控制系统能提供明确和切实的指导，还存有较大的困难。

微课

管理会计的产生和在我国的发展

这里值得一提的是管理会计技术方法的演进与一定时期社会管理技术的发展有紧密联系。我们认为，管理会计应该在企业管理过程中发挥更积极的作用，特别是成本管理与业绩考评在未来企业管理中将变得越来越重要，企业长短期战略的制定，将会越来越依赖管理会计提供的有效信息。但鉴于管理会计信息并不是企业加强内部管理所需信息的唯一来源，许多情况下甚至还不是主要来源，管理会计通常起到支持和监督作用，并不能取代成本管理与业绩考评等企业管理活动本身。

另外，当我们跨入知识经济和信息时代时，管理会计控制系统的自动化、管理会计功能分散化将是不可逆转的趋势。这将会降低对特定管理会计技术方法所提供信息需求的必要性，因为届时管理会计人员通常只是帮助设计和改进管理会计控制系统，而大量的管理会计具体工作将会变得微不足道。因此管理会计的研究重点将会侧重于管理会计人员行为影响的研究。这是因为，管理会计人员以往的优势在于收集、计量、汇总并传递管理控制信息，对非财务信息的提供和使用感到不熟悉、不确定、不适应，对采用怎样的行为观点来处理各类财务和非财务的控制信息，显得迷惑和无所适从，这决定了管理会计人员的职业前途面临着严峻的考验。可以断言，只有部分高度敏锐、知识结构完备且适应能力很强的管理会计人员才能顺应管理会计的上述变动趋势，管理会计研究应该在这方面提供必要的帮助。

（三）管理会计在我国的发展

1. 我国管理会计发展的第一阶段

中华人民共和国成立初期，我国实行计划经济体制，在该体制下，整个国家如同一个企业，而国有企业就如同巨型企业的一个生产车间，国有企业的生产计划由国家统一下达。从管理会计的角度看，国有企业充其量是一个"成本中心"，最多也就是一个"人为利润中心"，成本计划及其完成情况便成为国家考核国有企业完成生产任务的重要手段。成本及其考核是计划经济时代唯一可作为的事情。此外，在计划经济体制下，企业的产品由国家统一定价。国家以企业的成本为基础确定产品价格，即"产品价格 = 产品成本 × (1 + 成本利润率)"，这就使国家必须重视企业成本管理制度建设，通过企业成本管理制度确定企业成本项目和成本开支范围。这种对以成本为核心的内部责任会计的重视体现在国家颁布的各种成本管理制度上。

2.我国管理会计发展的第二阶段

20世纪70年代末期，中国管理会计的发展进入第二阶段。该阶段是以党的十一届三中全会为转折点的，特别是党的十四大的召开，在理论和实践上都具有划时代的意义。党的十四大明确指出：我国要建立社会主义市场经济体制，实行政企分开，企业成为独立的商品生产者和经营者。与这种新的环境和条件相适应，在管理会计方面也就自然而然地要求原有的执行性管理会计向决策性管理会计转变。

三、管理会计的职能与目标

（一）管理会计的职能
1.预测经济前景

预测是指采用科学的方法预计推测客观事物未来发展必然性或可能性的行为。管理会计发挥"预测经济前景"的职能，就是按照企业未来的总目标和经营方针，充分考虑经济规律的作用和经济条件的约束，选择合理的量化模型，有目的地预计和推测未来企业销售、利润、成本及资金的变动趋势和水平，为企业经营决策提供第一手信息。

2.参与经济决策

决策是在充分考虑各种可能的前提下，按照客观规律的要求，通过一定程序对未来实践的方向、目标、原则和方法作出决定的过程。管理会计发挥"参与经济决策"的职能，主要体现在根据企业决策目标搜集、整理有关信息资料，选择科学的方法计算有关长短期决策方案的评价指标，并作出正确的财务评价，最终筛选出最优的行动方案。

3.规划经营目标

管理会计"规划经营目标"的职能，是通过编制各种计划和预算实现的。它要求在最终决策方案的基础上，将事先确定的有关经济目标分解落实到各有关预算中去，从而合理有效地组织协调企业供、产、销及人、财、物之间的关系，并为控制和责任考核创造条件。

4.控制经济过程

管理会计发挥"控制经济过程"的职能，就是将经济过程的事前控制同事中控制有机地结合起来，通过事前确定科学可行的各种标准，根据执行过程中的实际与计划发生的偏差进行原因分析，并及时采取措施进行调整，改进工作，确保经济活动正常进行。

5.考核评价经营业绩

管理会计履行"考核评价经营业绩"的职能，是通过建立责任会计制度来实现的，即在各部门各单位及每个人均明确各自责任的前提下，逐级考核责任指标的执行情况，找出成绩和不足，从而为奖惩制度的实施和未来工作改进措施的形成提供必要的依据。

（二）管理会计的目标

根据财政部2016年6月印发的《管理会计基本指引》，管理会计的目标是通过运用管理会计工具方法，参与单位规划、决策、控制、评价活动并为之提供有用信息，推动单位实现战略规划。

四、管理会计与财务会计的比较

（一）管理会计与财务会计的联系

管理会计与财务会计有许多相同之处，它们彼此相互渗透、相互补充，主要联系体现在以下几个方面：

1. 两者目标一致

（1）两者工作环境相同，都是在现代经济条件下的现代化企业，两者都是以企业经营活动及其价值表现为对象；

（2）两者都必须服从现代企业会计的总体要求，共同为实现企业和企业管理目标服务。

2. 两者信息同源

管理会计的资料多来自财务会计系统，它的主要工作内容是对财务会计信息进行深加工和再利用，故受到财务会计工作质量的约束；同时，部分管理会计信息有时也列作对外公开发表的范围。

3. 两者主要指标相互渗透

财务会计提供的历史性资金、成本、利润等有关指标，是管理会计进行长、短期决策分析的重要依据；管理会计所确定的计划，又是财务会计进行日常核算的目标。两者的主要指标体系和内容是一致的，尤其是企业内部的会计指标体系更应该同步实施才能实现有效的控制和管理。

（二）管理会计与财务会计的区别

1. 工作的侧重点不同

财务会计工作的侧重点在于根据日常的业务记录登记账簿，定期编制有关的财务报表，向企业外界具有经济利害关系的团体、个人报告企业的财务状况与经营成果，其具体目标主要为外部提供财务报告信息。管理会计工作的侧重点在于针对企业经营管理遇到的特定问题进行分析研究，以便向企业内部各级管理人员提供预测决策和控制考核所需要的信息资料，其具体目标主要为企业内部管理服务。

2. 遵循的原则和标准不同

财务会计工作必须严格遵守企业会计准则，以保证所提供的财务信息在时间上的一致性和空间上的可比性。管理会计不受企业会计准则的完全限制和严格约束，在工作中可灵活应用现代管理理论作为指导。

3. 观念和取向不同

财务会计将其着重点放在如何真实准确地反映企业生产经营过程中人、财、物要素在供、产、销各个阶段上的分布及使用、消耗情况上，十分重视定期报告企业的财务状况和经营成果的质量。现代的管理会计不仅着重实施管理行为的粗放型结果，而且更为关注管理的过程，即事前、事中、事后控制，目的是总结过去、控制现在、规划未来。

4. 对会计人员素质的要求不同

鉴于管理会计的方法灵活多样，又没有固定的工作程序可以遵循，其体系缺乏统一性和规范性，所以在很大程度上管理会计的水平取决于会计人员素质的高低。同时，由于管理会计工作需要考虑的因素比较多，涉及的内容也比较复杂，这就要求从事这项工作的人员必须具备较宽的知识面和果断的应变能力，具有较强的分析问题、解决问题的能力。

5.编制报告的时间跨度不同

管理会计可以跨越过去、现在和未来三个时态，报告编制的期间弹性比较大，1天至数年，完全根据管理的需要而编制。财务会计信息大多为过去时态，要定期编制会计报告，通常为1个月、1个季度、半年或1年，不要求定期编制内部报告，不存在可伸缩的弹性。

6.信息精确程度不同

管理会计的工作重点在于未来，而未来的不确定性因素比较多，加之管理会计对信息时效性的要求比较高，因此，其所提供的信息不可能做到绝对精确。财务会计核算的是过去已经发生的经济活动，反映的是历史信息，都是过去取得的数据，因此，对其所提供信息的精确程度要求较高。

7.会计方法不同

微课

管理会计和财务会计的区别

管理会计使用的方法较为多样，大量地应用现代数学方法和计算机技术，对同一经济活动可以采用不同的预测、决策方法；它既用货币作为计量单位，也用实物作为计量单位，甚至还采用百分比作为计量手段；它既采用财务指标，也采用非财务指标计量。财务会计的方法比较稳定，按照特定的企业会计准则和制度核算经济事项，数字运算相对简单。

8.信息特征表现不同

管理会计根据部分单位的需要，提供定性的、特定的、有选择的、不强求计算精确的，以及不具有法律效用的信息；业绩报告无须对外公开发表，不承担法律责任。财务会计主要是向企业外部利益关系者提供以货币为计量单位的信息，并使这些信息满足全面性、系统性、连续性、综合性、真实性、准确性、合法性等原则和要求。财务会计报告定期对外公布，承担法律责任。

管理会计与财务会计的区别见表1-1。

表1-1　　　　　　　　　　　管理会计与财务会计的区别

项　目	管理会计	财务会计
会计目标	内部管理者	外部利益相关者
会计原则	不受企业会计准则限制	企业会计准则
会计时期	按任何时期报告	月份、季度和年度
报表种类	无固定种类和形式	资产负债表、利润表、现金流量表
数据要求的精确程度	可作相应的估测	准确和平衡
所依据的会计数据	历史数据和未来数据资料	已经发生的业务记录
应用的数学方法	高等数学方法	简单的计算

【案例1-1】小米公司战略成本管理

北京小米科技有限责任公司（以下简称小米公司）成立于2010年4月。作为一家智能产品研发企业，小米公司在短短的8年时间里，创下了一系列业绩增长的奇迹，目前已成为全球前五大品牌厂商之一。小米公司的成功很大程度上得益于其核心产品——高性价比的智能手机。该公司积极引入战略成本管理模式，持续深化内部价值链管理，取得了显著效果。小米公司采用的基于内部价值链的战略成本管理模式是分析市场情况与战略定位之后的选择。

小米公司在初创期，创始人雷军意识到现金不足是公司的一个劣势，为了应对现金短缺，小米公司选择"增收"和"节流"齐抓，并侧重于"节流"。经过14年的发展，现在小米公司已经进入生产汽车行列。从智能手机到汽车，小米公司始终坚持选择成本领先战略。

如今的小米公司告别纯粹的降低成本模式，引入战略成本管理模式，也就是在内部价值链上设了一条"红线"，即总的运营成本不得超过销售额的5%。为了控制成本，小米公司从经营管理各环节入手，将内部价值链的整合作为落脚点，明确了从内部价值链入手的全链条成本管控方向，通过降低各节点的资源耗费，达到降低成本的目的。

资料来源：宁越，于浩洋. 基于内部价值链的战略成本管理：以小米公司为例［J］. 管理会计研究，2019，2（02）：72-78；88.

◆任务

（1）从管理会计视角分析，小米公司为什么要进行战略成本管理？

（2）小米公司的战略成本管理给其他企业提供了哪些启示？

◆任务分析

（1）分析战略成本管理的核心要义，对内部价值链理论、战略成本管理与内部价值链的关系进行科学论证。

（2）分析小米公司战略成本管理的背景和取得的成效，以及其是否具有广泛推广价值。

◆操作步骤

（1）首先，需要分析小米公司的主营业务和成本战略方向；其次，详细分析小米公司在成本管理方面采取的具体措施；最后，分析小米公司的成本管理效果。

（2）首先，从理论角度分析企业战略成本管理的重要性，表明内部价值链分析是全面展现企业内部价值的形成与运动过程，是整个价值链分析的基点；其次，从小米公司实施路径分析企业战略成本管理的行业适应性和特点，表明每个行业的特点是整个战略成本管理分析的出发点。最后，从内外部环境角度分析互联网和大数据技术在战略成本管理中发挥的作用。

◆完成任务

（1）小米公司进行战略成本管理的目的：

一是企业需要在明确行业定位的基础上制定适合自身的战略，并采取匹配战略的成本管理方法；二是企业通过对内部价值链的分析，可以发现企业内部价值链的特点，深挖内部价值链的优势与不足，进而营造企业良好的成本控制环境；三是企业通过与供应商、客户、商业合作伙伴之间的多方位合作与资源共享，实现各环节协调发展，从而实现全链条总成本降低。

（2）小米公司给其他企业带来的启示：

小米公司摒弃重点压缩制造成本的传统模式，将成本管理的领域扩展到内部价值链的各节点，通过对价值链上每一环节的作业进行分解，结合互联网经济下消费者追求新奇、便捷的心理，经过深入探究，最终确定产品研发与设计、品牌营销、销售等为增值作业，而生产制造、物流配送、仓储等为非增值作业，并希望通过内部价值链的整合尽可能减少非增值作业，同时提升增值作业效率，用最低的成本创造最大的顾客价值和最高的利润。同其他企业一样，小米公司的内部价值链始于原材料的采购环节，止于核心产品的销售环节。除此之外，对于一家智能产品研发企业而言，研发环节成为小米公司内部价值链上不可或缺的重要环节。小米公司将内部价值链划分为研发、采购、生产、营销与销售环节，并将库存管理作为一个重要补充，以此展开基于内部价值链的战略成本管理。

通过小米公司的战略成本管理，其他企业可以参考其战略成本管理实施路径：一是借助开放式创新，降低研发成本；二是价格、数量双管齐下，降低采购成本；三是生产环节外包，在保证质量的同时降低成本；四是充分借助传媒平台，降低营销成本；五是线上线下通力配合，控制销售成本；六是柔性生产加快存货周转，降低库存成本。

五、管理会计的运用原则

（一）战略导向原则

管理会计的应用应以战略规划为导向，以持续创造价值为核心，促进单位可持续发展。

（二）融合性原则

管理会计应嵌入单位相关领域、层次、环节，以业务流程为基础，利用管理会计工具方法，将财务和业务等有机融合。

（三）适应性原则

管理会计的应用应与单位应用环境和自身特征相适应。单位自身特征包括单位性质、规模、发展阶段、管理模式和治理水平等。

（四）成本效益原则

管理会计的应用应权衡实施成本和预期效益，合理、有效地推进管理会计应用。

六、管理会计的应用环境

（一）内外部环境

管理会计应用环境，是单位应用管理会计的基础，包括内部环境和外部环境。内部环境主要包括与管理会计建设和实施相关的价值创造模式、组织架构、管理模式和资源保障、信息系统等因素。外部环境主要包括国内外经济、市场、法律和行业等因素。

（二）业财融合

单位应准确分析和把握价值创造模式，推动财务与业务等的有机融合。

（三）管理机构及组织

单位应根据组织架构特点，建立健全能够满足管理会计活动所需的由财务、业务等相关人员组成的管理会计组织体系。有条件的单位可以设置管理会计机构，组织开展管理会计工作。单位应根据管理模式确定责任主体，明确各层级以及各层级内的部门、岗位之间的管理会计责任权限，制订管理会计实施方案，以落实管理会计责任。单位应从人力、财力、物力等方面做好资源保障工作，加强资源整合，提高资源利用效率和效果，确保管理会计工作顺利开展。单位应将管理会计信息化需求纳入信息系统规划，通过信息系统整合、改造或新建等途径，及时、高效地提供和管理相关信息，推进管理会计实施。

七、管理会计的工具方法

管理会计的工具方法是实现管理会计目标的具体手段，是单位应用管理会计时所采用的战略地图、滚动预算管理、作业成本管理、本量利分析、平衡计分卡等模型、技术、流程的统称。管理会计的工具方法具有开放性，随着实践发展不断丰富完善。

八、管理会计的基本内容

管理会计是一门新兴的、正在发展中的学科，主要为企业内部服务。其内容不仅涉及企业内部管理的各个环节、生产经营的各个领域，而且可以不拘一格地采用各种形式和方法加以分析、论证，没有强制性。随着实践的需要，管理会计不断接受各种管理理论和方法的渗透、融合。管理会计的基本内容一般包括战略管理、预算管理、成本管理、营运管理、投融资管理、绩效管理和风险管理等。

任务二　管理会计职业道德体系构建

一、管理会计职业认知

（一）岗位的技能认知

1.认真地进行会计核算，做到一切会计凭证、账簿、报表及其他会计资料真实、准确、完整。

2.严格执行财经纪律，按规定审核、处理经济业务。正确进行成本核算，严格控制费用支出。

3.设立原材料、在产品、产成品、低值易耗品等存货明细分类账，并帮助保管员或责任部门建立相关明细分类账，定期或不定期进行盘点，保证账账相符、账实相符。

4.建立固定资产明细分类账，帮助使用部门建立固定资产台账，定期或不定期进行盘点，保证账账相符、账实相符。

5.准确、及时核算企业经营成果。

6.评价经营业绩，考核责任单位工作和成果。

7.进行财务分析，为公司开源节流、提高经济效益提供科学依据并提出合理化建议。

8.完成其他相关任务。

（二）岗位的专业认知

1.充足的专业技能准备

（1）熟悉国家相关法律法规、财税政策，以及所属行业的其他主管部门的行业管理规定和实施办法，保障企业运行在法律法规所允许的轨道上。

（2）具备管理能力，利用财务的工具和思维参与企业管理。管理会计工作需要运用管理会计工具方法，参与企业规划、决策、控制和评价活动，并为企业提供有用信息，推动企业实现战略规划。

（3）战略决策支持、投融资支持与管理。企事业单位的管理决策、投融资活动、其他战略活动等，也是管理会计的重要工作内容。对管理会计师的能力要求更高，很多从财务会计转型过来的管理会计师，对这部分知识相对陌生，这要求管理会计师要迅速学习，提升能力。

2.充足的职业技能准备

（1）领导能力。管理会计师在推动企业的预算工作、成本费用管理和控制工作、风险管理和控制工作等方面发挥着重要而关键的作用，因此，领导能力是管理会计师应该具备的重要能力。管理会计师需要学习和掌握全新的理念、技术、方法，不断提高自身的管理能力来有效应对工作中的挑战。

（2）计划总结能力。管理会计师需要对工作进行科学的计划，按照计划推进自己负责的各项工作，并进行定期或不定期的总结，不断提高后续工作的效果。

（3）沟通协调能力。沟通协调能力是把工作布置清楚，解答他人的疑问，协调处理相关的困难环节。再优秀、技术再完善的管理会计人才，也离不开其他部门的倾力合作。"财务工作是一座承上启下的桥梁，上面联系战略，下面联系业务"，沟通格外重要。

（4）监督执行能力。任何工作都需要通过执行，才能达到其目的，在执行过程中，随时监督工作进度，检查工作效率，协调有关各方尽可能走在一个方向、一个进度上，应对和处理执行中的各种问题。让管理会计工作真正落地，是执行力在管理会计领域的体现。管理会计师需要提高自身的监督和执行能力，鼓励自己克服各种工作困难，为达成单位的战略目标贡献自己的力量。

3.熟悉业务、行业、宏观政策

（1）深度认知业务内容。管理会计工作包含的领域较为广泛，如预算、成本、投融资决策、经营预测、存货管理等，管理会计师必须深入了解本单位的业务，包括了解业务流程、业务模式、业务关键节点和业务管理规律等方面。

（2）深度认知行业发展。行业之间的竞争较为激烈，包括行业内的运作方式和运作规律不断发生创新和变化，并且变化的速度在加快。任何单位在运营中，都无法脱离行业的大环境而独善其身。企业的经营管理和决策工作也必须纳入行业因素。管理会计师作为管理的深度参与者，需要对行业情况和变化有更多的了解。

（3）深度认知宏观政策。宏观环境对企业有着深远的影响，包括法律法规的要求、政策引导和鼓励、宏观环境变化等，这些对企业的管理和战略决策产生巨大影响，所有的管理参与者，包括管理会计师都需要关注并了解相关的政策和变化，才能带领企业逐步实现战略目标。

4.具有开拓、创新和学习意识

（1）具有不断提高技能的意识和愿望。管理会计工作所使用的各种工作方法都比较难，道理比较深，这就需要管理会计师在熟练把握会计师专业能力基础上，增加创新能力，不断调整自身对法律政策、环境变化的敏感度和关注度。

（2）掌握科学的学习和提升方法。管理会计师需要学习和掌握的内容包括管理会计的工具方法、职业技能，以及对业务、行业与宏观环境的学习和理解，内容非常多，同时具有一定的深度和难度，管理会计师需要不断总结科学的学习和提升方法。

（三）岗位的价值认知

1.爱岗敬业

（1）正确认识管理会计职业，认识管理会计的职业特点。《管理会计基本指引》指出，管理会计的目标是通过运用管理会计的工具方法，参与所服务机构的规划、决策、控制、评价活动并为之提供有用信息，推动单位实现战略规划。这些管理工作的难度较大、要求较高，均需要一定程度创新和具有挑战性的管理工作。

（2）热爱管理会计职业，通过做好管理会计工作创造价值。在正确认识管理会计工作的性质、特点和挑战的基础上，要发自内心热爱本职工作，为所服务的机构创造价值。

2.诚信从业

（1）不弄虚作假，不为利益或其他目的而造假。会计从业者需要秉承"做老实人，办老实事"的原则，表里如一、光明正大、实事求是，如实反映单位经济业务情况，不为个人和小集团的利益伪造账目、弄虚作假，损害国家和社会公众的利益。

（2）实事求是，无隐瞒，不为谋取私利或其他目的人为地选择信息或者选择性地工作。在实际管理工作中，当其他参与者享有知情权的时候，管理会计师不能隐瞒或有选择地提供信息，这样会使参与者不能够得到完整的管理或决策依据，从而使得管理的科学性受到损害。

3.客观公正

（1）主观上，客观公正推进工作。管理工作不能带有偏向特定利益方的倾向，但可以带有个人的管理特点。作为管理会计师，因其所参与的管理工作往往会涉及不同的参与方和利益团体，在推进工作过程中，应该秉持客观公正的态度。

（2）客观上，顶住工作中的各种压力。由于受到利益的驱使，企业内部、外部利益方或利益团体会以各种不同的方式对其施加压力，管理会计师应当顶住压力，客观公正地从事自己的工作。

（3）遵守国家法律法规。某些企业仅把目光仅放在短期利益上，忽视了长期利益。因此，管理会计师应该为企业构建公平的经营环境，或依据政策引导企业向国家期望的方向发展。

4.保守秘密

由于工作关系，管理会计师必然会掌握企业诸多经营管理信息，甚至包括战略决策方面的信息，这些信息都是企业的商业机密。作为管理会计师，对工作中获取或知晓的企业机密信息，必须秉承保密的原则，未经单位许可，不得向他人泄露。同时提高警惕，防止在无意中泄露所在单位的机密。

5.廉洁自律

管理会计师应该做到：不利用职务之便谋取私利或行贿受贿，不支持他人行贿受贿或谋取私利。同时，管理会计师要在企业中以身作则，在工作中秉承公正的态度，通过建立、健全监控防范体系等手段，在单位中推进积极正面的文化氛围和价值观。

【案例1-2】绿源新能源汽车的安全问题危机化解

2024年，长安汽车自燃、追尾事故引起了广泛关注。一辆长安汽车发生追尾事故后，车辆前保险杠等部位受损。追尾事故发生后，用户未对车辆进行安全检测，继续驾驶车辆行驶，行至某地车辆起火，未造成人员伤亡。

该事件引起了相关部门和绿源新能源汽车公司的高度重视。为了保障消费者的生命财产安全，推动新能源汽车产业的健康发展，首先，要加强安全技术研究，提高产品质量，企业加大研发投入，优化电池管理系统，提升电池的安全性能。其次，要完善监管体系，加强对新能源汽车生产、销售和使用的监管。政府部门加大对新能源汽车安全问题的抽检力度，严厉打击违法违规行为。最后，要提高消费者安全意识，加强宣传教育。消费者要了解新能源汽车的安全知识，正确使用和维护车辆，共同维护我们的生命财产安全。

资料来源：编者根据相关资料整理而成。

◆任务

（1）为了有效应对危机，企业管理会计师应该具备哪些专业技能？

（2）企业应该采取哪些措施化解人身财产安全危机？

◆任务分析

管理会计师在化解企业危机中扮演着至关重要的角色，通过风险评估、危机管理策略制定、财务体系重构、合规指导与税务优化，以及诚信审计与账务整理等多方面的措施，帮助企业有效应对和解决危机。

◆操作步骤

（1）首先，分析管理会计师应该具备的专业知识技能；其次，管理会计师运用专业知识技能处理绿源新能源汽车在安全事件中遇到的经营难题；最后，运用专业知识帮助企业顺利度过危机。

（2）首先，分析该企业危机下的经营计划是否符合人身财产安全要求；其次，分析企业应采取哪些措施；最后，运用专业知识化解危机。

◆完成任务

（1）略。

（2）化解人身财产安全危机的措施。

第一，产品维度销售预测调整。确定汽车销售毛利率、销售额，重点关注汽车电池、保险杠等质量。

第二，客户维度销售预测调整。确定购买新能源汽车的客户，集中于偏好新能源汽车的安全和性能。

第三，产品维度和客户维度销售预测。对老客户销售老产品，对新客户销售新产品。

第四，邀请第三方权威机构对产品进行重新检测，以证明其安全性。确定消费者对新能源汽车的信任度。

二、管理会计职业道德与会计法律制度的关系

(一) 管理会计职业道德与会计法律制度的联系

1.两者目标相同

管理会计职业道德与会计法律制度所要达到的目标是相同的。

2.管理会计职业道德以会计法律制度为基础

管理会计职业道德是对会计法律制度体系无法或不宜覆盖到的内容提出要求并进行归纳总结与推广教育的。其与会计法律制度相得益彰,共同构成管理会计职业人员的职业规范体系。

3.管理会计职业道德是相关会计法律制度的重要补充

管理会计的绝大多数工作属于对所服务机构的内部管理和决策支持。管理会计的职业道德要求,成为引导管理会计师做好工作的重要指引,是会计法律制度的重要补充。

4.会计法律制度是管理会计职业道德工作的方向指引

财政部关于全面推进管理会计体系建设的指导意见以及其他会计法律制度,是形成中国管理会计职业道德的重要指引和基础。

(二) 管理会计职业道德与会计法律制度的区别

1.两者性质不同

会计法律制度,是国家法律体系的一个组成部分,具有强制性,代表的是国家意志。一旦所服务的机构或个人违反了会计法律制度的相关规定和要求,国家就会依法进行制裁,以保证所有机构和个人都能够在会计法律制度所规范的环境内公平竞争。

2.两者作用范围不同

会计法律制度,只对实际表现出来的行动和进而产生的实际结果进行约束。管理会计职业道德,是从一个人的思想深处包括行为的动机出发,教育和约束管理会计人员,使其在行动之前就受到职业道德的影响,从而选择职业道德所引导的方向,进而付诸正确的实际行动。

3.两者表现形式不同

会计法律制度由国家立法部门或行政管理部门制定和颁布,并负责解释,有明确的法律条款、实施细则。管理会计职业道德可以形成文字,也可以不形成文字,是一种思想深处的自律意识。

【学思践悟】发白不坠青云志——余绪缨

余绪缨先生,1922年8月出生于江西靖安,逝世于2007年9月23日上午7时,曾任国家教育委员会高级经济师评委会主任、中国民主同盟中央委员、厦门市政协副主席、厦门大学会计与企业管理系主任、厦门大学会计系主任等职务。1945年余先生以优异的成绩毕业于厦门大学,并留校任教,从此开始了一生从事的教学与科研相结合的漫长学术生涯。岁月流逝,半个多世纪弹指一挥间,余先生在教学与科研方面都取得了丰硕的成果。

为适应我国社会主义现代化建设的需要,促进我国企业管理的现代化,余先生深感必须开拓新的研究领域,特别认识到"现代管理会计"是一门新兴的将现代化管理与会计融为一体的综合性交叉学科,在我国原属空白,但在现代化经济管理中却极为重要。为此,他从70年代开始,从无到有,在我国率先致力于这一学科的引进、创建和发展,做了大

量的开拓性工作，取得了一系列重要的富有开拓性的成果，填补了我国在这个领域的空白。现代管理会计是西方近半个世纪以来发展起来的以现代管理科学为基础，以决策性管理会计为主体的综合性交叉学科。引进和借鉴这一新兴学科，使之适合我国社会主义现代化建设的需要，首先要以马克思主义为指导，解决一个根本性的思想认识问题，既不能全盘否定，也不能全盘照搬照抄。余先生认为，对西方在企业经营管理领域中的一切经验和成就包括现代管理会计在内应该采取客观的、分析的态度，取其精华，去其糟粕，为我所用。对于国外企业管理方法和经验包括现代管理会计在内的某些以社会化大生产为基础并合乎科学原理的部分，经过吸收和消化，加以改进和提高，使之同我国社会主义企业经营管理的现实相适应，将能卓有成效地在我国社会主义企业中推广应用，为我国社会主义企业全面提高生产经营的经济效益服务。基于这种基本认识，他在经过多年的独立思考、研究消化的基础上，立足中国国情，博采众长，编著了具有标志性的高等财经院校统编教材《管理会计》，该教材是我国在这一领域第一本较完备的著作。专家们认为，该教材内容丰富，自成体系，论述深入，结构严谨，是迄今为止国内有关管理会计教材中质量较高、学术造诣较深的一本，其创建的以管理会计的对象——现金流动为经，以管理会计的职能为纬的管理会计教材体系成为国内同类教材编写的蓝本。该教材对管理会计在我国的普及起了重要的作用，具有广泛的影响，并获得国家教育委员会高等学校优秀教材一等奖和相应的荣誉证书。

资料来源：经济与管理研究编辑部. 著名会计学家余绪缨教授［J］. 经济与管理研究，2007（03）：97.

【启示】余先生的一生立德正己，诚以待人。他认为，一个真正的知识分子，要有胆识，能充当社会的良心、国家的良知；要有修养，坚持私德与公德的统一；要重诚信、重荣辱、重气节，具有"天下兴亡，匹夫有责"的博大情怀。余先生强调一个有成就的学者必然有其独特的学风。余先生说："在21世纪的新环境下，具有中国特色的管理会计理论体系，应立足中国、放眼世界，以'东方智慧'的回归为主轴，向综合性的'软科学'方向发展，这既是使管理会计学术充满生机和活力的关键所在，也是使管理会计师的职业生涯消除生存危机，走上自立、自强之路的关键所在。"因此，作为财务工作者，应秉持中国精神，具有爱岗敬业、勤技强能、诚实守信的职业品格。

引导案例解析

本项目"引导案例"解析如下：

◆任务分析

（1）首先，分析国家提出新质生产力的背景，新质生产力的内涵、特征与作用；其次，分析新质生产力的作用是否与管理会计的作用同频共振。

（2）管理会计的职能包括预测经济前景、参与经济决策、规划经营目标、控制经济过程和考核评价经营业绩等。

◆操作步骤

（1）首先，厘清新质生产力的作用；其次，运用管理会计知识进行新质生产力赋能企业财务管理；最后，将新质生产力运用到企业实际工作中。

（2）首先，分析管理会计的职能；其次，运用管理会计的职能对企业财务管理高质量发展进行分析；最后，运用管理会计职能完成企业经营业绩提高的任务。

◆ 完成任务

（1）新质生产力的作用：①提高数据处理效率与准确性；②实现实时监控与风险预警，有利于企业及时发现潜在风险和问题；③优化资源配置与决策支持，有利于企业更加清晰地了解自身财务状况和经营成果；④促进业财融合与协同发展，帮助企业实现信息的实时共享和协同处理，有利于其提高整体运营效率，实现高质量发展。

（2）新质生产力可以满足企业内部管理者需要。（略）

实训任务

某单位请孙教授上课，由于上课地点离孙教授家较远（走高速公路约100公里，需要支付过路费30元/次。假设走普通公路的距离也为100公里），因而需要派车接送。

从财务会计核算的角度来看，完成一天的教学接送任务，其总成本等于车辆折旧、司机工资、燃油费用及过路费的总和。

从财务管理的角度来看，完成一天的教学接送任务，其金额等于燃油费用和过路费用。

从管理会计的角度来看，完成一天的教学接送任务可以有以下多个实施方案：

方案1：如果公司派车接送，则相关成本为376元（燃油费用256元，过路费＝30元/次×4次＝120元）。

方案2：如果孙教授自驾（公司给予补贴250元），则相关成本为250元。该方案相对于方案1节约成本126元。

方案3：由于早上接、晚上送，一般公路上没有太多车，此时司机如果选择不走高速公路，则相关成本（燃油费用）为256元，该方案相对方案1节约成本120元。如果公司规定在完成任务情况下将节约的费用40%奖励个人，则该方案相对于方案1仍节约成本72元。

当然，完成一天教学接送任务的方案不止3个（如外包接送或专车接送等），管理会计就是要在拟订的备选方案中选择最优价值的方案。显然，从价值排序来看，方案2最优，方案3次之，方案1最差。

◆ 任务

（1）管理会计、财务管理和财务会计的本质有什么不同？

（2）管理会计和财务会计的区别有哪些？

◆ 完成任务

（1）略。

（2）略。

微课

从管理会计视角探讨华为集团财务管理

微课

尔滨火了的管理会计视角

项目二
成本性态分析与变动成本分析

项目二　成本性态分析与变动成本分析

任务一　成本及成本管理认知
- 成本的概念
- 成本管理的含义与原则
  - 成本管理的含义
  - 成本管理的原则
    - 融合性原则
    - 适应性原则
    - 成本效益原则
    - 重要性原则
- 成本的分类
  - 按经济用途分为制造成本和非制造成本
  - 按可辨认性分为直接成本和间接成本
  - 按可控性分为可控成本和不可控成本
  - 按实际发生时间分为历史成本和未来成本
  - 按相关性分为相关成本和无关成本
  - 按成本性态分为固定成本、变动成本和混合成本

任务三　变动成本法适用
- 变动成本法概述
  - 应用的前提条件
  - 变动成本法与完全成本法的区别
    - 产品成本及期间成本构成内容不同
    - 销售成本及存货成本的计算公式不同
    - 计算盈亏的公式不同
  - 两种成本法下分期营业利润的基本变动规律
    - 两种成本法下分期营业利润相等的条件
    - 两种成本法下分期营业利润额的变动规律
    - 两种成本法下分期营业利润的特殊表现
  - 对变动成本法和完全成本法的评价
    - 变动成本法的优点
    - 变动成本法的缺点
    - 完全成本法的优点
    - 完全成本法的缺点

任务二　成本性态分析
- 固定成本
  - 固定成本的基本特征
  - 固定成本的分类
- 变动成本
  - 变动成本的基本特征
  - 变动成本的分类
    - 半变动成本
    - 半固定成本
- 混合成本
  - 混合成本的含义
  - 混合成本的分类
    - 延期变动成本
    - 曲线变动成本
  - 混合成本的分解
    - 高低点法
    - 回归直线法
    - 账户分析法
    - 技术测定法
    - 合同确认法
  - 总成本公式模型

任务四　标准成本法适用
- 标准成本法的含义及适用要求
  - 标准成本法的含义
  - 标准成本的种类
    - 现实标准成本
    - 理想标准成本
    - 正常标准成本
  - 直接材料标准成本
    - 直接人工标准成本
    - 制造费用标准成本
- 标准成本法的具体应用
  - 制定标准成本
  - 计算成本差异
    - 直接材料成本差异
    - 直接人工成本差异
    - 变动制造费用项目成本差异
    - 固定制造费用项目成本差异
  - 标准成本的账务处理
    - 成本差异月末结转
    - 成本差异年末一次结转
    - 成本差异结转到销货成本

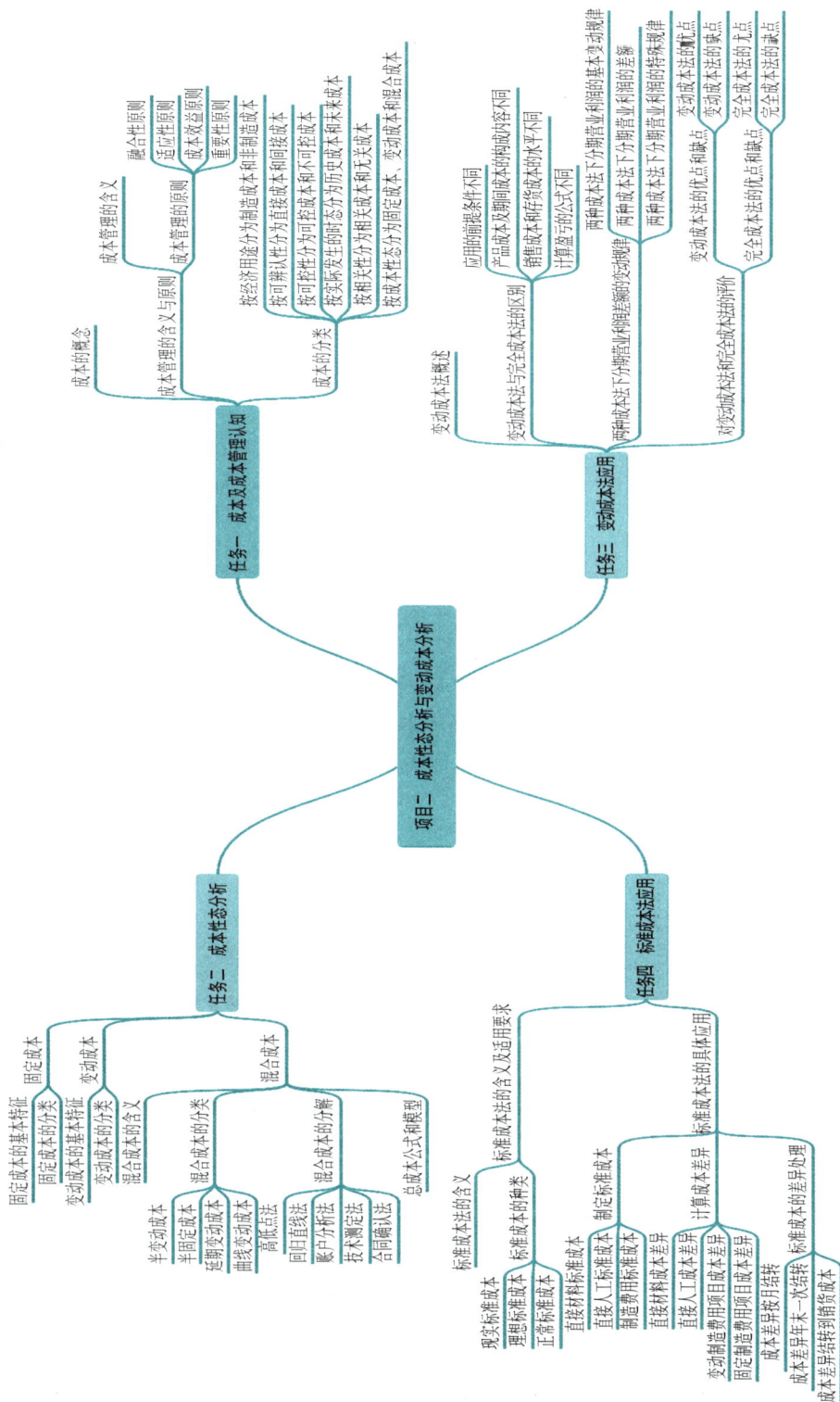

项目二思维导图

素质目标

◆通过深入调研企业生产经营活动，发掘影响企业成本的因素，培养学生理论联系实际的科学素养

◆通过运用特定的指标和标准，采用科学的方法对企业生产经营活动过程作出一种价值判断，培养学生采取科学价值判断方法的职业理念

知识目标

◆熟悉成本的概念及分类

◆理解成本管理的概念及成本管理的基本原则

◆熟悉成本管理领域应用的工具方法

◆掌握常用工具方法的应用

能力目标

◆通过理解成本相关概念，能掌握成本类型划分

◆通过理解成本管理的概念和原则，能掌握成本管理的应用范围

◆通过掌握成本管理领域应用的工具方法，能熟练运用成本管理工具方法

技能要点与重难点

技能要点	重难点
（1）能分析产品的成本性态 （2）能采用变动成本法进行成本计量与管理，并能明确区分变动成本法与完全成本法的不同 （3）能采用标准成本法进行成本核算与分析 （4）能计算两种成本法下的营业利润 （5）能分析两种成本法对产品成本和利润的影响	（1）掌握混合成本法分解方法 （2）掌握变动成本法的计算原理，以及变动成本法与固定成本法的区别 （3）掌握标准成本的制定、标准成本差异的分析

引导案例

雅风公司成本性态分析

雅风公司在从生产型向生产经营型企业转型的过程中，从经理、车间主任到生产工人都非常关心经营业绩。过去，往往要到月底才能知道本月的生产情况，这显然不能及时掌

握生产信息，特别是成本和利润两大指标。如果心中无数，则不能及时在生产过程各个阶段进行控制和调整。该公司根据实际情况，决定对企业产品的成本和利润进行预测。

公司以车间作为试点，按成本与产量变动的依存关系，把工资费用、附加费、折旧费和大修理费等列作固定成本（约占总成本的10%），把原材料、辅助材料、燃料等生产费用的其他要素作为变动成本（约占总成本的65%）。同时，把水电费、燃气费、制造费用、管理费用（除折旧以外）列作半变动成本，虽然这些费用与产量非正比例关系，但也不是固定不变的（约占总成本的25%）。

2024年1—5月总成本、变动成本、固定成本、半变动成本和产量情况见表2-1。

表2-1　　　　　　　　雅风公司成本基本情况一览表金额　　　　　　　　金额单位：万元

月份	总成本	变动成本	固定成本	半变动成本	产量/吨
1	117.266	72.726	11.88	32.67	860.96
2	115.528	72.908	11.94	30.68	856.98
3	111.728	72.908	11.96	26.86	680.28
4	126.638	80.378	12.42	33.84	948.66
5	123.312	80.032	13.08	30.38	924.34
合计	594.472	378.952	61.28	154.43	4 271.22

2024年1—5月半变动成本情况见表2-2。

表2-2　　　　　　　　　　雅风公司半变动成本情况一览表

月份	修理/元	扣下脚/元	动力/元	水费/元	管理费用/元	制造费用/元	合计/万元
1	66 359.02	-31 853.5	171 121.6	39 674.32	71 360	9 990.56	32.67
2	52 572.2	-30 965.5	172 585.2	51 759.46	49 874	10 943.9	30.68
3	16 338.62	-5 365.5	161 201.4	32 442.2	53 198	10 789.26	26.86
4	25 080.62	-11 626.9	163 605.6	53 872.34	95 630	11 886.78	33.84
5	67 564.5	-52 745	167 738.9	49 924	60 468	10 847.76	30.38

注：扣下脚即残料回收，使雅风公司成本减少，用负数表示。

◆任务

（1）雅风公司2024年1—5月的产品成本构成如何？

（2）应该采用什么方法来划分变动成本和固定成本？

任务一   成本及成本管理认知

一、成本的概念

成本是企业生产经营过程中以货币表现的、为达到一定目的而消耗的各种经济资源的价值。

管理会计中的成本概念与财务会计和经济学中的成本概念相比，要宽泛很多，它们的区别表现如下：

（1）成本不仅包括已经发生的各项费用支出，还包括某项经济业务将要发生的和可能发生的各项费用消耗；

（2）仅仅考虑与某项经济业务相关的成本，剔除了已经发生但与当前业务无关的成本；

（3）不仅可以按产品归集成本，还可以根据需要按不同经济管理目的和用途确定成本归集对象。

值得注意的是，管理会计中的成本内涵并不是一成不变的，它是随着管理需要不断丰富和发展的。例如，变动成本法下的产品成本包括直接材料、直接人工和变动制造费用，而完全成本法下的产品成本除上述内容外，还包含固定制造费用。管理会计在履行预测、决策、规划控制和业绩评价职能时，其所需成本信息各不相同，可以依据不同标准对成本进行分类。

二、成本管理的含义与原则

（一）成本管理的含义

成本管理，是指企业在营运过程中实施成本预测、成本决策、成本计划、成本控制、成本核算、成本分析和成本考核等一系列管理活动的总称。

（二）成本管理的原则

1.融合性原则

成本管理应以企业业务模式为基础，将成本管理嵌入业务的各领域、各层次、各环节，实现成本管理责任到人、控制到位、考核严格、目标落实。

2.适应性原则

成本管理应与企业生产经营特点和目标相适应，尤其要与企业发展战略或竞争战略相适应。

3.成本效益原则

应用相关工具方法进行成本管理时，应权衡其为企业带来的收益和付出的成本，避免获得的收益小于其投入的成本。

4.重要性原则

成本管理应重点关注对成本具有重大影响的项目，对不具有重要性的项目可以适当简化处理。

三、成本的分类

（一）按经济用途分为制造成本和非制造成本

在制造企业中，成本按经济用途可分为制造成本和非制造成本两大类。

1.制造成本

制造成本也称为生产成本，是指在生产过程中为制造产品或提供劳务而发生的支出。制造成本根据具体的经济用途可分为直接材料、直接人工和制造费用三个项目。

（1）直接材料。直接材料是指在生产中直接构成产品主要实体的材料成本部分，它可以准确地计入某一产品成本中。比如，生产汽车耗用的钢板、生产衣服耗用的布料等。

（2）直接人工。直接人工是指在生产中直接改变原材料性质或形态所耗用的人工成本部分，相当于我国直接计入生产成本项目中列支的职工薪酬。比如，产品生产线上的工人工资、服装车间缝纫工人的工资等。

（3）制造费用。制造费用是指在生产制造过程中，不能归入上述两个成本项目的其他支出，又称间接费用。按其内容分为以下三项：

①间接材料。间接材料是指在生产中的一般耗用，它很难归属某一特定产品的材料成本，如车间的机物料消耗、维修机器的材料等。

②间接人工。间接人工是指不直接进行产品生产、加工，而是为产品生产提供服务的其他人工成本，比如车间管理人员、维修人员、服务人员的工资等。

③其他制造费用。其他制造费用是指不能包括在上述两项中的各种间接费用，包括车间厂房和机器设备的折旧费、维护修理费、保险费，以及车间用水电费、取暖费、办公费等。

对制造成本中的上述三个主要项目，若再按照不同的方式进行组合，可以得到不同的成本概念。例如，将直接材料和直接人工合在一起，称为主要成本；将直接人工和制造费用合在一起，统称为加工成本，因为这两者都是将直接材料加工为产成品的手段。

2.非制造成本

非制造成本也称期间成本或期间费用，是指制造成本以外的成本，通常包括销售成本、管理成本等。

（1）销售成本。销售成本是企业在销售过程中发生的各种费用，如广告费、运输费、仓储费、推销人员工资及差旅费、外设销售机构办公费、折旧费等。

（2）管理成本。管理成本是指企业行政管理部门为组织企业正常的生产经营活动所发生的各种费用，如企业行政管理部门职工工资、办公用品费、电话费、业务招待费、管理部门固定资产折旧、无形资产摊销等。

按经济用途进行的成本分类，如图2-1所示。

（二）按可辨认性分为直接成本和间接成本

成本的可辨认性是指成本的发生与特定的归集对象之间的联系，又称为可追溯性，其分为直接成本和间接成本。

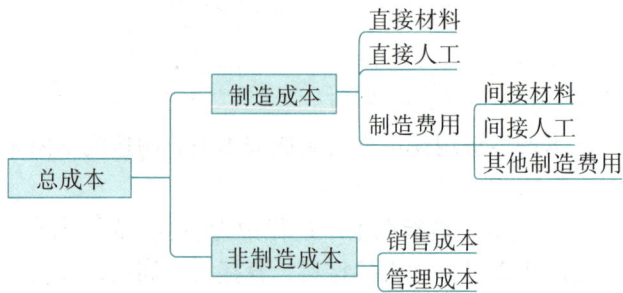

图2-1　成本按经济用途分类

直接成本是指那些与特定的归集对象有直接联系，能够明确判断其归宿的成本，又称可追溯成本。

间接成本是指那些与特定的归集对象并无直接联系或无法追踪其归宿的成本，又称不可追溯成本。

区分直接成本和间接成本有助于确定成本归集和成本分配时的计算对象，提高成本计算的准确性，为企业管理提供更加有用的成本信息。需要说明的是，直接成本与间接成本是一对相对概念，有时一项成本可能既是直接成本又是间接成本，这完全取决于考察成本的角度。

（三）按可控性分为可控成本和不可控成本

成本的可控性是指责任单位对其成本的发生是否可以在事先预计并落实责任、在事中施加影响，以及在事后进行考核的性质。

可控成本是指责任单位可以对进行事先预计、事中计量、施加影响，并在事后落实责任考核的那部分成本；反之则属于不可控成本。

区分可控成本和不可控成本可以分清各部门的责任，确定相应的责任成本，考核各部门的工作业绩。

（四）按实际发生的时态分为历史成本和未来成本

历史成本是指以前时期已经发生或本期刚刚发生的成本，也就是财务会计中的实际成本。

未来成本是指预先测算的成本，又称预计成本，如估算成本、计划成本、预算成本和标准成本。未来成本实际上是一种目标成本和控制成本。

区分历史成本和未来成本有助于合理组织事前的预测、事中成本的控制，以及事后成本的计算、分析和考核。

（五）按相关性分为相关成本和无关成本

相关成本是指与某一特定方案相联系，直接影响该方案预期效益及决策方向的成本。对于相关成本，决策者必须着重予以考虑，并将其纳入相应的决策分析过程。

无关成本是指不与某一特定方案相联系，不会对方案的预期效益及决策方向构成影响的成本。因此，对于无关成本，决策者无须加以考虑，不必将其纳入相应的决策分析过程。

区分相关成本和无关成本有助于成本预测和成本决策，有利于正确开展对未来成本的规划。

（六）按成本性态分为固定成本、变动成本和混合成本

固定成本是指成本总额在一定时期和一定业务量范围内，不受业务量增减变动影响的

成本。但是，固定成本的固定性是有条件的，即一定范围和一定业务量，如果业务量的变动超过这个范围，固定成本就会发生变动。

变动成本是指在特定的产量范围内其总额随产量变动而成正比例变动的成本。

混合成本是指除固定成本和变动成本之外的成本。它的总额因产量变动而变动，但不是成正比例变动。

任务二 成本性态分析

成本性态，又称成本习性，是指成本与业务量之间的依存关系。成本性态分析是对成本与业务量之间的依存关系进行分析，从而在数量上分析成本与业务量之间的关系，对短期经营决策、长期投资决策、预算编制、业绩考评，以及成本控制等具有重要意义。按照成本性态不同，通常可以把成本区分为固定成本、变动成本和混合成本三类。

微课

成本性态分析

一、固定成本

（一）固定成本的基本特征

固定成本是指在特定的业务范围内不受业务量变动影响，一定期间的总额能保持相对稳定的成本。例如，固定资产折旧、房屋租金、行政管理人员工资、财产保险费、广告费、职工培训费、科研开发费等。固定成本习性模型如图2-2所示。

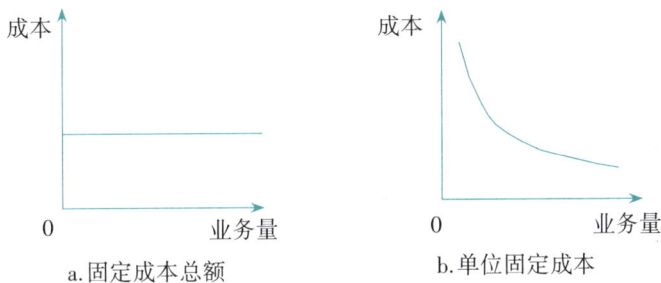

a.固定成本总额   b.单位固定成本

图2-2 固定成本习性模型

一定期间的固定成本的稳定性是有条件的，即业务量变动的范围是有限的。例如，照明用电一般不受业务量变动的影响，属于固定成本。如果业务量增加达到一定程度，则需要增加生产批次，或者业务量低到停产的程度，照明用电的成本也会发生变动。

一定期间固定成本的稳定性是相对的，即对于业务量来说它是稳定的，但这并不意味着每月该项成本的实际发生额都完全一样。例如，照明用电在相关范围内不受业务量变动的影响，但实际上企业每个月用电量和支付的电费仍然会有一定的变化。

固定成本的基本特征是固定成本总额不因业务量的变动而变动，但单位固定成本（单位业务量所承担的固定成本）会随业务量的增减呈反向变动。

【案例2-1】雅风公司固定成本的确定

雅风公司生产甲产品，2024年6月成本突然大幅提升，生产部门和财务部门急需知道成本增加的原因，故对本月固定成本、变动成本进行分析。

◆任务

（1）什么原因导致甲产品的成本较以前年份有所提高？

（2）谁该对这件事情负责？

◆任务分析

按照甲产品工作流程，从产品生产的原材料采购至产品生产结束，需要经过采购部门、质检部门、销售部门等环节，要根据问题产生的原因，落实相关的责任部门。

◆操作步骤

（1）查找问题出现的环节；

（2）查找为何在此环节出现问题；

（3）提出解决问题的方法；

（4）根据问题出现的原因对责任承担方进行业绩评价。

◆完成任务

雅风公司成本与业务量见表2-3。

表2-3   雅风公司成本与业务量

序 号	业务量/件	固定成本总额/元	单位固定成本/元
1	5 000 以下	—	—
2	5 000	20 000	4.00
3	10 000	20 000	2.00
4	20 000	20 000	1.00
5	30 000	20 000	0.67
6	40 000	20 000	0.50
7	40 000 以上	—	—

在本例中，固定成本的业务量相关范围是5 000 ~ 40 000件。

（1）经查，系该公司采购部门忽略了固定成本业务量范围为5 000 ~ 40 000件，盲目采购试图增加产量，导致了固定成本难以负荷。于是在生产环节，增加了很多固定成本。

（2）采购部门应该负主要责任。生产车间为减少原材料库存，加足马力进行生产，带来短期内固定成本大幅度上涨。

（二）固定成本的分类

固定成本按其支出额在一定期间是否可以改变，分为约束性固定成本和酌量性固定成本。约束性固定成本是指管理当局的短期经营决策行动不能改变其数额的固定成本。如保险费、房屋租金、固定资产折旧、管理人员的基本工资等。

酌量性固定成本是指管理当局的短期经营决策行动可以改变其数额的固定成本。如广告费、职工培训费、新产品研究开发费用（如研发活动中支出的技术图书资料费、资料翻译费、会议费、差旅费、办公费、外事费、研发人员培训费、专家咨询费、高新科技研发保险费用等）。

二、变动成本

(一) 变动成本的基本特征

变动成本是指在特定的业务量范围内, 其总额会随业务量的变动而成正比例变动的成本。如直接材料、直接人工、按销售量支付的推销员佣金、搬运费、包装费, 以及按业务量计提的固定资产折旧等, 都是和单位产品的生产有着密切联系的, 其总额会随着业务量的增减成正比例变动。其基本特征是, 变动成本总额因业务量的变动呈正比例变动, 单位变动成本 (单位业务量负担的变动成本) 不变。变动成本习性模型如图2-3所示。

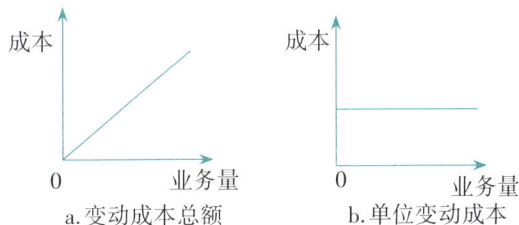

图2-3　变动成本习性模型

单位成本的稳定性是有条件的, 即业务变动的范围是有限的。例如, 原材料消耗通常会与业务量成正比, 如果业务量很低, 不能发挥套裁下料的节约潜力, 或者业务量过高, 使得产品废品率上升, 则单位产品的材料成本随之上升。这就是说, 变动成本和业务量之间的线性关系, 通常只在一定的相关范围内存在。在相关范围之外就可能表现为非线性关系。

(二) 变动成本的分类

根据经理人员是否能决定成本的发生额, 变动成本分为两大类: 技术性变动成本和酌量性变动成本。

技术性变动成本也称约束性变动成本, 是指由技术或设计关系所决定的变动成本。如生产一台汽车需要耗用一台引擎、一个底盘和若干轮胎等, 这种成本只要生产就必然会发生, 如果不生产, 则不会发生。经理人员不能决定技术性变动成本的发生额。

酌量性变动成本是指管理当局的决策行动可以改变的变动成本。如按销售收入的百分比支付的销售佣金、新产品研制费、技术转让费等。这类成本的特点是其单位变动成本的发生额可由企业最高管理层决定。

如果把成本分为固定成本和变动成本两大类, 在相关范围内, 业务量增加时固定成本不变, 只有变动成本随业务量增加而增加, 那么总成本的增加是由变动成本增加引起的。

三、混合成本

(一) 混合成本的含义

混合成本是指 "混合" 了固定成本和变动成本两种不同性质的成本。一方面, 它们要随业务量的变化而变化; 另一方面, 它们的变化又不能与业务量的变化保持着纯粹的正比例关系。

（二）混合成本的分类

混合成本兼有固定与变动两种性质，可进一步将其细分为半变动成本、半固定成本、延期变动成本和曲线变动成本。

1.半变动成本

半变动成本是指在有一定初始业务基础上，随着业务量的变化而成正比例变动的成本。这些成本的特点是：它通常有一个初始的固定基数，在此基数内成本金额与业务量的变化无关，这部分成本类似于固定成本；在此基数之上的其余部分，随着业务量的增加成正比例变化。例如，固定电话费月租费为30元，只能拨打市内电话，每分钟0.10元。如果某月的通话时间为1分钟，则总话费为30.10元；如果某月的通话时间为100分钟，则总话费为40元。半变动成本习性模型如图2-4所示。

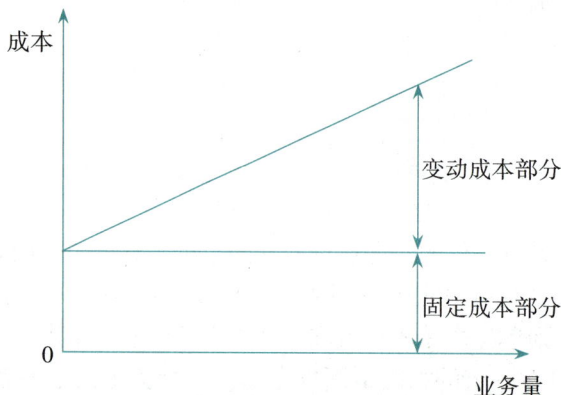

图2-4　半变动成本习性模型

2.半固定成本

半固定成本也称阶梯式变动成本，这类成本在一定业务范围内的发生额是固定的，但当业务量增长到一定范围限度，其发生额就突然跳跃到一个新的水平，然后在业务量增长的一定范围内，发生额又保持不变，直到另一个新的跳跃。例如，仓库管理员、生产质检员的工资就属于这一类。假设1名仓库管理员的工资为6 000元，如果1个大型仓库需要1名仓库管理员，工资总额为6 000元；仓库增加到2个，需要2名仓库管理员，工资总额为12 000元，以此类推。半固定成本习性模型如图2-5所示。

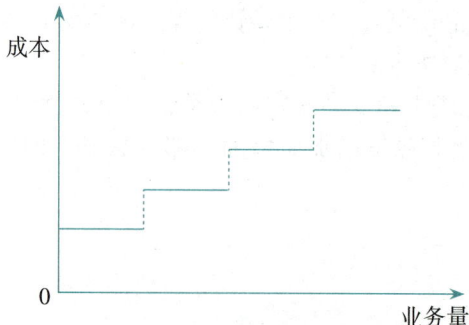

图2-5　半固定成本习性模型

3.延期变动成本

延期变动成本在一定业务量范围内有一个固定不变的基数，当业务量增长超出这个范围以后，新增的成本与业务量的增长成正比例变动。例如，企业职工的基本工资，在正常工作时间一般是不变的；如果工作时间超出正常标准，则需根据加班时间按比例支付加班费。又如，常见的手机流量费是一种延期变动成本：假设每月的套餐费为30元，流量限额为10GB，每月流量超过10GB的部分，按照0.1元/MB收费。如果某月总流量在10GB之内，流量费为30元；如果超出1MB，则流量费为30.1元；如果超出10MB，则流量费为31元。延期变动成本习性模型如图2-6所示。

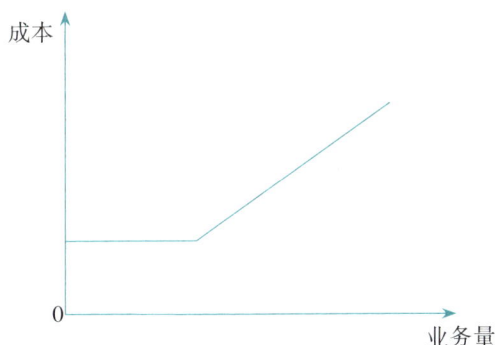

图2-6 延期变动成本习性模型

4.曲线变动成本

曲线变动成本通常有一个不变的初始量，相当于固定成本，在这个初始量的基础上，随业务量的增加，成本也逐步变化，但它与业务量的关系是非线性的。这种曲线成本又可以分为以下两种类型：一是递增曲线成本，如累进销售提成、违约金等，随着业务量的增加，成本逐步增加，并且增加幅度是递增的；二是递减曲线成本，如有价格折扣或优惠条件下的材料采购成本、"费用封顶"的流量服务费等，用量越大则总成本越高，但增长越来越慢，变化是递减的。

（三）混合成本的分解

混合成本的分解主要有高低点法、回归直线法、账户分析法、技术测定法和合同确认法等。

微课

混合成本分解

1.高低点法

高低点法是以过去某一会计期间的总成本和业务量资料为依据，从中选取业务量最高点和业务量最低点，将总成本进行分解，得出成本性态模型的一种方法。高低点法计算公式如下：

高点的成本性态：$y_1 = a + bx_1$

低点的成本性态：$y_2 = a + bx_2$

$$b = \frac{y_1 - y_2}{x_1 - x_2}$$

$$单位变动成本 = \frac{最高点业务量成本 - 最低点业务量成本}{最高点业务量 - 最低点业务量}$$

固定成本总额 = 最高点业务量成本 - 单位变动成本 × 最高点业务量

或固定成本总额 = 最低点业务量成本 - 单位变动成本 × 最低点业务量

【案例2-2】雅风公司维修工时和维修费的高低点法分析

雅风公司7—12月机器设备的维修工时和维修费见表2-4。

表2-4   维修工时和维修费

项目	7月	8月	9月	10月	11月	12月	合计
维修工时	4 000	4 500	3 000	5 000	4 300	4 800	25 600
维修费/元	4 400	4 800	4 000	5 200	4 600	5 000	28 000

◆任务

采用高低点法进行成本性态分析。

◆任务分析

按照高低点法，对雅风公司的维修工时和维修费进行分析。

◆操作步骤

（1）找出高低点业务量；

（2）计算单位变动维修费；

（3）计算固定成本；

（4）建立成本性态模型。

◆完成任务

（1）高点（5 000，5 200）；低点（3 000，4 000）

（2）单位变动维修费 $b = \dfrac{5\,200 - 4\,000}{5\,000 - 3\,000} = 0.6$（元/小时）

（3）固定成本 $a = y_1 - bx_1 = 5\,200 - 0.6 \times 5\,000 = 2\,200$（元）

或 $a = 4\,000 - 0.6 \times 3\,000 = 2\,200$（元）

（4）代入模型：$y = a + bx = 2\,200 + 0.6x$

2.回归直线法

回归直线法又称最小二乘法，是根据过去一定期间业务量和成本的历史资料，运用最小二乘法原理计算最能代表业务量与混合成本关系的回归直线，借以确定混合成本中固定成本和变动成本的一种成本性态分析方法。

假设混合成本符合总成本模型，即：$y = a + bx$。式中：a 为固定成本部分；b 为单位变动成本部分。a、b 的计算公式如下：

$$b = \frac{n \sum x_i y_i - \sum x_i \sum y_i}{n \sum x_i^2 - (\sum x_i)^2}$$

$$a = \frac{\sum y_i - b \sum x_i}{n}$$

回归直线法的优点是可避免高低两点可能带来的偶然性，缺点是计算工作量较大。该方法适用于采用计算机管理的企业。

【案例2-3】雅风公司维修工时和维修费的回归直线法分析

雅风公司7—12月机器设备的维修工时和维修费见表2-5。

表2-5　　　　　　　　　　　　　　　　维修工时和维修费

项　目	7月	8月	9月	10月	11月	12月	合　计
维修工时	4 000	4 500	3 000	5 000	4 300	4 800	25 600
维修费/元	4 400	4 800	4 000	5 200	4 600	5 000	28 000

◆任务

采用回归直线法进行成本性态分析。

◆任务分析

按照回归直线法，对雅风公司的维修工时和维修费进行分析。

◆操作步骤

（1）根据历史资料列表，求出n、$\sum x$、$\sum y$、$\sum xy$和$\sum x^2$的值；

（2）建立回归方程组；

（3）计算b和a的值；

（4）将a和b代入$y = a + bx$，建立混合成本性态模型。

◆完成任务

数据整理见表2-6。

表2-6　　　　　　　　　　　　　　　　数据整理表

月　份（n）	修理工时（x）	修理费/元（y）	xy	x^2
7	4 000	4 400	17 600 000	16 000 000
8	4 500	4 800	21 600 000	20 250 000
9	3 000	4 000	12 000 000	9 000 000
10	5 000	5 200	26 000 000	25 000 000
11	4 300	4 600	19 780 000	18 490 000
12	4 800	5 000	24 000 000	23 040 000
$n = 6$	$\sum x = 25\ 600$	$\sum y = 28\ 000$	$\sum xy = 120\ 980\ 000$	$\sum x^2 = 111\ 780\ 000$

根据回归直线法公式求得：

$$b = \frac{6 \times 120\ 980\ 000 - 25\ 600 \times 28\ 000}{6 \times 111\ 780\ 000 - 25\ 600 \times 25\ 600} = 0.592\ 7 \text{（元/件）}$$

$$a = \frac{28\ 000 - 0.592\ 7 \times 25\ 600}{6} = 2\ 137.81 \text{（元）}$$

代入模型：$y = a + bx = 2\ 137.81 + 0.592\ 7x$

3.账户分析法

账户分析法是指企业根据有关成本账户及其明细分类账的内容，结合其与产量的依存关系，判断其比较接近的成本类别，将其视为该类成本的一种方法。账户分析法较为简便易行，但比较粗糙且带有主观判断。

4.技术测定法

技术测定法是指企业根据生产过程中各种材料和人工成本消耗量的技术测定来划分固定成本和变动成本的一种方法。

【案例2-4】雅风公司锅炉车间成本的技术测定法分析

雅风公司铸造车间的工作任务是先点炉，后熔化铁水。每次点炉要用木柴0.1吨、焦炭1.5吨（熔化1吨铁水使用焦炭0.15吨）。每个工作日点炉一次，全月工作22天，木柴单价为150元/吨，焦炭单价为300元/吨。

◆任务

采用技术测定法进行成本性态分析。

◆任务分析

按照技术测定法，对雅风公司锅炉车间的成本进行分析。

◆操作步骤

（1）假设未知数；

（2）根据技术测定的结果计算固定成本；

（3）确定单位变动成本；

（4）建立技术测定法下的成本函数。

◆完成任务

设燃料总成本为y，熔化的铁水吨数为x，则该车间每月燃料总成本方程为：

$$y = a + bx$$
$$= (0.1 \times 150 + 1.5 \times 300) \times 22 + 0.15 \times 300x$$
$$= 10\,230 + 45x$$

采用这种方法进行测定比较准确，但是该方法工作量大，需消耗较多的人力、物力。对不能直接把成本归属于特定投入和产出的，或者不能单独进行观察的联合过程（如各种间接成本）不能使用这种方法。

技术测定法仅适用于投入成本和产出数量之间有规律性联系的成本分解。

5.合同确认法

合同确认法是指企业根据订立的经济合同或协议中关于支付费用的规定，来确认并估算哪些项目属于变动成本，哪些项目属于固定成本的一种方法。合同确认法一般要配合账户分析法使用。

【案例2-5】雅风公司锅炉车间成本的合同确认法分析

雅风公司与供电局签订合同，规定该公司每月需支付供电局变压器保养费1 000元，每月用电额度50 000度，每度1.5元。假定该公司每月照明平均用电2 000度，生产产品平均每件耗电5度。

◆任务

采用合同确认法进行成本性态分析。

◆任务分析

按照合同确认法，对雅风公司与供电局的合同进行分析，确定其成本构成。

◆操作步骤

（1）分析合同；

（2）根据合同计算固定成本；

（3）确定单位变动成本；

（4）建立合同确认法下的成本函数。

◆ 完成任务

设总成本为 y，该公司生产产品的数量为 x。

该公司电费的总成本公式为：

$y = a + bx$

　　$= （1\,000 + 2\,000 × 1.5） + 1.5 × 5x$

　　$= 4\,000 + 7.5x$（其中：$5x + 2\,000 ⩽ 50\,000$）

合同确认法的优点是分析比较准确，划分标准明晰；其缺点是应用范围较小，只能用于已签合同的项目，具有一定的局限性。

（四）总成本公式和模型

混合成本分解后，可以将所有的成本划分为固定成本和变动成本两大类。将成本按其性态分为固定成本和变动成本，是变动成本法的核算前提和核算基础。

企业的总成本线性模型可以用下列公式表示：

$$总成本 = 固定成本总额 + 变动成本总额$$
$$= 固定成本总额 + 单位变动成本 × 业务量$$

或：$y = a + bx$

式中：y 为总成本，a 为固定成本，b 为单位变动成本，x 为业务量。

上述公式从数学的观点来看是直线方程式：x 是自变量，y 是因变量，a 是常数，b 是直线的斜率。

在平面直角坐标系上，总成本性态模型如图 2-7 所示。

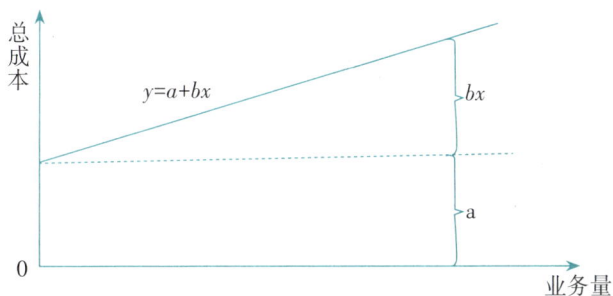

图2-7　总成本性态模型

任务三　变动成本法应用

一、变动成本法概述

变动成本法的概念由美国学者哈里斯在 1936 年率先提出。其产生以后，为了加以区别，人们把传统的成本计算方法称为完全成本法。

完全成本法是指在组织常规的产品成本计算过程中，以成本的经济用途为前提，将全部生产成本作为产品成本的构成内容，只将非生产成本作为期间成本，并按传统式损益确定程序计量损益的一种成本计算方法。

微课

变动成本法

变动成本法是指在组织常规的产品成本计算过程中，以成本性态分析为前提，只对产品生产过程中所消耗的直接材料、直接人工和变动制造费用等变动生产费用进行归集和分配，从而计算产品成本的一种方法。也就是说，只计算产品的变动生产成本，把固定制造费用全部作为期间成本按贡献式损益确定程序计量损益。

二、变动成本法与完全成本法的区别

（一）应用的前提条件不同

变动成本法应用的前提条件是对成本进行成本性态分析，把全部成本分为变动成本和固定成本两类。变动成本又可分为变动生产成本、变动销售费用、变动管理费用和变动财务费用；固定成本分为固定制造费用、固定销售费用、固定管理费用和固定财务费用。

完全成本法应用的前提条件是对成本按经济用途分类，将全部成本分为生产成本与非生产成本（期间费用）两类。生产成本包括直接材料、直接人工和全部的制造费用；非生产成本包括销售费用、管理费用和财务费用。

（二）产品成本及期间成本的构成内容不同

在变动成本法下，产品成本只包括变动生产成本，即直接材料、直接人工和变动制造费用，而固定制造费用不计入产品成本，作为期间成本，直接计入当期损益。

在完全成本法下，产品成本既包括直接材料、直接人工和变动制造费用，也包括固定制造费用，凡是在生产过程中为生产产品所发生的费用都计入产品成本。

变动成本法和完全成本法的成本构成内容如图2-8所示。

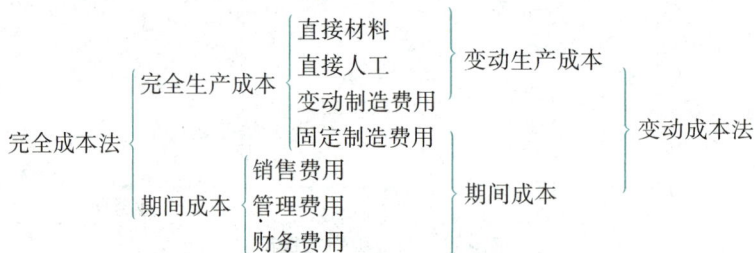

图2-8　变动成本法和完全成本法的成本构成内容

（三）销售成本和存货成本的水平不同

在变动成本法下，固定制造费用作为期间成本直接计入当期利润表，因而本期销售成本、期末存货成本都不包括固定制造费用，两者均按变动成本计价。

在完全成本法下，由于固定制造费用计入产品成本，这样已销产品与期末存货均"吸收"了一部分固定制造费用，即销售成本和期末存货成本均按完全成本计价。因此，会引起两种方法下销售成本及存货成本水平的不同。

（四）计算盈亏的公式不同

在变动成本法下，按贡献式损益确定程序计算营业利润，营业利润应按下列步骤和公式计算：

$$贡献边际 = 销售收入 - 变动成本$$
$$营业利润 = 贡献边际 - 固定成本$$

式中：

$$变动成本 = 销售产品变动生产成本 + 变动销售费用 + 变动管理费用 + 变动财务费用$$
$$固定成本 = 固定制造费用 + 固定销售费用 + 固定管理费用 + 固定财务费用$$

在完全成本法下，按传统式损益确定程序计算营业利润，营业利润应按下列步骤和公式计算：

$$销售毛利 = 销售收入 - 销售成本$$
$$营业利润 = 销售毛利 - 期间成本$$

式中：

$$销售成本 = 期初存货成本 + 本期生产成本 - 期末存货成本$$
$$期间成本 = 销售费用 + 管理费用 + 财务费用$$

【案例2-6】雅风公司风衣成本和利润的完全成本法分析

雅风公司目前生产的A产品投产后第2年的生产量为5 000件，销售量为4 000件，期初无存货，期末存货量为1 000件，单价为40元/件。当期发生的有关成本资料如下：直接材料25 000元；直接人工10 000元；变动制造费用15 000元；固定制造费用20 000元；变动销售及管理费用2 000元；固定销售及管理费用18 000元。

假设第1、第2、第3年每年的生产量（基于其正常生产能力）都是5 000件；销售量分别为5 000件、4 000件和6 000件，每单位产品的售价为400元。每件变动成本为10元（包括直接材料、直接人工和变动制造费用）；固定制造费用（基于正常生产能力5 000件）共计20 000元，每件产品应分摊4元（20 000÷5 000）；变动销售与管理费用3年分别为2 500元、2 000元和3 000元；固定销售与管理费用每年发生额为18 000元。

◆**任务**

请根据相关的成本资料按完全成本法计算这款风衣的单位成本和营业利润。

◆**任务分析**

已知产品的成本费用、产量和销售量，按完全成本法计算单位产品成本和营业利润。

◆**操作步骤**

（1）计算生产成本总额；

（2）计算单位产品成本；

（3）计算销售成本；

（4）计算期间成本；

（5）计算销售毛利；

（6）计算营业利润。

◆**完成任务**

（1）生产成本总额 = 直接材料 + 直接人工 + 变动制造费用 + 固定制造费用

　　　　　　　　 = 25 000 + 10 000 + 15 000 + 20 000 = 70 000（元）

（2）单位产品成本 = 生产成本总额 ÷ 生产量 = 70 000 ÷ 5 000 = 14（元/件）

（3）销售成本 = 期初存货成本 + 本期生产成本 - 期末存货成本

$$= 0 + 70\ 000 - 1\ 000 \times 14 = 56\ 000（元）$$

（4）期间成本 = 销售费用 + 管理费用 = 2 000 + 18 000 = 20 000（元）

（5）销售毛利 = 销售收入 - 销售成本 = 4 000 × 40 - 56 000 = 104 000（元）

（6）营业利润 = 销售毛利 - 期间成本 = 104 000 - 20 000 = 84 000（元）

【案例2-7】雅风公司风衣成本和利润的变动成本法分析

沿用【案例2-6】的资料。

◆ 任务

请根据相关的成本资料按变动成本法计算这款风衣的单位成本和营业利润。

◆ 任务分析

已知产品的成本费用、产量和销售量，按变动成本法计算单位产品成本和营业利润。

◆ 操作步骤

（1）计算变动生产成本总额；

（2）计算单位产品成本；

（3）计算变动成本；

（4）计算固定成本；

（5）计算贡献边际；

（6）计算营业利润。

◆ 完成任务

（1）变动生产成本总额 = 直接材料 + 直接人工 + 变动制造费用

$$= 25\ 000 + 10\ 000 + 15\ 000 = 50\ 000（元）$$

（2）单位产品成本 = 变动生产成本总额 ÷ 产量 = 50 000 ÷ 5 000 = 10（元/件）

（3）变动成本 = 销售产品变动生产成本 + 变动销售费用 + 变动管理费用

$$= 4\ 000 \times 10 + 2\ 000 = 42\ 000（元）$$

（4）固定成本 = 固定制造费用 + 固定销售费用 + 固定管理费用 = 20 000 + 18 000

$$= 38\ 000（元）$$

（5）贡献边际 = 销售收入 - 变动成本 = 4 000 × 40 - 42 000 = 118 000（元）

（6）营业利润 = 贡献边际 - 固定成本 = 118 000 - 38 000 = 80 000（元）

【案例2-8】雅风公司两种成本法营业利润差异的分析

沿用【案例2-6】和【案例2-7】的资料。

◆ 任务

根据雅风公司3年的产销量信息，计算在两种成本法下的营业利润，并分析产生差异的原因。

◆ 任务分析

根据以上资料，列出利润表计算各年的营业利润，并分析产生差异的原因。

◆ 操作步骤

（1）按变动成本法计算各年的营业利润；

（2）按完全成本法计算各年的营业利润。

◆ 完成任务

（1）按变动成本法计算各年的营业利润，见表2-7。

表2-7　　　　　　　　　　　　按变动成本法计算营业利润　　　　　　　　　　　单位：元

项　目	第1年	第2年	第3年
销售收入	200 000	160 000	240 000
变动成本：			
变动生产成本	50 000	40 000	60 000
变动销售及管理费用	2 500	2 000	3 000
合计	52 500	42 000	63 000
贡献边际	147 500	118 000	177 000
固定成本：			
固定制造费用	20 000	20 000	20 000
固定销售及管理费用	18 000	18 000	18 000
合计	38 000	38 000	38 000
营业利润	109 500	80 000	139 000

（2）按完全成本法计算各年的营业利润，见表2-8。

表2-8　　　　　　　　　　　　按完全成本法计算营业利润　　　　　　　　　　　单位：元

项　目	第1年	第2年	第3年
销售收入	200 000	160 000	240 000
销售成本：			
期初存货	0	0	14 000
本期产品生产成本	70 000	70 000	70 000
期末存货	0	14 000	0
合计	70 000	56 000	84 000
销售毛利	130 000	104 000	156 000
销售与管理费用	20 500	20 000	21 000
营业利润	109 500	84 000	135 000

（3）两种成本法营业利润差异的分析。

①当期初、期末存货数量均为零时，完全成本法下的营业利润等于变动成本法下的营业利润。本案例中第1年生产量为5 000件，销售量也是5 000件，采用两种方法计算的营业利润都是1 095 000元。这是因为第1年无期初存货，当生产量等于销售量时，也无期末存货，当期的固定制造费用无论采用哪种方法均在当期全部扣除，故两者营业利润相等。

②当期初存货数量为零、期末存货数量不为零时，完全成本法下的营业利润大于变动成本法下的营业利润。本案例中第2年期初存货为零，生产量为5 000件，销售量为4 000件，期末存货为1 000件，利用完全成本法确定的营业利润（84 000元）大于变动成本法计算的结果（80 000元）。这是因为在变动成本法下，固定制造费用当期被全部扣除，而在完全成本法下本期发生的固定制造费用本期只扣除了一部分，另一部分固定制造费用随着存货的转移而被转入下期，其差额等于单位固定制造费用乘以期末存货比期初存货增加的数量（4元/件×1 000件＝4 000元）。

③当期初存货数量不为零、期末存货数量为零时，完全成本法下的营业利润小于变动成本法下的营业利润。本案例中第3年期初存货为1 000件，生产量为5 000件，销售量为6 000件，期末存货为零，利用变动成本法计算的营业利润（139 000元）大于完全成本法计算的结果（135 000元）。这是因为在变动成本法下本期发生的固定制造费用全部从本期销售收入中扣除了，而完全成本法下本期扣除的固定制造费用不仅包括了本期的全部固定制造费用，还包括了上期产品结转下来的固定制造费用，在销售收入相同的情况下，变动成本法扣除的成本少，完全成本法扣除的成本多，完全成本法确定的营业利润必然小于变动成本法确定的营业利润。

可见，一定时期产销量不等时两种成本法的计算结果不相等，但从长期来看，差异会相互抵销。

三、两种成本法下分期营业利润差额的变动规律

（一）两种成本法下分期营业利润的基本变动规律

两种成本法下，营业利润呈现以下基本变动规律：

1.若完全成本法下期末存货中的固定制造费用等于期初存货中的固定制造费用，则两种成本法下的营业利润必然相等。

2.若完全成本法下期末存货中的固定制造费用大于期初存货中的固定制造费用，则按完全成本法计算的营业利润大于按变动成本法计算的营业利润。

3.若完全成本法下期末存货中的固定制造费用小于期初存货中的固定制造费用，则按完全成本法计算的营业利润小于按变动成本法计算的营业利润。

（二）两种成本法下分期营业利润的差额

两种成本法下营业利润的差额就是完全成本法下期末存货"吸收"的固定制造费用与期初存货"释放"的固定制造费用的差额。其计算公式如下：

$$\frac{利润}{差额} = \frac{完全成本法下期末}{存货中固定制造费用} - \frac{完全成本法下期初}{存货中固定制造费用}$$

$$= \frac{期末}{存货量} \times \frac{期末存货的单位}{固定制造费用} - \frac{期初}{存货量} \times \frac{期初存货的单位}{固定制造费用}$$

式中：期初存货的单位固定制造费用与期末存货的单位固定制造费用会因各期产量或各期固定制造费用总额不同而不同。

（三）两种成本法下分期营业利润的特殊规律

如果各期固定制造费用总额和产量都不变，完全成本法下期末单位存货中的固定制造费用与期初单位存货中的固定制造费用相同，两种成本法下分期利润差额由期初、期末存

货数量决定。其计算公式如下：

利润差额 = （期末存货量 − 期初存货量）× 单位固定制造费用

这时可以得到以下特殊规律：

1. 当期末存货量等于期初存货量时（本期产量等于本期销量），利润差额等于零，说明完全成本法下的营业利润等于变动成本法下的营业利润。

2. 当期末存货量大于期初存货量时（本期产量大于本期销量），利润差额大于零，说明完全成本法下的营业利润大于变动成本法下的营业利润。

3. 当期末存货量小于期初存货量时（本期产量小于本期销量），利润差额小于零，说明完全成本法下的营业利润小于变动成本法下的营业利润。

四、对变动成本法和完全成本法的评价

（一）变动成本法的优点和缺点

1. 变动成本法的优点

（1）变动成本法提供的成本和利润资料，便于企业进行短期决策。企业短期决策关注的是成本、业务量、利润之间的依存关系，变动成本法揭示了企业本量利三者之间的数量关系，能为企业优化管理提供重要的信息。

（2）促使管理当局重视销售，防止盲目生产。采用变动成本法算出的利润多少与销售量增减相一致，可以促使企业注重销售，根据市场需求以销定产，避免盲目增产。

（3）变动成本法提供的信息，便于成本控制与业绩评价。在变动成本法下，将计入成本的费用按性态分为固定成本和变动成本，能把产量引起的变动和成本控制工作带来的变动清晰地区分开来，有利于分清各部门的责任。

（4）简化了成本核算工作。变动成本法将固定生产成本列入期间成本，省去了固定制造费用的分摊工作，减少了工作量，同时也避免了分摊标准的多样性而带来的主观随意性。

2. 变动成本法的缺点

（1）不符合传统成本概念。在传统成本观念下，生产成本是产品生产过程中发生的全部耗费，既包括变动成本，也包括固定成本，这个观点得到全世界的广泛认可，很显然，变动成本法不符合这种观点的要求。

（2）划分变动成本与固定成本有困难。变动成本法要求把混合成本进行分解，在实际工作中，这种分解有一定的假定性，有时候很难分清它是固定成本还是变动成本，将其划分为变动成本与固定成本是很困难的。

（3）影响有关方面的利益。按变动成本法编制利润表，当期末存货增加时，会使企业的税前利润减少，直接影响各有关方面的经济利益，投资者、政府、税务部门等均不赞同。因此，它只能作为内部管理应用。

（4）不能满足长期决策的需要。变动成本法所提供的信息只能用于企业短期决策，不能用于长期决策。长期决策是在较长时间范围内解决增加或减少生产能力、扩大或缩小经营规模的问题。变动成本法是以成本性态分析为前提，存在相关范围。在较长时间范围内，由于增加或减少生产能力、扩大或缩小经营规模，都可能超过其相关范围，固定成本和变动成本的水平都可能发生变动。因此，变动成本法不能满足长期决策的需要。

（二）完全成本法的优点和缺点

1.完全成本法的优点

（1）鼓励企业管理当局提高产品生产的积极性。在完全成本法下，产品的生产量越大，单位产品分摊的固定成本越少，单位产品成本也就越低，给企业带来的收益就越多，从而激发企业增加产品产量的积极性。

（2）满足企业对外进行财务报告的需要。企业财务报告的使用者是需要用长期的观点来衡量企业的，为了满足需要，应该提供产品在生产过程中发生的全部成本资料，完整地反映产品的生产耗费情况，符合传统的成本概念，易于人们的理解。

2.完全成本法的缺点

（1）不能全面正确反映企业的营运情况。采用完全成本法计算的产品单位生产成本受到产量的影响，可以通过产量的增减来提高或降低单位产品成本，不能全面正确反映相关部门的真实工作业绩。

（2）对利润计算的误导。税前利润受产销双重影响，可能会出现企业追求利润而盲目生产的情况。

（3）固定制造费用的分摊不合理。按完全成本法必然有固定制造费用的分摊工作，这一工作量大，但分摊时有主观随意性。

（4）不利于提供企业所需的管理信息。完全成本法所提供的信息，不能满足企业预测、决策的需要，不利于企业优化管理。它体现不出企业成本、业务量、利润之间的数量关系。

【总结】变动成本法和完全成本法各有优缺点。完全成本法主要是满足对外编制财务报表的需要，不能满足企业内部管理的需求；变动成本法主要是满足企业内部管理的需要，变动成本法下的财务报表不符合企业会计准则的要求。

任务四　标准成本法应用

一、标准成本法的含义及适用要求

（一）标准成本法的含义

微课

标准成本法

标准成本法是指企业以预先制定的标准成本为基础，通过比较标准成本与实际成本，计算和分析成本差异、揭示成本差异动因，进而实施成本控制、评价经营业绩的一种成本管理方法。其中，标准成本是指在正常的生产技术水平和有效的经营管理条件下，企业经过努力应达到的产品成本水平。成本差异是指实际成本与相应标准成本之间的差额。当实际成本高于标准成本时，形成超支差异；当实际成本低于标准成本时，形成节约差异。

（二）标准成本的种类

1.现实标准成本

现实标准成本亦称可达到标准成本，是在现有生产技术条件下进行有效经营的基础上，根据下一期最可能发生的各种生产要素的耗用量、预计价格和预计的生产经营能力利用程度而制定的标准成本。这种标准成本可以包含管理当局认为短期内还不能完全避免的某些不应有的低效、失误和超量消耗。因其最切实可行、最接近实际成本，因此不仅可用于成本控制，也可以用于存货计价。这种标准成本最适合在经济形势多变的情况下使用。

2.理想标准成本

理想标准成本是以现有的技术、设备在最好的经营管理条件下发生的成本水平作为成本标准。采用这种标准成本，意味着实际发生的成本应达到现有条件下理想的最低限度，不允许任何浪费存在。这种标准成本一般难以达到，所以在实际工作中很少采用。

3.正常标准成本

正常标准成本是根据企业的正常生产能力，以有效经营条件为基础而制定的标准成本。可以采用企业过去较长时期实际数据的平均值，并估计未来的变动趋势。在制定这种标准成本时，可以把那些在现实条件下难以完全避免的超额耗费也计算在内。

【提示】标准成本法一般适用于产品及其生产条件相对稳定，或生产流程与工艺标准化程度较高的企业。

二、标准成本法的具体应用

（一）制定标准成本

产品标准成本通常由直接材料标准成本、直接人工标准成本和制造费用标准成本构成。每一个成本项目的标准成本应分为用量标准（包括单位产品消耗量、单位产品人工小时等）和价格标准（包括原材料单价、小时工资率、小时制造费用分配率等）两个部分。其中：

1.直接材料标准成本，是指直接用于产品生产的材料标准成本，包括标准用量和标准单价。其计算公式如下：

直接材料标准成本 = 单位产品的标准用量 × 材料的标准单价

注：材料按计划成本核算的企业，材料的标准单价可以采用材料计划单价。

2.直接人工标准成本，是指直接用于产品生产的人工标准成本，包括标准工时和标准工资率。其计算公式如下：

直接人工标准成本 = 单位产品的标准工时 × 小时标准工资率

3.制造费用成本标准应区分变动制造费用项目和固定制造费用项目分别确定。

（1）变动制造费用，是指通常随产量变化而呈正比例变化的制造费用。变动制造费用项目的标准成本根据标准用量和标准价格确定。其计算公式如下：

$$\text{变动制造费用项目标准成本} = \text{变动制造费用项目的标准用量} \times \text{变动制造费用项目的标准价格}$$

变动制造费用的标准用量可以是单位产量的燃料、动力等标准用量，也可以是产品的直接人工标准工时，或者是单位产品的标准机器工时。标准用量的选择需考虑用量与成本的相关性，制定方法与直接材料的标准用量以及直接人工的标准工时类似。

（2）固定制造费用，是指在一定产量范围内，其费用总额不会随产量变化而变化，始终保持固定不变的制造费用。固定制造费用一般按照费用的构成项目实行总量控制，也可以根据需要，通过计算标准分配率，将固定制造费用分配至单位产品，形成固定制造费用的标准成本。其计算公式如下：

$$固定制造费用总成本 = \sum 各固定制造费用构成项目的标准成本$$

$$固定制造费用标准分配率 = 单位产品的标准工时 \div 预算总工时$$

$$固定制造费用标准成本 = 固定制造费用总成本 \times 固定制造费用标准分配率$$

式中：预算总工时是指由预算产量和单位工时标准确定的总工时；单位产品的标准工时可以依据相关性原则在直接人工工时或者机器工时之间作出选择。

【案例2-9】雅风公司标准成本制定

近期雅风公司的管理层为了加强成本管理、提高效益，提出将在企业全面实行标准成本控制体系。为此，企业成立一个专门小组负责该事宜，小组成员来自技术、会计、劳资等部门及各成本核算中心。已知公司生产A产品需要使用甲、乙两种原材料，成本资料见表2-9。

◆任务

制定公司的标准成本。

◆任务分析

按照产品标准成本的构成，分别计算直接材料标准成本、直接人工标准成本、制造费用标准成本，最后汇总成雅风公司的标准成本。

◆操作步骤

（1）正确制定标准成本；

（2）揭示实际消耗与标准成本的差异；

（3）积累实际成本资料，并计算实际成本；

（4）比较实际成本与标准成本的差异，分析成本差异产生原因；

（5）根据差异产生的原因，采取有效措施，在生产经营过程中进行调整，消除不利差异。

◆完成任务

小组成员确定的A产品材料用量和价格方面的资料见表2-9。

表2-9　　　　　　　　　　　A产品直接材料标准成本

项　目		甲材料	乙材料
价格标准：	发票单价/元	20	80
	采购费用/元	1.4	5.6
	每千克标准价格/元	21.4	85.6
用量标准：	图纸用量/千克	1.5	1
	允许损耗量/千克	0.15	—
	单位产品标准用量/千克	1.65	1
成本标准：	甲材料/元	35.31	—
	乙材料/元	—	85.6
单位产品标准成本/元		120.91	

确定 A 产品直接人工标准成本（见表 2-10）。

表2-10　　　　　　　　　　　　　　A产品直接人工标准成本

项　目	第一工序	第二工序
生产工人人数	100	250
每人每月工时（20.92×8小时）	167.36	167.36
出勤率	0.98	0.98
每人每月平均可用工时	164	164
每月总工时	16 400	41 000
每月工资总额/元	360 000	1 260 000
每小时工资/元	21.95	30.73
单位产品工时：		
理想作业时间/小时	13	7
调整设备时间/小时	3	—
工间休息/小时	3	2
其他/小时	1	1
单位产品工时合计	20	10
直接人工标准成本/元	439	307.3
合计/元	746.3	

小组成员收集的 A 产品制造费用标准成本的资料见表 2-11 和表 2-12。

表2-11　　　　　　　　　　A产品单位产品标准变动制造费用计算表

项　目	第一车间	第二车间
变动制造费用预算：		
运输/元	40 000	105 000
动力/元	20 000	120 000
消耗材料/元	70 000	90 000
间接人工/元	100 000	195 000
燃料/元	20 000	70 000
其他/元	10 000	20 000
合计/元	260 000	600 000
生产量标准/小时	16 400	41 000

项　目	第一车间	第二车间
变动制造费用标准分配率（元/小时）	15.85	14.63
直接人工用量标准/小时	20	10
变动制造费用标准成本/元	317	146.3
单位产品标准变动制造费用/元	463.3	

表2-12　　　　　　　　　　A产品固定制造费用标准成本计算表

项　目	第一车间	第二车间
固定制造费用预算：		
折旧费/元	10 000	117 500
管理人员工资/元	35 000	90 000
间接人工/元	25 000	60 000
保险费/元	15 000	20 000
其他/元	15 000	12 500
合计/元	100 000	300 000
生产量标准/小时	16 400	41 000
固定制造费用标准分配率/（元/小时）	6.1	7.32
直接人工用量标准/小时	20	10
固定制造费用标准成本/元	122	73.2
单位产品标准固定制造费用/元	195.2	

　　会计人员将本期产品的标准成本在标准成本卡上反映出来，见表2-13。

表2-13　　　　　　　　　　产品标准成本

成本项目	用量标准	价格标准	标准成本/元
直接材料：			
甲材料	1.65千克	21.4元/千克	35.31
乙材料	1千克	85.6元/千克	85.6
合计	—	—	120.91
直接人工：			
第一车间	20小时	21.95元/小时	439
第二车间	10小时	30.73元/小时	307.3

续表

成本项目	用量标准	价格标准	标准成本/元
合计	—	—	746.3
变动制造费用：			
第一车间	20小时	15.85元/小时	317
第二车间	10小时	14.63元/小时	146.3
合计	—	—	463.3
固定制造费用：			
第一车间	20工时	6.1元/小时	122
第二车间	10工时	7.32元/小时	73.2
合计	—	—	195.2
单位产品标准成本合计	1 525.71		

（二）计算成本差异

1.直接材料成本差异

直接材料成本差异是指直接材料实际成本与标准成本之间的差额，该项差异可分解为直接材料价格差异和直接材料数量差异。

直接材料成本差异的有关计算公式如下：

直接材料成本差异 = 实际成本 − 标准成本
　　　　　　　　= 实际耗用量 × 实际单价 − 标准耗用量 × 标准单价

直接材料成本差异 = 直接材料价格差异 + 直接材料数量差异

直接材料价格差异 = 实际耗用量 × （实际单价 − 标准单价）

直接材料数量差异 = （实际耗用量 − 标准耗用量）× 标准单价

2.直接人工成本差异

直接人工成本差异是指直接人工实际成本与标准成本之间的差额，该差异可分解为工资率差异和效率差异。工资率差异是指实际工资率偏离标准工资率形成的差异，按实际工时计算确定；效率差异是指实际工时偏离标准工时形成的差异，按标准工资率计算确定。

直接人工成本差异的有关计算公式如下：

直接人工成本差异 = 实际成本 − 标准成本
　　　　　　　　= 实际工时 × 实际工资率 − 标准工时 × 标准工资率

直接人工成本差异 = 直接人工工资率差异 + 直接人工效率差异

直接人工工资率差异 = 实际工时 × （实际工资率 − 标准工资率）

直接人工效率差异 = （实际工时 − 标准工时）× 标准工资率

3.变动制造费用项目成本差异

变动制造费用项目成本差异是指变动制造费用项目实际成本与标准成本之间的差额，该差异可分解为变动制造费用项目成本的耗费差异和效率差异。

变动制造费用项目成本的耗费差异是指燃料、动力、辅助材料等变动制造费用项目的实际分配率偏离标准分配率的差异；变动制造费用项目成本的效率差异，是指燃料、动力、辅助材料等变动制造费用项目的实际耗用工时偏离标准耗用工时的差异。变动制造费用项目成本差异的计算和分析原理与直接材料和直接人工成本差异的计算和分析相同。

变动制造费用项目成本差异的有关计算公式如下：

变动制造费用项目成本差异 = 实际变动制造费用 − 标准变动制造费用

= 实际工时 × 实际单价 − 标准工时 × 标准单价

变动制造费用项目成本差异 = 变动制造费用耗费差异 + 变动制造费用效率差异

变动制造费用耗费差异 =（变动制造费用实际分配率 − 变动制造费用标准分配率）× 实际工时

变动制造费用效率差异 =（实际工时 − 实际产量下标准工时）× 变动制造费用标准分配率

4.固定制造费用项目成本差异

固定制造费用项目成本差异是指固定制造费用项目实际成本与标准成本之间的差额。固定制造费用成本差异的有关计算公式如下：

固定制造费用项目成本差异 = 固定制造费用项目实际成本 − 固定制造费用项目标准成本(预算)

固定制造费用成本差异 = 固定制造费用耗费差异 + 固定制造费用能量差异

固定制造费用耗费差异 = 实际固定制造费用 − 预算产量下标准固定制造费用

= 实际固定制造费用 − 预算产量下标准工时 × 标准分配率

固定制造费用能量差异 = 预算产量下标准固定制造费用 − 实际产量下标准固定制造费用

=（预算产量下标准工时 − 实际产量下标准工时）× 标准分配率

企业应根据固定制造费用项目的性质，分析差异的形成原因，并将之追溯至相关责任中心。

【案例2-10】雅风公司标准成本差异分析

雅风公司本月直接材料标准成本及直接人工标准成本见表2-14。

表2-14　　　　　　　直接材料标准成本及直接人工标准成本

项　目	单位标准用量	单位标准价格
原材料	6千克/件	1.5元/千克
直接人工	4小时/件	4元/小时
单位标准成本	25元	

当期完工产品440件，实际耗用原材料单价为1.6元/千克，实际耗用3 250千克；实际投入直接人工2 100小时，支付工资8 820元。每月正常生产量为500件。

◆任务

对公司的成本差异进行分析。

◆任务分析

采用标准成本法分别计算直接材料、直接人工的数量差异和价格差异，并分析差异的原因。

◆ 操作步骤

（1）分析企业标准成本的构成；

（2）计算企业直接材料成本差异；

（3）计算企业直接人工成本差异；

（4）进行差异分析。

◆ 完成任务

企业直接材料和直接人工成本差异计算表见表2-15，成本差异分析见表2-16。

表2-15　　　　　　　　　　　　　成本差异计算表

项　目		直接材料	直接人工
数量/效率	实际	7.39千克/件	4.77小时/件
	标准	6千克/件	4小时/件
价格/工资率	实际	1.6元/千克	4.2元/小时
	标准	1.5元/千克	4元/小时
数量差异/效率差异		915元	1 360元
价格差异/工资率差异		325元	420元
合计		1 240元	1 780元

表2-16　　　　　　　　　　　　　成本差异分析

项　目	分析说明
直接材料差异	材料成本差异为1 240元，属于不利差异，这是由325元价格不利差异和915元数量不利差异共同构成的。应进一步追查造成价格差异的具体原因。对于数量不利差异也应进一步查明具体原因，分清是采购部门还是生产部门的责任
直接人工差异	直接人工工资差异为1 780元，属于不利差异。这是由420元的工资率差异和1 360元的效率差异共同构成的，可进一步查明原因，提高工资率及效率

三、标准成本的差异处理

各种成本差异的账务处理有下列三种方法可供选择：

（一）成本差异按月结转

各种成本差异按月进行结转，为了均衡各期产品成本负担，应把本期产品的各种差异在销货成本、产成品和在产品成本之间按比例进行分配。在这种情况下，销货成本、产成品和在产品等账户将按实际成本结转。

（二）成本差异年末一次结转

各种成本差异在每月月末不办理结转手续，而是在成本差异账户中积累下来，直到年底，才将当年积累的各种成本差异一次结转。在这种情况下，如果成本差异数量较大，可按比例分配到销货成本、产成品和在产品上去，这时，产品的实际成本等于标准成本加上该产品应负担的差异。如果数量较少，可全部转到销货成本账户上去，这时，产品的标准成本就是产品的实际成本。

（三）成本差异结转到销货成本

各种成本差异按月全部结转到销货成本账户，不再分配给产成品和在产品。在这种情况下，产成品和在产品都按标准成本记账。

【案例2-11】雅风公司标准成本差异账务处理

雅风公司B产品按标准成本制度，采用成本差异结转本期损益法进行账务处理。设有"原材料""生产成本""库存商品"账户登记标准成本；设有"变动制造费用""固定制造费用"账户归集实际发生的制造费用；设有"材料数量差异""材料价格差异"等8个成本差异账户，记录各种成本差异。

B产品单位产品标准成本见表2-17。

表2-17 B产品单位产品标准成本

项　目	金　额/元
直接材料（50千克×3元/千克）	150
直接人工（4小时×40元/小时）	160
变动制造费用（4小时×15元/小时）	60
固定制造费用（4小时×10元/小时）	40
单位产品标准成本	410

费用预算见表2-18。

表2-18 费用预算

项　目	预　算
生产能量/小时	2 000
变动制造费用/元	30 000
固定制造费用/元	20 000
变动制造费用标准分配率/（元/小时）	15
固定制造费用标准分配率/（元/小时）	10
变动销售费用/元	10
固定销售费用/元	120 000
管理费用/元	15 000

12月生产及销售情况：月初在产品50件，标准成本14 000元。由于原材料一次性投入，在产品中含有原材料成本7 500元（50×150）。其他成本项目采用约当产量法计算，在产品完工程度为50%；在产品的其他成本项目金额为6 500元。本月投产450件，完工入库430件，月末在产品70件。

本月初库存商品30件，其标准成本为12 300元（30×410）。本月销售44件，月末库存商品20件，销售单价625元/件。

本月初原材料5 000千克，标准成本为15 000元（5 000×3）。

本月发生下列经济业务：

（1）10日，购入第一笔原材料15 000千克，实际成本每千克2.7元，共计40 500元。

（2）16日，购入第二笔原材料10 000千克，实际成本每千克3.2元，共计32 000元。

（3）本月投产450件，领用材料22 750千克。

（4）本月实际使用直接人工1 750小时，支付工资71 750元，平均每小时41元。

（5）本月实际发生变动制造费用28 000元，全部用银行存款支付。

（6）本月实际发生固定制造费用18 375元，其中折旧费12 500元，其余均用银行存款支付。

（7）本月完工产品入库430件，标准成本为176 300元（430×410）

（8）本月销售商品440件，单位价格625元；结转已售商品标准成本180 400元（440×410）

（9）月末，将各项成本差异结转入"主营业务成本"账户。

◆任务

对公司标准成本的差异进行账务处理。

◆任务分析

运用标准成本法对经济业务进行账务处理。

◆操作步骤

分析经济业务，逐笔完成标准成本法账务处理。

◆完成任务

（1）购入第一笔材料

借：原材料　　　　　　　　　　　　　　　　　　　　　45 000

　　贷：银行存款　　　　　　　　　　　　　　　　　　　　　40 500

　　　　材料价格差异　　　　　　　　　　　　　　　　　　　 4 500

（2）购入第二笔材料

借：原材料　　　　　　　　　　　　　　　　　　　　　30 000

　　材料价格差异　　　　　　　　　　　　　　　　　　 2 000

　　贷：银行存款　　　　　　　　　　　　　　　　　　　　　32 000

（3）发出材料

借：基本生产成本　　　　　　　　　　　　　　　　　　67 500

　　材料数量差异　　　　　　　　　　　　　　　　　　　 750

　　贷：原材料　　　　　　　　　　　　　　　　　　　　　　68 250

（4）计提工资

借：基本生产成本　　　　　　　　　　　　　　　　　　72 000

　　人工工资率差异　　　　　　　　　　　　　　　　　 1 750

　　贷：应付职工薪酬　　　　　　　　　　　　　　　　　　　71 750

　　　　人工效率差异　　　　　　　　　　　　　　　　　　　 2 000

（5）发生变动制造费用

借：变动制造费用　　　　　　　　　　　　　　　　　　27 000

　　变动制造费用耗费差异　　　　　　　　　　　　　　 1 750

　　贷：银行存款　　　　　　　　　　　　　　　　　　　28 000

　　　　变动制造费用效率差异　　　　　　　　　　　　　　750

（6）发生固定制造费用

借：固定制造费用　　　　　　　　　　　　　　　　　18 000

　　固定制造费用能量差异　　　　　　　　　　　　　　2 000

　　贷：累计折旧　　　　　　　　　　　　　　　　　12 500

　　　　银行存款　　　　　　　　　　　　　　　　　　5 875

　　　　固定制造费用耗费差异　　　　　　　　　　　　1 625

（7）完工产品入库

借：库存商品　　　　　　　　　　　　　　　　　　176 300

　　贷：基本生产成本　　　　　　　　　　　　　　　176 300

（8）结转已销产品成本

借：主营业务成本　　　　　　　　　　　　　　　　180 400

　　贷：库存商品　　　　　　　　　　　　　　　　　180 400

（9）结转利润

借：主营业务成本　　　　　　　　　　　　　　　　44 375

　　材料价格差异　　　　　　　　　　　　　　　　　2 500

　　人工效率差异　　　　　　　　　　　　　　　　　2 000

　　变动制造费用效率差异　　　　　　　　　　　　　　750

　　固定制造费用耗费差异　　　　　　　　　　　　　1 625

　　贷：材料数量差异　　　　　　　　　　　　　　　　750

　　　　变动制造费用　　　　　　　　　　　　　　　27 000

　　　　固定制造费用　　　　　　　　　　　　　　　18 000

　　　　人工工资率差异　　　　　　　　　　　　　　1 750

　　　　变动制造费用耗费差异　　　　　　　　　　　1 750

　　　　固定制造费用能量差异　　　　　　　　　　　2 000

【学思践悟】医疗成本管理与控制方案

　　人民健康是社会文明进步的基础，是检验中国式现代化建设成效的重要指标。党的二十大报告提出医疗卫生建设目标：推进健康中国建设，把保障人民健康放在优先发展的战略位置，建立生育支持政策体系，实施积极应对人口老龄化国家战略，促进中医药传承创新发展，健全公共卫生体系，加强重大疫情防控救治体系和应急能力建设，有效遏制重大传染性疾病传播。由此可见，国家将继续深化医疗改革，在医保控费压力下，只有转型为创新研发型药企，研发出性价比高、具有技术壁垒的创新型药械，才能尽可能地维持产品价格。

　　为保障人民群众病有所医，让群众"看得上病、看得起病"，让医院"看得好病"，有效解决医疗费用过高、医疗质量与医疗成本不匹配等问题，我国政府开始推行以价值为导向的医疗理念，借此推动我国医疗服务改革。如何有效识别流程中的成本动因以推动流程改进，被视为价值医疗实施的重要组成部分。在运行过程中，可以按照以下步骤进行：选择患者群体作为成本核算的对象→定义医疗服务价值链→开发患者医疗服务中每项活动的详细流程→估算为每位患者提供医疗服务的时间和医疗护理资源的成本→估计每个资源提供者的实际产能→计算每位患者的护理周期总成本等。通过上述步骤，可以实现以价值为导向的医疗服务改革，尽早实现医疗费用降低的目标。

资料来源：陈菡，丁友刚. 基于价值导向的医疗成本管理：估时作业成本法的应用［J］. 财会月刊，2024（12）：10-14.

【启示】保障人民健康是我国优先发展的战略定位，是筑牢中国式现代化的健康根基。以价值为导向的医疗服务理念改变了医疗服务模式，它体现了企业成本管理的全面发展、协调发展和可持续发展。从成本管理应用来看，我国医疗机构的成本管理体系不仅实现了与国际惯例的趋同，而且与党的二十大报告提出的推进健康中国建设、把保障人民健康放在优先发展的战略地位、完善人民健康促进政策相适应，为我国卫生健康事业发展指明方向、明确目标，为人民提供更加贴心、高效、优质的医疗服务。

引导案例解析

本项目"引导案例"解析如下：

◆任务分析

对半变动成本进行成本分析时，我们观察雅风公司半变动成本资料，发现3月份产量最低，4月份产量最高。采用高低点法对3—4月份数据进行分析。

◆操作步骤

（1）设高点的成本性态为：$y_1 = a + bx_1$　　　　　　　　　　　　　　　①

低点的成本性态为：$y_2 = a + bx_2$　　　　　　　　　　　　　　　②

本案例中高点为4月份，低点为3月份。

（2）用①减②得 $y_1 - y_2 = b(x_1 - x_2)$，表示半变动成本的差量是业务量的差量与单位变动成本的乘积。

（3）移项后 $b = \dfrac{y_1 - y_2}{x_1 - x_2}$　　　　　　　　　　　　　　　③

将③代入①中，求 $a = y_1 - bx_1$；代入②中，求 $a = y_2 - bx_2$。

本业务将 $b = 0.026$ 万元/吨带入3月份成本，得：

$a = 26.86 - 0.026 \times 680.28 = 9.17$（万元）

◆完成任务

全部费用除了划分为变动成本、固定成本的，剩下的半变动成本再按照性质直接划分为变动成本和固定成本。

半变动成本，按高低点法分解：单位变动成本为0.026万元，固定成本为9.17万元。再加上各月变动成本、固定成本，计算各月变动成本和固定成本（见表2-19）。

表2-19　　　　　　　　　　　各月变动成本和固定成本　　　　　　　　　　　单位：元

月　份	变动成本	固定成本	合　计
1	95.111	22.155	117.266
2	95.189 5	20.338 5	115.528

续表

月　份	变动成本	固定成本	合　计
3	90.595 3	21.132 7	111.728
4	105.043 2	21.594 8	126.638
5	104.064 8	19.247 2	123.312

注：表中变动成本为原单纯变动成本加上半变动成本分解后的单位变动成本乘以产量，固定变动成本是用总成本减变动成本后的差额计算得到的。

从各月的计算结果来看，基本上是正确的。总成本中有一部分成本的各月发生数是不规则的，但比率较小，不影响总成本的正确性。

如果要保持原来的分解方法，则需要对半变动成本进行进一步分析，查明不规则变动的原因，剔除不正常因素，并将调整后的数字再进行分解。

实训任务

实训一　华丰家具厂成本差异分析

华丰家具厂几年来一直采用标准成本制度，成本控制收到显著效果，由于其生产成本较低，因而在市场竞争中处于有利地位，其经济效益较好，加之其产品质量较高，售后服务好，所以成为了知名品牌。华丰家具厂生产的某种家具产品的有关成本资料见表2-20。

表2-20　　　　　　　　　　有关成本资料

项　目	数量标准	价格标准	金额/元
直接材料	10千克/件	38元/千克	380
直接人工	20小时/件	5元/小时	100
变动制造费用	20小时/件	6元/小时	120
固定制造费用	20小时/件	10元/小时	200
标准单位成本	—	—	800

华丰家具厂预算产量为1 000件，变动制造费用预算为120 000元，固定制造费用预算为200 000元。本期实际产量为1 100件，直接材料消耗量为13 200千克，单价为33.50元，实际生产总工时为21 000小时，实际支付工资为103 000元，实际固定制造费用为190 000元、变动制造费用为110 000元。

资料来源：吴大军. 管理会计习题与案例［M］. 7版.大连：东北财经大学出版社，2024.

◆任务

依据上述资料，请回答：

（1）如何计算华丰家具厂各成本项目的差异；

（2）试分析各项差异产生的原因。

◆ **完成任务**

（1）直接材料成本差异分析

直接材料价格差异 = 实际数量 ×（实际价格 – 标准价格）

$$= 13\,200 \times (33.50 - 38) = -59\,400（元）$$

直接材料数量差异 =（实际数量 – 标准数量）× 标准价格

$$= (13\,200 - 10 \times 1\,100) \times 38 = 83\,600（元）$$

直接材料总差异 = 价格差异 + 数量差异 = – 59 400 + 83 600 = 24 200（元）

◆直接材料价格差异是有利差异，主要原因是：

① 有可能采购部门采用经济批量订货，使厂商给予一定的现金或者销售折扣等优惠措施。

② 可能受国家宏观调控的影响，获得支持。

③ 考虑运输费用的因素，选择了路线较短、运费较低的运输路线而减少了运费和不必要的消耗。

◆直接材料数量差异为不利差异，主要原因是：

① 可能由于技术人员操作疏忽造成废料和废品增加。

② 可能是新上岗人员不熟悉机器的操作导致用料过多。

③ 可能是生产技术未及时跟进导致产品用料过多。

④ 可能为了产品的质量能达到要求而使检验过严。

（2）直接人工成本差异分析

工资率差异 = 实际工时 ×（实际工资率 – 标准工资率）

$$= 21\,000 \times (103\,000 \div 21\,000 - 5) = -2\,000（元）$$

效率差异 =（实际工时 – 标准工时）× 标准工资率

$$= (21\,000 - 20 \times 1\,100) \times 5 = -5\,000（元）$$

直接人工总差异 = 工资率差异 + 效率差异

$$= -2\,000 - 5\,000 = -7\,000（元）$$

◆在直接人工中，工资率差异为有利差异，主要原因是：

① 人事劳动部根据员工的实际情况，合理安排生产工人的岗位。

② 严格实施企业的奖励制度。

③ 企业将工人的出勤率与工资的高低挂钩，加大了对工人出勤率的考勤。

◆人工效率差异也是有利差异，主要原因是：

① 企业提供了良好的工作环境，提高了工人的工作效率。

② 拥有大量的有经验的工人，并且主要招收具有一定经验的工人。

③ 固定维修生产设备，从而保证了生产链的持续。

④ 生产部门合理安排作业计划，提高了效率。

（3）变动制造费用差异分析

$$\text{变动制造费用耗费差异} = \text{实际工时} \times \left(\text{变动制造费用实际分配率} - \text{变动制造费用标准分配率} \right)$$

$$= 21\,000 \times (110\,000 \div 21\,000 - 6)$$

$$= -16\,000（元）$$

$$\begin{array}{l}\text{变动制造费用} \\ \text{效率差异}\end{array} = \left(\begin{array}{l}\text{实际} \\ \text{工时}\end{array} - \begin{array}{l}\text{标准} \\ \text{工时}\end{array}\right) \times \begin{array}{l}\text{变动制造费用} \\ \text{标准分配率}\end{array}$$

$$= (21\,000 - 1\,100 \times 20) \times 6$$

$$= -6\,000\,(\text{元})$$

$$\begin{array}{l}\text{变动制造} \\ \text{费用差异}\end{array} = \begin{array}{l}\text{变动制造费用} \\ \text{耗费差异}\end{array} + \begin{array}{l}\text{变动制造费用} \\ \text{效率差异}\end{array}$$

$$= -16\,000 - 6\,000 = -22\,000\,(\text{元})$$

在变动制造费用中，变动制造费用耗费差异是有利差异，主要原因为：变动制造费用耗费差异为 -16 000元，变动制造费用效率差异为 -6 000元，都属于有利差异。变动制造费用耗费差异是实际支出与按实际工时和标准分配率计算的预算之间的差异。每小时业务量支出的变动制造费用在标准之内，实际工时也少于标准工时，从而形成了变动制造费用耗费差异和效率差异，这主要是部门负责人制订了合理的生产计划，将实际工时和每小时支出的变动费用控制在标准之内。

（4）固定制造费用差异分析

$$\begin{array}{l}\text{固定制造费用} \\ \text{耗费差异}\end{array} = \begin{array}{l}\text{固定制造费用} \\ \text{实际数}\end{array} - \begin{array}{l}\text{固定制造费用} \\ \text{预算数}\end{array}$$

$$= 190\,000 - 200\,000 = -10\,000\,(\text{元})$$

$$\begin{array}{l}\text{固定制造费用} \\ \text{闲置能量差异}\end{array} = \left(\begin{array}{l}\text{生产} \\ \text{能量}\end{array} - \begin{array}{l}\text{实际} \\ \text{工时}\end{array}\right) \times \text{标准分配率}$$

$$= (1\,100 \times 20 - 21\,000) \times 10 = 10\,000\,(\text{元})$$

$$\begin{array}{l}\text{固定制造费用} \\ \text{效率差异}\end{array} = \left(\begin{array}{l}\text{实际} \\ \text{工时}\end{array} - \begin{array}{l}\text{实际} \\ \text{产量}\end{array} \times \begin{array}{l}\text{标准} \\ \text{工时}\end{array}\right) \times \begin{array}{l}\text{标准} \\ \text{分配率}\end{array}$$

$$= (21\,000 - 1\,100 \times 20) \times 10 = -10\,000\,(\text{元})$$

$$\begin{array}{l}\text{固定制造费用} \\ \text{总差异}\end{array} = \begin{array}{l}\text{固定制造费用} \\ \text{耗费差异}\end{array} + \begin{array}{l}\text{闲置能} \\ \text{量差异}\end{array} + \begin{array}{l}\text{效率} \\ \text{差异}\end{array}$$

$$= -10\,000 + 10\,000 - 10\,000 = -10\,000\,(\text{元})$$

◆在固定制造费用中，耗费（预算）差异为有利差异，主要原因是：

① 企业制定了符合本公司长期发展的决策。

② 企业所采取的折旧方式可能为加速折旧法，使得企业在本期的折旧费用较少。

◆效率差异为有利差异，主要原因是：

① 生产部门制定了合理的措施，使生产能力得到了有效的利用，增加了本期产品的实际产量。

② 企业拥有完善的奖惩制度，调动了工人的积极性。

◆闲置能量差异是不利差异，主要原因是：

① 生产部门未合理地安排生产，使得生产能力没有得到充分的利用。

② 采购部门未严格检验原材料的质量，存在不合格产品，降低了产能。

实训二   雅风公司完全成本法与变动成本法的争议

雅风公司副总裁丁一8月初一直在研究7月的利润表。他对利润状况感到有些疑惑：7月的销售收入相对6月有显著的增长，然而利润却下降了。丁一肯定公司的利润空间在7月并没有缩小，因此他觉得7月的报表一定是出了什么错。公司的主任会计师韩涵对此作出解释．由于职工休假，7月的生产量没有达到标准产量，这就使得分摊的制造费用减少，进而产生大量的不利差异。公司的账册要求所有差异进入月度利润表，这些产量差异到了年底就不复存在了。

丁一几乎不懂会计，他希望韩涵能够编制一张反映公司经营状况的利润表。为此，韩涵查阅了大量的资料，决定按照管理会计中提到的变动成本法和完全成本法进行编制，这样可以解决丁一的需求，从而为丁一提出新的经营战略提供帮助。于是，韩涵向丁一简单汇报了一下思路：公司使用变动成本法，就是将固定制造费用作为一项期间费用放入利润表并且只将可变生产成本作为产品成本。其他条件不变，变动成本法使得利润只随着销售收入而变化；在完全成本法下，利润既随着销售收入而变化又随着产量而变化。

这个思路得到了丁一的认可，于是韩涵决定用变动成本法重新编制6月和7月的利润表和资产负债表。完全成本法和变动成本法下的利润表见表2-21。

表2-21　　　　　　　　　　完全成本法和变动成本法下的利润表　　　　　　　　　单位：美元

项目	6月		7月	
	完全成本法	变动成本法	完全成本法	变动成本法
销售收入	865 428	865 428	931 710	931 710
销售成本（标准额）	484 640	337 517	521 758	363 367
毛利润（标准额）	380 788	527 911	409 952	568 343
生产成本差异：				
人工差异	−16 259	−16 259	−11 814	−11 814
材料差异	12 416	12 416	8 972	8 972
制造费用数量差异	1 730	—	−63 779	—
制造费用支出差异	3 604	3 604	2 832	2 832
实际毛利润	382 279	527 672	346 163	568 333
固定制造费用	—	192 883	—	192 883
销售与管理费用	310 250	301 250	310 351	310 351
税前利润	72 029	33 539	35 812	65 099

当韩涵将上述财务数据交给丁一审阅时，丁一对韩涵竖起大拇指说："这下子我就清楚了！我原本就知道7月的收益比6月的收益好。你用变动成本法编制的报表刚好反映了这一点。"

由于会计方法不同而受到影响的资产只有存货，负债与所有者权益受到影响只有留存收益（因为不允许将变动成本法用于税收报告目的，因而没有税收债务的影响）。完全成本法和变动成本法下的存货及留存收益表见表2-22。

表2-22   **完全成本法和变动成本法下的存货及留存收益表**   单位：美元

项 目	6月		7月	
	完全成本法	变动成本法	完全成本法	变动成本法
存货	1 680 291	1 170 203	1 583 817	1 103 016
留存收益	3 112 980	2 602 892	3 131 602	2 650 801

为了进一步进行成本控制，丁一建议采用变动成本法编制公司月度内部利润表。他指出，变动成本法将减少把固定制造费用分配给单个产品这一耗时的工作，这将提高管理人员的成本控制工作质量和效率。

采用这种方法得到的毛利润在比较单个产品营利性方面将会比现在所用的方法更有效。例如，在完全成本法下，雅风公司生产第129号和第234号产品成本情况见表2-23。在变动成本法下，雅风公司生产第129号和第234号产品成本情况见表2-24。

表2-23   **完全成本法下第129号和第234号产品成本情况**   金额单位：美元

产 品	标准生产成本	售 价	单位毛利	毛利率/%
第129号	2.54	4.34	1.80	41.5
第234号	3.05	5.89	2.84	48.2

表2-24   **变动成本法下第129号和第234号产品成本情况**   金额单位：美元

产 品	标准生产成本	售 价	单位毛利	毛利率/%
第129号	1.38	4.34	2.96	68.2
第234号	2.37	5.89	3.52	59.8

由表2-23和表2-24可以看出，完全成本法下第234号产品似乎更有利可图，但在变动成本法下第129号产品更有利可图。

◆任务

（1）对于丁一提出的按照变动成本法进行利润表编制，你认为如何？

（2）雅风公司是否应该采用变动成本法编制月度利润表？

◆完成任务

（1）我支持变动成本法。在变动成本法下，产品成本只包括直接材料、直接人工和变动制造费用，即变动生产成本，变动生产成本随生产量的变化成正比例变化。在变动成本法下，固定制造费用和非生产成本全部作为制造边际贡献（销售额与变动生产成本的差额）的扣除项目。在完全成本法下，产品成本包含直接材料、直接人工、变动制造费用和固定制造费用。

两种方法的核心差别在于固定制造费用处理不同，在完全成本法下，固定制造费用进入产品成本；在变动成本法下，固定制造费用不进入产品成本，全部与期间费用一起一次进入当期损益。

（2）应该。

项目三

本量利分析

项目三 本量利分析

任务一 本量利分析认知
- 本量利分析概念
- 本量利分析的基本假设
  - 总成本由固定成本和变动成本两部分组成
  - 产品产销结构稳定
- 本量利分析的基本原理

任务三 保利点分析
- 单一产品保利点分析
  - 保利点的含义
  - 保利点的计算
  - 预测目标利润
- 多种产品保利点分析

任务五 边际分析
- 边际贡献分析
- 安全边际分析

任务二 保本点分析
- 保本点分析
  - 单一产品的保本点分析
  - 多种产品的保本点分析
- 保本点作业率即保本点的计算

任务四 敏感性分析
- 有关因素临界值的确定
  - 销售量的最小允许值
  - 单价的最小允许值
  - 单位变动成本的最大允许值
  - 固定成本的最大允许值
- 各因素变化对利润的敏感程度
  - 销售量的敏感程度
  - 单价的敏感程度
  - 单位变动成本的敏感程度
  - 固定成本的敏感程度

任务六 本量利分析经营决策中的应用
- 生产设备的决策
- 新产品投产的决策
- 产品是否继续生产的决策
- 亏损产品追加订货及最低维价格决策
- 有剩余生产能力及无剩余生产能力的订货决策
- 原材料供应量不足时的订货决策

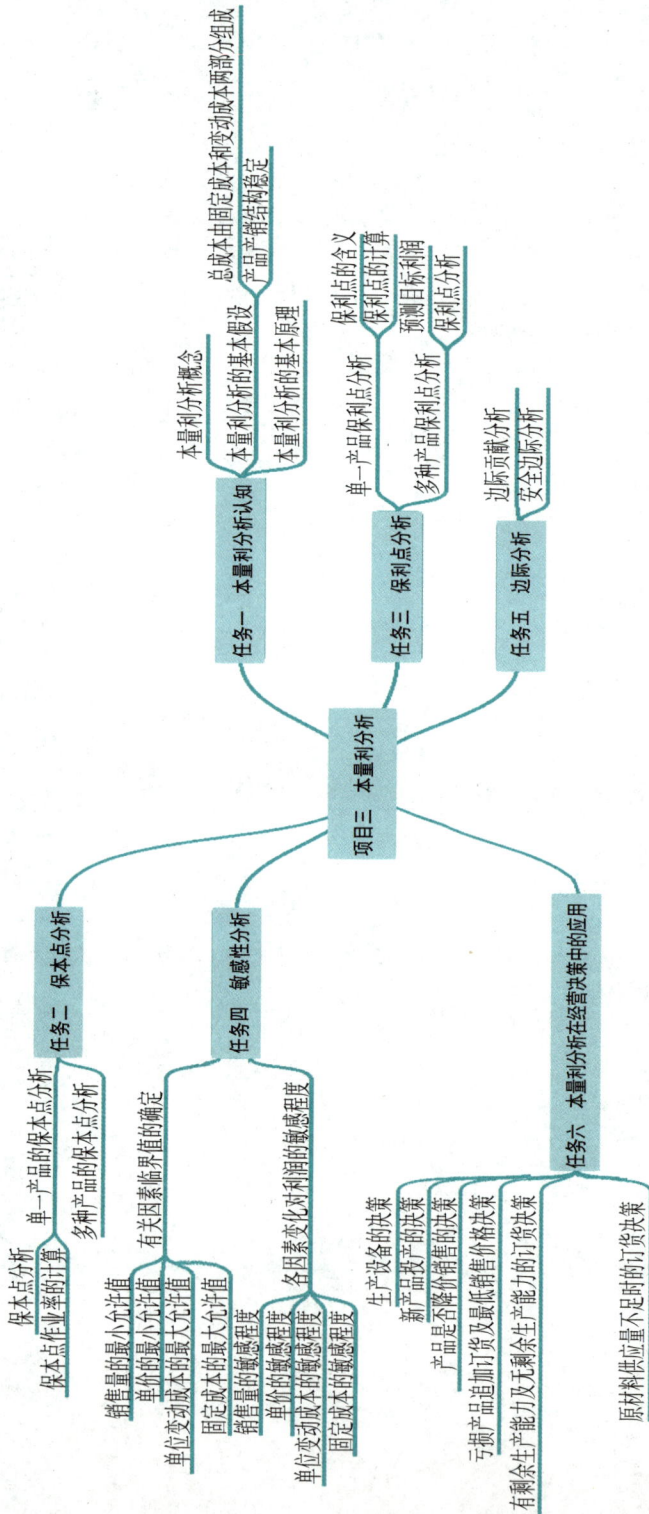

项目三思维导图

素质目标

◆通过研究影响产品成本与利润的因素，培养学生知晓实践是检验真理的唯一标准
◆通过运用科学的方法对产品本量利作出价值判断，培养学生运用科学的价值判断标准
◆通过厘清产品本量利的影响因素，培养学生的风险意识

知识目标

◆理解本量利分析的基本原理
◆掌握保本点分析的方法
◆掌握保利点分析的方法
◆掌握敏感性分析的方法
◆掌握边际分析的方法

能力目标

◆通过学习保本点分析的方法，能计算保本点的销售量和保本点的销售额
◆通过学习保利点分析的方法，能计算保利点的销售量和保利点的销售额
◆通过学习敏感性分析的理论与方法，能分析有关因素变动对利润的敏感程度
◆通过学习边际分析的理论与方法，能分析评价既定产品或项目的获利水平，判断盈亏临界点

技能要点与重难点

技能要点	重难点
（1）能熟练运用本量利分析方法	（1）掌握本量利分析等式及变形
（2）能掌握单一产品和多种产品保本点分析的方法	（2）运用单一产品保本点分析的方法
（3）能运用敏感性分析方法分析有关因素变动对利润的敏感程度	（3）掌握多种产品保本点分析的不同方法
（4）能运用边际分析方法分析成本对利润的影响	（4）掌握敏感性分析不同因素对利润的影响
（5）能运用本量利分析法进行生产工艺设备的选择	（5）掌握边际分析方法下成本对利润的影响
（6）能运用本量利分析法进行新产品投产的选择	（6）掌握本量利分析在企业实际经营决策中的应用
（7）能运用本量利分析法进行目标利润的分析	（7）灵活选用适当的方法进行经营决策
（8）能运用本量利分析法进行销售价格的分析	
（9）能运用本量利分析法进行订货决策	

引导案例

锦辉建材商店的决策
——本量利分析原理的应用

锦辉建材商店是一家乡镇企业，一直经营建材、日杂用品。几年来，该商店销售量占该镇整个市场销量的70%，经营利润在周边同业中处于首位。多年来，其与各厂家建立了固定的合作关系，赢得了厂家的信任。2024年年初，几个大的厂家欲将锦辉建材商店作为指定的代卖店，这些厂家有长岭乡石棉瓦厂（产品质量好、价位合理，近几年来一直是消费者的首选产品）、长春市第二玻璃厂（玻璃在这里也很畅销）和双阳鼎鹿水泥厂（生产优质水泥，年年畅销）。这些厂家均可以先将货物送上门，待实现销售再结算，如有剩余还可以由厂家将货物取回，这样锦辉建材商店连同周转资金都可以省下来。鉴于此，该商店经理李辉开始进行市场调查。

锦辉建材商店位于镇政府所在地，附近交通便利，本镇和周围村民生活水平较高，近年随着生活观念、消费意识的转变，人们都想将原有的草房、砖房进行重建、改建。据统计，在过去的两年内，该镇每年有400余户房舍兴建，而且现在有上升的趋势。此外，因为该镇刚由乡转镇，企业规划办公室决定在5年内对原有企业的办公场所、生产车间和仓库进行改扩建，同时还要新建几家企业。再加上外镇的需求，预测每年石棉瓦的需求量为45 000块，水泥需求量为18 000袋，玻璃需求量为9 000平方米，上述需求量是成比例的，一般的比例为5:2:1。

由于厂家送货，因此可有以下益处：一是货源得以保证；二是可以节约运费，降低成本；三是可树立企业形象，在巩固原有市场占有率70%的同时，预计可扩大市场占有率5%以上。

厂家提供商品的进价是石棉瓦12元/块，水泥14元/袋，玻璃8.5元/平方米；行业平均加价率为9.30%。锦辉建材商店在市场平均价位以下，制定的销售价为：石棉瓦13元/块，水泥15.2元/袋，玻璃9.2元/平方米。由于厂家批量送货，若将该商店作为代卖店的话，则需要租赁仓库两间，月租金为750元；需要招聘临时工1名，月工资为450元；每年支付税金5 000元。

李辉经过1个月的市场调查，静下来核算了过去几年经营石棉瓦、水泥和玻璃每年可获利润20 000元的情况，他要重新预测代卖三种商品后会带来多少利润，之后做决策。

资料来源：吴大军. 管理会计习题与案例 [M]. 7版. 大连：东北财经大学出版社，2024.

◆任务

（1）在计算其维持原有获利水平的销售量的基础上，分析锦辉建材商店是否应代卖这几种建材。

（2）如果锦辉建材商店与厂家合作，计算每年可获利润。

（3）计算分析年获利润40 000元的设想是否可行。

任务一 本量利分析认知

一、本量利分析概念

本量利分析是指以成本性态分析和变动成本法为基础，运用数学模型，对成本、利润、业务量与单价等因素之间的依存关系进行分析，找出变动的规律，为企业进行预测、决策、计划和控制等活动提供支持的一种方法。其中，"本"是指成本，包括固定成本和变动成本；"量"是指业务量，一般指销售量；"利"一般指营业利润。本量利分析主要包括保本点分析、保利点分析、敏感性分析和边际分析等内容。

微课

本量利分析

二、本量利分析的基本假设

（一）总成本由固定成本和变动成本两部分组成

该基本假设要求企业所发生的全部成本可以按其性态区分为变动成本和固定成本，并且变动成本总额与业务量成正比例变动，固定成本总额保持不变，产销平衡。假设当期的生产量与业务量相一致，不考虑存货变动对利润的影响，即假定每期生产的产品总量总是能在当期全部售出，产销平衡。产销平衡，主要是在保本点分析时不考虑存货的影响，因为保本点分析是一种短期决策，仅仅考虑特定时期全部成本的收回，而存货中包含了以前时期的成本，所以不在考虑范围之内。

（二）产品产销结构稳定

假设同时生产销售多种产品的企业，其销售产品的品种结构不变，即在一个生产与销售多种产品的企业，以价值形式表现的产品的产销总量发生变化时，原来各产品的产销额在全部产品的产销额中所占的比重不会发生变化。这是因为在产销多种产品的情况下，保本点会受到多种产品贡献和产销结构的影响，只有在产销结构不变的基础上进行的保本点分析才是有效的。

三、本量利分析的基本原理

本量利分析所考虑的相关因素主要包括销售单价、销售收入、单位变动成本、固定成本和营业利润等。这些因素之间的关系可以用下列基本公式来反映：

利润 = 销售收入 − 总成本

= 销售收入 − （变动成本 + 固定成本）

= 销售量 × 单价 − 销售量 × 单位变动成本 − 固定成本

= 销售量 × （单价 − 单位变动成本） − 固定成本

用字母表示如下：

$$L = (p - b)x - a$$

式中：$p - b$ 为单位边际贡献，$(p - b)x$ 为边际贡献总额。我们还可以用 $\dfrac{p - b}{p}$，计算得到边际贡献率。

本量利分析的基本原理就是在假设单价、单位变动成本和固定成本为常量以及产销一致的基础上，将利润、产销量分别作为因变量与自变量，给定产销量便可以求出其利润，或者给定利润，计算出产销量。

任务二   保本点分析

保本点，也称盈亏平衡点、够本点，当产品的销售业务达到某一点时，其总收入等于总成本，边际贡献总额正好可以补偿全部固定成本，这时的利润为零，企业处于不盈不亏的状态，这种特殊的状态就称为保本或盈亏平衡状态，使企业达到保本点状态的销售量或销售额即称为保本点。当企业的业务量等于保本点的业务量时，企业处于盈亏平衡状态；企业的业务量高于保本点的业务量时，企业处于盈利状态；企业的业务量低于保本点的业务量时，企业处于亏损状态。通常，保本点分析包括单一产品的保本点分析和多种产品的保本点分析。

微课

单一品种保本点的计算

一、单一产品的保本点分析

（一）保本点分析

1.保本点的确定

保本点分析的关键是保本点的确定。保本点是企业达到盈亏平衡状态的业务量或销售额，即企业一定时期的总收入等于总成本、利润为零时的业务量或销售额。

单一产品的保本点有两种表现形式：一种是以实物量来表现，称为保本点的业务量（也称保本点销售量）；另一种是以货币单位表示，称为保本点的业务额（也称保本点销售额）。根据本量利分析下列基本关系式得出保本点相关公式：

营业利润 = 销售量 × 单价 − 销售量 × 单位变动成本 − 固定成本

当利润为零时，求出的销售量就是保本点销售量，即：

$$\text{保本点销售量} = \frac{\text{固定成本}}{\text{单价} - \text{单位变动成本}} = \frac{\text{固定成本}}{\text{单位边际贡献}}$$

若用销售额来表示，则保本点销售额计算公式如下：

$$\text{保本点销售额} = \text{保本点销售量} \times \text{单价}$$

或：

$$\text{保本点销售额} = \frac{\text{固定成本}}{1 - \text{变动成本率}} = \frac{\text{固定成本}}{\text{边际贡献率}}$$

2.保本点分析的主要作用

保本点分析的主要作用是可以使企业管理者在经营活动发生之前，对该项经营活动的盈亏临界情况做到心中有数。企业经营管理者总是希望企业的保本点越低越好，保本点越低，企业的经营风险就越小。从保本点的计算公式可以看出，降低保本点的途径主要有三个：

一是降低固定成本总额。在其他因素不变时，保本点的降低幅度与固定成本的降低幅度相同。

二是降低单位变动成本。在其他因素不变时，可以通过降低单位变动成本来降低保本点，但两者降低的幅度并不一致。

三是提高销售单价。在其他因素不变时，可以通过提高销售单价来降低保本点，同降低单位变动成本一样，销售单价与保本点的变动幅度也不一致。

【案例3-1】雅风公司保本点销售量确定

雅风公司销售甲产品，单价为200元/件，单位变动成本为100元，固定成本为260 000元。

◆ 任务

计算甲产品的边际贡献率、保本点销售量及保本点销售额。

◆ 任务分析

本业务已知产品销售单价、单位变动成本和固定成本，可以利用本量利公式，进行盈亏平衡分析。

◆ 操作步骤

（1）计算边际贡献率；

（2）计算保本点销售量；

（3）计算保本点销售额。

◆ 完成任务

（1）边际贡献率＝单位边际贡献÷单价×100%＝（200－100）÷200×100%＝50%

（2）保本点销售量＝固定成本÷（单价－单位变动成本）

$\qquad$＝260 000÷（200－100）＝2 600（件）

（3）保本点销售额＝固定成本÷边际贡献率＝260 000÷50%＝520 000（元）

或：保本点销售额＝保本点销售量×单价＝2 600×200＝520 000（元）

（二）保本点作业率的计算

通过保本点的分析，还可以计算另一指标——保本点作业率。保本点作业率是指保本点销售量占企业正常销售量的比重或保本点销售额占企业正常销售额的比重。所谓正常销售量（额），是指在正常市场和正常开工情况下企业的销售量（额）。

$$保本点作业率 = \frac{保本点销售额}{正常销售额} \times 100\%$$

$$= \frac{保本点销售量}{正常销售量} \times 100\%$$

【案例3-2】雅风公司保本点作业率确认

沿用【案例3-1】的资料及有关计算结果。假定该公司正常经营条件下的销售量为5 000件。

◆ 任务

计算该公司的保本点作业率。

◆ 任务分析

本业务已知保本点销售量和正常销售量，可以据以计算保本点作业率。

◆ 操作步骤

（1）分析找到企业的保本点销售量（额）和正常销售量（额）；

（2）计算保本点作业率。

◆ **完成任务**

保本点作业率 = 2 600 ÷ 5 000 × 100% = 52%

或：保本点作业率 = 520 000 ÷（5 000 × 200）× 100% = 52%

计算结果表明，该公司保本点作业率为52%，即公司的生产能力利用程度必须达到52%方可保本。

二、多种产品的保本点分析

多种产品的保本点分析方法包括加权平均法、联合单位法、分算法、顺序法和主要产品法等。此处，仅介绍加权平均法。

加权平均法是指在掌握每种单一产品的边际贡献率的基础上，按各种产品销售额的比重进行加权平均，据以计算综合边际贡献率，从而确定多种产品组合的保本点。

采用加权平均法计算多种产品的保本点销售额的关键，是根据各种产品的销售单价、单位变动成本和销售量计算出一个加权平均的边际贡献率，再根据固定成本总额和加权平均的边际贡献率计算出保本点销售额。其计算公式如下：

某种产品的销售额权重 = 该产品的销售额 ÷ 各种产品的销售额合计

保本点销售额 = 固定成本 ÷（1 – 综合变动成本率）

= 固定成本 ÷ 综合边际贡献率

当企业销售额高于保本点销售额时，企业处于盈利状态；当企业销售额低于保本点销售额时，企业处于亏损状态。企业通常运用产品组合的保本点分析优化产品组合，提高获利水平。

【案例3-3】雅风公司多种产品保本点分析

雅风公司生产销售A、B、C三种产品，单价分别为200元、300元和400元；预计销售量分别为30 000件、20 000件和10 000件；预计各产品的单位变动成本分别为120元、240元和280元；预计固定成本总额为1 800 000元。A、B、C三种产品数据见表3-1。

表3-1　　　　　　　　　　　　A、B、C三种产品数据　　　　　　　金额单位：元

产品名称	销售量/件①	单价②	单位变动成本③	销售额④=①×②	各产品的销售比重/% ⑤=④÷∑④	边际贡献⑥=①×(②-③)	边际贡献率/% ⑦=⑥÷④
A产品	30 000	200	120	6 000 000	37.5	2 400 000	40
B产品	20 000	300	240	6 000 000	37.5	1 200 000	20
C产品	10 000	400	280	4 000 000	25	1 200 000	30
合 计	—	—	—	16 000 000	100	4 800 000	30

◆ **任务**

按照加权平均法进行多种产品的保本点分析。

◆任务分析

已知 A、B、C 三种产品的销售量、销售单价、单位变动成本、销售额，可以计算三种产品的销售比重、边际贡献及边际贡献率，从而采用加权平均法进行保本点分析。

◆操作步骤

从表 3-1 中第⑦栏可知，A、B、C 三种产品边际贡献率分别为 40%、20% 和 30%。

A 产品的销售比重 = 6 000 000 ÷ 16 000 000 × 100% = 37.5%

B 产品的销售比重 = 6 000 000 ÷ 16 000 000 × 100% = 37.5%

C 产品的销售比重 = 4 000 000 ÷ 16 000 000 × 100% = 25%

综合边际贡献率 = 40% × 37.5% + 20% × 37.5% + 30% × 25% = 30%

综合保本点销售额 = 1 800 000 ÷ 30% = 6 000 000（元）

A 产品保本点销售额 = 6 000 000 × 37.5% = 2 250 000（元）

B 产品保本点销售额 = 6 000 000 × 37.5% = 2 250 000（元）

C 产品保本点销售额 = 6 000 000 × 25% = 1 500 000（元）

用每种产品的保本点销售额分别除以该产品的单价，就可以求出它们保本点销售量：

A 产品保本点销售量 = 2 250 000 ÷ 200 = 11 250（件）

B 产品保本点销售量 = 2 250 000 ÷ 300 = 7 500（件）

C 产品保本点销售量 = 1 500 000 ÷ 400 = 3 750（件）

◆完成任务

多种产品保本点分析的方法很多，有些方法算出来的保本点销售量、保本点销售额是相同的，有些方法算出来是不同的。

任务三　保利点分析

一、单一产品保利点分析

（一）保利点的含义

保利点是指在产品的销售单价、单位变动成本、固定成本总额不发生变动的情况下，企业为保证目标利润的实现而必须达到的销售量或销售额。保利点揭示了销售量或销售额对目标利润的影响。

保利点通常有两种表现形式：一种是以销售量的形式表现，称为保利点销售量，即只有销售多少数量的产品才可以保证目标利润的实现；另一种是以货币金额的形式表现，称为保利点销售额，即需要达到多少销售额时才能够保证目标利润的实现。

（二）保利点的计算

我们根据保本点公式推导出保利点的计算公式如下：

目标利润 = 销售量 ×（单价 − 单位变动成本）− 固定成本

保利点销售量 =（固定成本 + 目标利润）÷（单价 − 单位变动成本）

保利点销售额 =（固定成本 + 目标利润）÷ 边际贡献率

或：　　　　　　　　保利点销售额 = 保利点销售量 × 单价

式中：目标利润是指企业的目标营业利润，是缴纳企业所得税税前的利润，即税前利润。如果企业需要确定的利润目标是税后利润，那么需要将税后利润调整为税前利润。其具体计算公式如下：

$$税后利润 = 税前利润 \times （1 - 所得税税率）$$

【案例3-4】雅风公司丁产品营业利润计算

雅风公司经过思考决定生产丁产品。目前急需解决的问题是：这批产品的销售量、销售价格分别是多少元才能不赔钱？雅风公司预计2024年全年销售丁产品2 000件，单价80元，单位变动成本30元，固定成本12 000元。

◆任务

根据所提供的雅风公司的产品信息，计算丁产品的营业利润。

◆任务分析

已知产品的单价、单位变动成本、固定成本以及销售量，求产品营业利润。

◆操作步骤

（1）计算单位固定成本；

（2）计算单位成本；

（3）计算营业利润。

◆完成任务

（1）单位固定成本 = 固定成本 ÷ 销售量 = 12 000 ÷ 2 000 = 6（元）

（2）单位成本 = 单位变动成本 + 单位固定成本 = 30 + 6 = 36（元）

营业利润 = （单价 - 单位成本）× 销售量 = （80 - 36）× 2 000 = 88 000（元）

【案例3-5】雅风公司丁产品保利点计算

沿用【案例3-4】的资料，雅风公司预计2024年全年丁产品单位变动成本为30元，固定成本总额为12 000元（产量5 000件以内保持不变）。假设企业负责人根据市场定位，将丁产品定价为80元，雅风公司当年设定的目标利润为100 000元。

◆任务

根据所提供的雅风公司的产品信息，计算丁产品的保利点销售量和销售额。

◆任务分析

已知产品的单价、单位变动成本、固定成本总额，求企业的保利点，运用保利点公式进行计算。

◆操作步骤

（1）依据保利点计算公式计算出保利点销售量；

（2）依据保利点计算公式计算出保利点销售额。

◆完成任务

（1）保利点销售量 = （固定成本 + 目标利润）÷（单价 - 单位变动成本）

　　　　　　　　 = （12 000 + 100 000）÷（80 - 30）

　　　　　　　　 = 2 240（件）

（2）保利点销售额 = （固定成本 + 目标利润）÷ 边际贡献率

　　　　　　　　 = （固定成本 + 目标利润）÷（边际贡献 ÷ 单价）

　　　　　　　　 = （12 000 + 100 000）÷ [（80 - 30）÷ 80] = 179 200（元）

【案例3-6】雅风公司预期利润确定下的销售价格分析

沿用【案例3-4】的资料，雅风公司预计2024年全年丁产品单位变动成本和销售量不变，固定成本为12 000元。公司预定当年日标利润为100 000元。

◆任务

根据所提供的雅风公司的产品信息，确定在满足预期利润目标下的丁产品单价。

◆任务分析

为达到目标利润，丁产品当年单价根据保利点公式进行计算。

◆操作步骤

（1）在计算变动成本总额后，计算销售额；

（2）计算单价。

◆完成任务

$$单价 =（固定成本 + 变动成本 + 目标利润）÷ 销售量$$
$$=（12\,000 + 30 × 2\,000 + 100\,000）÷ 2\,000 = 86（元）$$

【案例3-7】雅风公司预期利润确定下的变动成本分析

沿用【案例3-4】的资料，雅风公司预计2024年全年丁产品单价和销售量不变，固定成本总额为12 000元。公司预定当年目标利润为100 000元。

◆任务

根据所提供的雅风公司的产品信息，确定满足预期利润目标的变动成本。

◆任务分析

为达到预期利润目标，丁产品当年单位变动成本根据保利点公式进行计算。

◆操作步骤

（1）计算变动成本总额；

（2）计算单位变动成本。

◆完成任务

$$变动成本总额 = 销售单价 × 销售量 - 固定成本 - 目标利润$$
$$= 80 × 2\,000 - 12\,000 - 100\,000 = 48\,000（元）$$
$$单位变动成本 = 变动成本总额 ÷ 销售量 = 48\,000 ÷ 2\,000 = 24（元）$$

【案例3-8】雅风公司预期利润确定下的固定成本分析

沿用【案例3-4】的资料，雅风公司预计2024年全年丁产品单价和销售量不变，单位变动成本为30元，企业负责人预定目标利润为80 000元。

◆任务

根据所提供的雅风公司的产品信息，确定满足预期利润目标的固定成本。

◆任务分析

为达到预期利润目标，丁产品当年固定成本根据保利点公式进行计算。

◆操作步骤

（1）根据单价、单位变动成本、销售量计算边际贡献；

（2）根据边际贡献和预定目标利润确定固定成本。

◆完成任务

$$固定成本 =（单价 - 单位变动成本）× 销售量 - 目标利润$$
$$=（80 - 30）× 2\,000 - 80\,000 = 20\,000（元）$$

【案例3-9】雅风公司预期利润确定下的销售量分析

沿用【案例3-4】的资料。雅风公司预计丁产品2024年全年单价80元和单位变动成本30元保持不变，固定成本为12 000元。公司负责人预定目标利润为100 000元。

◆**任务**

根据所提供的雅风公司的产品信息，确定满足预期利润目标的销售量。

◆**任务分析**

为达到预期利润目标，丁产品当年销售量根据保利点公式进行计算。

◆**操作步骤**

（1）确定固定成本、目标利润；

（2）根据单价、单位变动成本计算单位贡献边际；

（3）计算销售量。

◆**完成任务**

销售量 =（固定成本 + 目标利润）÷（单价 – 单位变动成本）

=（12 000 + 100 000）÷（80 – 30）= 2 240（件）

二、多种产品保利点分析

（一）预测目标利润

预测目标利润就是根据已知指标，对未来可能取得的目标利润进行测算。其计算公式如下：

多种产品目标利润 = $\sum$ 各产品边际贡献 – 固定成本

= 销售收入总额 × 综合边际贡献率 – 固定成本

（二）保利点分析

保利点分析是在固定成本、目标利润等相关指标一定的条件下，分析如何确保目标利润的实现，可以从销售额和销售量两个方面进行分析。其计算公式如下：

多种产品保利点销售额 =（固定成本 + 目标利润）÷ 加权平均边际贡献率

各产品保利点销售额 = 多种产品保利点销售额 × 该产品销售额所占比重

应该注意的是，目标利润销售量公式只能用于单一产品的目标利润管理；目标利润销售额既可用于单一产品的目标利润管理，又可用于多种产品的目标利润管理。

在单一产品的目标利润分析基础上，依据分析结果进行优化调整，寻找最优的产品组合。基本分析公式如下：

多种产品保利点销售额 =（综合目标利润 + 固定成本）÷（1 – 综合变动成本率）

=（综合目标利润 + 固定成本）÷ 加权平均边际贡献率

各产品保利点销售额 = 多种产品保利点销售额 × 该产品销售额所占比重

各产品保利点销售量 = 各产品保利点销售额 ÷ 该产品单价

实现目标利润的销售额 = 固定成本 ÷（1 – 综合变动成本率 – 综合目标利润率）

企业在应用该方法进行分析时，在既定的生产能力基础上，可以提高具有较高边际贡献率的产品的产量。

还应注意的是，上述公式中的目标利润一般是指息税前利润。其实，从税后利润来进行目标利润的规划和分析，更符合企业营运的需要。如果企业预测的目标利润是税后利润，则上述公式应作如下调整：

$$税后利润 = （息税前利润 - 利息）× （1 - 所得税税率）$$

$$实现目标利润的销售量 = \frac{固定成本 + \dfrac{税后目标利润}{1 - 所得税税率} + 利息}{单位边际贡献}$$

【案例3-10】雅风公司保利点的影响因素分析

针对市场的需要，雅风公司2024年计划生产A、B、C三款女士服装，这三款女士服装的固定成本总额为60 000元，同时，雅风公司销售人员与经销商初步洽谈了销售业务。依据市场预测及雅风公司的具体生产情况，今年生产的A、B、C三款女士服装的产销量、单价以及单位变动成本见表3-2。公司预定当年目标利润为60 000元。

表3-2　　　　　　　　　　　　三款女士服装基本情况　　　　　　　　　　金额单位：元

项 目	A	B	C
产销量/件	1 000	2 000	2 000
单 价	50	45	20
单位变动成本	30	40	17

◆任务

对A、B、C三款女士服装进行保利点分析。

◆任务分析

根据资料以及保利点分析相关指标，分析综合保利点。

◆操作步骤

（1）计算多品种保利点销售额；

（2）计算各产品保利点销售额；

（3）计算各产品保利点销售量。

◆完成任务

（1）计算A、B、C三款女士服装的边际贡献，结果见表3-3。

表3-3　　　　　　　　　　　　边际贡献计算表　　　　　　　　　　　　单位：元

项 目	A	B	C	合 计
销售收入总额	50 000	90 000	40 000	180 000
变动成本总额	30 000	80 000	34 000	144 000
边际贡献	20 000	10 000	6 000	36 000

（2）计算多种产品保利点销售额。其计算过程为：

多种产品保利点销售额 = （固定成本 + 目标利润）÷加权平均边际贡献率

= （60 000 + 60 000）÷ （36 000 ÷ 180 000）= 600 000（元）

（3）计算各产品保利点销售量。其计算过程为：

A款保利点销售额 = 600 000 × （50 000 ÷ 180 000）= 166 667（元）

B款保利点销售额 = 600 000 × （90 000 ÷ 180 000） = 300 000（元）

C款保利点销售额 = 600 000 × （40 000 ÷ 180 000） = 1 333 33（元）

（4）计算各产品保利点销售量。其计算过程为：

A款保利点销售量 = 166 667 ÷ 50 = 3 333（件）

B款保利点销售量 = 300 000 ÷ 45 = 6 667（件）

C款保利点销售量 = 133 333 ÷ 20 = 6 667（件）

【案例3-11】雅风公司产销结构调整对目标利润的影响

若雅风公司目前生产销售A、B、C三种产品，这三种产品（其中A产品已经签订了限量款订货合同，该产品不能随意进行调整，称为指令性产品）的下年度目标利润总额为30 000元，本年度边际贡献计算表见表3-4。

表3-4　　　　　　　　　　　　　边际贡献计算表　　　　　　　　　　单位：元

项　目	A产品	B产品	C产品	合　计
销售收入	40 000	50 000	20 000	110 000
变动成本	22 000	35 000	10 000	67 000
边际贡献	18 000	15 000	10 000	43 000
固定成本	18 000			

◆任务

在A、B、C三种产品销售收入总额保持不变的前提下，通过调整B、C两种产品的产销结构，来实现下年度的目标利润。

◆任务分析

根据资料以及保本分析相关指标，分析综合保利点。

◆操作步骤

目标利润 = 加权平均边际贡献率 × 销售收入总额 − 固定成本

加权平均边际贡献率 = （目标利润 + 固定成本）÷ 销售收入总额

$$= （30 000 + 18 000）÷ 110 000 = 43.64\%$$

假设调整后B产品销售比重为x，则C产品的销售比重为$\left(1 - \dfrac{4}{11} - x\right)$。

加权平均边际贡献率 = ∑各产品边际贡献率 × （各产品销售收入 ÷ ∑各产品销售收入）

$$43.64\% = \frac{18}{40} \times \frac{4}{11} + \frac{15}{50}x + \frac{1}{2} \times \left(1 - \frac{4}{11} - x\right)$$

解方程得：$x = 22.71\%$

$$1 - \frac{4}{11} - x = 40.93\%$$

◆完成任务

若下年度实现30 000元的目标利润，则B产品的销售比重应调整为22.71%，C产品的销售比重应调整为40.93%。

任务四　敏感性分析

敏感性分析，是指对影响目标实现的因素变化进行量化分析，以确定各因素变化对实现目标的影响及其敏感程度。敏感性分析主要研究与分析有关因素发生多大变化，将使盈利转为亏损，以及各参数变化对利润的敏感程度等。

一、有关因素临界值的确定

销售量、单价、单位变动成本、固定成本的变化，都会对利润产生影响。当这种变化达到一定程度时，企业利润会消失、经营状况会发生质变。敏感性分析的目的就是确定能引起这种质变的各因素变化的临界值，其方法称为"最大最小法"。

根据本量利分析的基本原理模型 $L = (p - b)x - a$ 求得最大或最小允许值的计算公式如下：

$$销售量的最小允许值 x = \frac{a}{p - b}$$

$$单价的最小允许值 p = b + \frac{a}{x}$$

$$单位变动成本的最大允许值 b = p - \frac{a}{x}$$

$$固定成本的最大允许值 a = (p - b)x$$

【案例 3-12】雅风公司相关因素临界值分析

雅风公司只生产戊产品，年度内预计有关资料如下：销售量 4 000 件，单价 50 元/件，单位变动成本 30 元/件，全年固定成本 60 000 元。

◆任务

根据已知数据，即可求得相关因素的临界值。

◆任务分析

利用相关因素临界值分析，确定戊产品相关因素的临界值。

◆操作步骤

（1）销售量的临界值（最小允许值）；

（2）单价的临界值（最小允许值）；

（3）单位变动成本的临界值（最大允许值）；

（4）固定成本的临界值（最大允许值）。

◆完成任务

（1）销售量的临界值（最小允许值）

$$x = \frac{a}{p - b} = \frac{60\,000}{50 - 30} = 3\,000 （件）$$

销售量的最小允许值是 3 000 件，这是盈亏平衡点，或者说实际销售量只要完成原计划销售量的 75%（3 000 ÷ 4 000），公司就可以保本。

（2）单价的临界值（最小允许值）

$$p = b + \frac{a}{x} = 30 + \frac{60\,000}{4\,000} = 45 \text{（元/件）}$$

单价不能低于45元/件这个最小允许值，或者说单价下降的程度不能大于10%〔（50 − 45）÷ 50 × 100%〕，否则会发生亏损。

（3）单位变动成本的临界值（最大允许值）

$$b = p - \frac{a}{x} = 50 - \frac{60\,000}{4\,000} = 35 \text{（元/件）}$$

当单位变动成本由30元/件上升到35元/件时，公司的目标利润降为零。所以，单位变动成本的最大允许值为35元/件，其变动率为16.67%（（35 − 30）÷ 30 × 100%）。

（4）固定成本的临界值（最大允许值）

$$a = (p - b)x = （50 - 30）× 4\,000 = 80\,000 \text{（元）}$$

通过计算得出固定成本的最大允许值为80 000元，超过80 000元公司就会发生亏损。所以，公司固定成本的增加幅度不能大于33.33%〔（80 000 − 60 000）÷ 60 000 × 100%〕。

二、各因素变化对利润的敏感程度

本量利分析的基本内容是确定企业的盈亏平衡点，并规划目标利润。因此，基于本量利分析的利润敏感性分析主要应解决两个问题：一是各因素的变化对最终利润变化的影响程度；二是当目标利润变化时允许各因素的升降幅度。

反映各因素对利润敏感程度的指标为利润的敏感系数，其计算公式如下：

$$敏感系数 = \frac{利润变动百分比}{因素变动百分比}$$

【案例3-13】雅风公司敏感性分析

雅风公司生产和销售单一产品，计划年度内有关数据预测如下：销售量100 000件，单价300元，单位变动成本200元，固定成本2 000 000元。

◆任务

假设销售量、单价、单位变动成本和固定成本均分别增长了10%，计算各因素的敏感系数。

◆任务分析

运用敏感性分析的方法，计算各因素的敏感系数。

◆操作步骤

（1）计算销售量的敏感程度；

（2）计算单价的敏感程度；

（3）计算单位变动成本的敏感程度；

（4）计算固定成本的敏感程度。

◆完成任务

（1）销售量的敏感程度。

销售量 = 100 000 ×（1 + 10%）= 110 000（件）

利润 =（300 − 200）× 110 000 − 2 000 000 = 9 000 000（元）

$$利润变动百分比 = \frac{9\,000\,000 - 8\,000\,000}{8\,000\,000} × 100\% = 12.5\%$$

销售量的敏感系数 = 12.5% ÷ 10% = 1.25

销售变动10%，对销售量进行敏感性分析，实质上就是分析经营杠杆现象，利润对销售量的敏感系数其实就是经营杠杆系数。

（2）单价的敏感程度。

单价 = 300 × （1 + 10%） = 330（元）

利润 = （330 - 200）× 100 000 - 2 000 000 = 11 000 000（元）

$$利润变动百分比 = \frac{1\ 100\ 000 - 8\ 000\ 000}{8\ 000\ 000} × 100\% = 37.5\%$$

单价的敏感系数 = 37.5% ÷ 10% = 3.75

可见，单价对利润的影响很大，从百分比来看，利润以3.75倍的速率随单价变化。涨价是提高盈利的有效手段，反之，价格下跌也将对公司构成很大威胁。经营者根据敏感系数分析可知，每降价1%公司将失去3.75%的利润，必须格外予以关注。

（3）单位变动成本的敏感程度。

单位变动成本 = 200 × （1 + 10%） = 220（元）

利润 = （300 - 220）× 100 000 - 2 000 000 = 6 000 000（元）

$$利润变动百分比 = \frac{6\ 000\ 000 - 8\ 000\ 000}{8\ 000\ 000} × 100\% = -25\%$$

单位变动成本的敏感系数 = -25% ÷ 10% = -2.5

单位变动成本对利润的影响比单价小，单位变动成本每上升1%，利润将减少2.5%。但是，敏感系数绝对值大于1说明单位变动成本的变化会造成利润更大的变化，仍属于敏感因素。

（4）固定成本的敏感程度。

固定成本 = 2 000 000 × （1 + 10%） = 2 200 000 （元）

利润 = （300 - 200）× 100 000 - 2 200 000 = 7 800 000（元）

$$利润变动百分比 = \frac{7\ 800\ 000 - 8\ 000\ 000}{8\ 000\ 000} × 100\% = -2.5\%$$

固定成本的敏感系数 = -2.5% ÷ 10% = -0.25

这说明固定成本每上升1%，利润将减少0.25%。

任务五 边际分析

企业在营运管理中，通常在进行本量利分析、敏感性分析的同时运用边际分析工具方法。边际分析工具方法主要有边际贡献分析、安全边际分析等。

一、边际贡献分析

边际贡献，又称边际利润、贡献毛益等。边际贡献分析，是指通过分析销售收入减去变动成本总额之后的差额，衡量产品为企业贡献利润的能力。边际贡献分析主要包括边际贡献和边际贡献率两个指标。边际贡献总额是产品的销售收入扣除变动成本总额后给企业带来的贡献，进一步扣除企业的固定成本总额后，剩余部分就是企业的利润，相关计算公式如下：

$$边际贡献总额 = 销售收入 - 变动成本总额$$
$$= 销售量 \times 单位边际贡献$$
$$= 销售收入 \times 边际贡献率$$
$$单位边际贡献 = 单价 - 单位变动成本$$
$$= 单价 \times 边际贡献率$$

边际贡献率，是指边际贡献在销售收入中所占的百分比，表示每1元销售收入中边际贡献所占的比重。

$$边际贡献率 = \frac{边际贡献总额}{销售收入} \times 100\%$$
$$= \frac{单位边际贡献}{单价} \times 100\%$$

另外，还可以根据变动成本率计算边际贡献率：

$$变动成本率 = \frac{变动成本总额}{销售收入} \times 100\%$$
$$边际贡献率 = 1 - 变动成本率$$

根据本量利基本关系，利润、边际贡献及固定成本之间的关系可以表示为：

$$利润 = 边际贡献 - 固定成本$$
$$= 销售量 \times 单位边际贡献 - 固定成本$$
$$= 销售收入 \times 边际贡献率 - 固定成本$$

【案例3-14】雅风公司边际贡献计算

雅风公司生产甲产品，单价600元/件，单位变动成本240元，固定成本1 000 000元，当年产销量20 000件。

◆任务

计算单位边际贡献、边际贡献总额、边际贡献率及利润。

◆任务分析

已知甲产品单价、单位变动成本、固定成本和产销量，可以进行边际贡献计算。

◆操作步骤

（1）计算单位边际贡献；

（2）计算边际贡献总额；

（3）计算边际贡献率；

（4）计算利润。

◆完成任务

（1）单位边际贡献 = 单价 - 单位变动成本 = 600 - 240 = 360（元）

（2）边际贡献总额 = 产销量 × 单位边际贡献 = 20 000 × 360 = 7 200 000（元）

（3）边际贡献率 = 360 ÷ 600 × 100% = 60%

或：边际贡献率 = 7 200 000 ÷ （20 000 × 600） × 100% = 60%

（4）利润 = 7 200 000 - 1 000 000 = 6 200 000 （元）

从上述公式可以看出，企业的边际贡献与营业利润有着密切的关系：边际贡献首先用于补偿企业的固定成本，只有当边际贡献大于固定成本时，才能为企业提供利润，否则企业将亏损。

二、安全边际分析

安全边际，是指实际销售量或预期销售量超过盈亏平衡点销售量的差额，体现企业营运的安全程度。它表示销售量、销售额下降多少，企业仍不至于亏损。安全边际分析，是指通过分析正常销售额超过保本点销售额的差额，衡量企业在盈亏平衡的前提下，能够接受因销售额下降带来的不利影响和企业抵御营运风险的能力。安全边际分析包括安全边际和安全边际率两个指标。安全边际率，是指安全边际与实际销售量或预期销售量的比值。有关计算公式如下：

$$安全边际 = 实际销售量或预期销售量 - 盈亏平衡点的销售量$$

$$安全边际率 = \frac{安全边际}{实际销售量或预期销售量} \times 100\%$$

通常采用安全边际率这一指标来评价企业经营是否安全。安全边际率与评价企业经营安全程度的一般性标准见表3-5。该标准可以作为企业评价经营安全与否的参考。

表3-5　　　　　　　　　　　　评价企业经营安全程度的一般性标准

安全边际率	40%以上	30%~40%	20%~30%	10%~20%	10%以下
经营安全程度	很安全	安全	较安全	值得注意	危险

【案例3-15】雅风公司甲产品安全边际及安全边际率的计算

沿用【案例3-1】和【案例3-2】的资料。

◆任务

计算甲产品的安全边际及安全边际率。

◆任务分析

根据实际销售量和保本点销售量可以确定安全边际量，根据实际销售额和保本点销售额可以确定安全边际额，从而计算安全边际率。

◆操作步骤

（1）计算安全边际量；

（2）计算安全边际额；

（3）计算安全边际率。

◆完成任务

（1）安全边际量 = 实际销售量 - 保本点销售量 = 5 000 - 2 600 = 2 400 （件）

（2）安全边际额 = 实际销售额 - 盈亏平衡点的销售额 = 5 000 × 200 - 520 000
　　　　　　　 = 480 000 （元）

（3）安全边际率 = 安全边际量÷实际或预期销售量 × 100% = 2 400 ÷ 5 000 × 100%
　　　　　　　 = 48%

或安全边际率 = 安全边际额÷实际或预期销售额 × 100%
　　　　　　 = 480 000 ÷ （5 000 × 200） × 100% = 48%

任务六 本量利分析在经营决策中的应用

本量利分析在经营决策中得到广泛应用，它可以根据各个备选方案的成本、业务量与利润三者间的依存关系，在特定条件下确定最优决策方案。在经营决策中应用本量利分析法的关键在于确定盈亏平衡点，即两个备选方案预期成本相同情况下的业务量。只要找到盈亏平衡点，就可以在一定的业务量范围内，选出最优方案。

一、生产设备的决策

企业经营管理的最终目的是获取利润，如果选择能给企业带来更多边际贡献的方案，最大程度弥补已发生的固定成本，则企业会获得更高的利润。企业可以应用本量利分析的原理进行生产设备的选择。

【案例3-16】雅风公司生产设备的选择

雅风公司原有生产线使用年限到期，准备更换新的生产线。现有两个可选方案。方案一，购买与原来一样的生产线；方案二，购买一条自动化程度较高的生产线。原生产线的价格为300 000元，新生产线的价格为600 000元，两条生产线的使用年限均为5年，无残值。两条生产线生产出来的产品型号和质量均相同，市场售价为100元/件。有关数据见表3-6。

表3-6   两条生产线的成本费用数据

项　目		原生产线	新生产线
直接材料/（元/件）		30	30
直接人工/（元/件）		24	20
变动制造费用/（元/件）		20	20
固定制造费用（假设只包括折旧）/元		60 000	120 000
年销售费用	固定部分/元	20 000	
	变动部分/（元/件）	10	
年管理费用（假设全部为固定费用）/元		20 000	

◆任务

根据资料进行生产设备的选择。

◆任务分析

任务分析过程见表3-7。

表3-7   两条生产线盈亏平衡点的计算分析过程

项　目	原生产线	新生产线
单价/元	100	100
单位变动成本/元	30 + 24 + 20 + 10 = 84	30 + 20 + 20 + 10 = 80

续表

项 目	原生产线	新生产线
单位边际贡献/元	16	20
年固定成本/元	60 000 + 20 000 + 20 000 = 100 000	120 000 + 20 000 + 20 000 = 160 000
盈亏平衡点/件	6 250	8 000

◆操作步骤

假设年产销量为 x，则两种生产方式下的年利润分别为：

原生产线利润 = $16x - 100\ 000$

新生产线利润 = $20x - 160\ 000$

由 $16x - 100\ 000 = 20x - 160\ 000$，得 $x = 15\ 000$ （件）。

◆完成任务

这说明当年产销量为 15 000 件时，使用两种生产线的年利润相等；当年产销量低于 15 000 件时，使用原生产线所获得利润较多；当年产销量高于 15 000 件时，使用新生产线所获得的利润较多。虽然使用新生产线后，盈亏平衡点的产销量增加了，经营风险增加了，但是当年年产销量超过 15 000 件时，使用新生产线会创造更多的利润。因此，如何选择取决于对产销量的估计。

二、新产品投产的决策

【案例3-17】雅风公司新产品投产的选择

沿用【案例3-16】的资料。假设该公司通过对年产销量的估计决定使用新生产线，并对原有的产品进行了研发，开发出A和B两种新产品。原有产品的年产销量为 20 000 件。企业面临投产决策，有以下三种方案可供选择：

方案一：投产A产品，A产品将达到 9 000 件的年产销量，并使原有产品的年产销量减少 20%；

方案二：投产B产品，B产品将达到 4 000 件的年产销量，并使原有产品的年产销量减少 15%；

方案三：A和B两种新产品一起投产，由于相互之间的影响，年产销量将分别为 10 000 件和 2 000 件，并使原有产品的年产销量减少 50%。

另外，投产B产品还需要增加辅助生产设备，这将导致每年的固定成本增加 20 000 元。成本计算表见表3-8。

表3-8 成本计算表

项 目	原有产品	A产品	B产品
年产销量/件	20 000	9 000	4 000
售价/元	100	120	150
单位变动成本/元	80	90	100
单位边际贡献/元	20	30	50
年固定成本/元	160 000	—	180 000

◆任务

根据资料进行新产品投产的选择。

◆任务分析

计算分析过程见表3-9。

表3-9   计算分析过程

项　目	投产A产品	投产B产品	投产A产品和B产品 （视为联合，A产品和B产品的比例为5∶1）
年产销量/件	9 000	4 000	2 000（将A产品5件、B产品1件视为一个联合单位）
单位边际贡献/元	30	50	200（30×5＋50）
边际贡献总额/元	270 000	200 000	400 000
原有产品减产损失/元	80 000	60 000	200 000
增加的固定成本/元	0	20 000	20 000
投产新产品增加的息税前利润/元	190 000	120 000	180 000

◆操作步骤

因为新产品的投产将减少原有产品的产销量，所以原有产品因此而减少的边际贡献为投产新产品的机会成本，在决策时应予以考虑。

方案一：若投产A产品，原有产品减产损失＝20 000×20×20%＝80 000（元）；

方案二：若投产B产品，原有产品减产损失＝20 000×20×15%＝60 000（元）；

方案三：若A和B两种新产品一起投产，原有产品减产损失＝20 000×20×50%＝200 000（元）。

◆完成任务

由表3-9可知，只投产A产品带来的利润较多，因此，该公司应选择投产A产品。

三、产品是否降价销售的决策

【案例3-18】雅风公司D产品是否降价的决策

雅风公司D产品目前市场销售价格为1 000元，每月销量30 000个，每个D产品的变动成本为300元。为了扩大销售，管理层需要分析产品降价的可行性。通过市场调研，公司销售价格及相关成本资料见表3-10。

表3-10   不同销售价格时D产品需求量及成本资料

销售价格/元	需求量/个	单位变动成本/元	固定成本增加额/元
500	30 000	300	0
475	36 000	290	300 000

续表

销售价格/元	需求量/个	单位变动成本/元	固定成本增加额/元
450	40 000	285	360 000
425	42 000	285	360 000
400	48 000	280	390 000

◆任务

根据已知数据，判断D产品是否需要降价。

◆任务分析

通过计算D产品不同降价方案后的利润及可降低的最低限度，判断该产品降价的可行性。

◆操作步骤

（1）比较不同售价下的边际利润；

（2）确定降价的最低限度。

◆完成任务

（1）比较不同售价下的边际利润。

通过对市场需求量进行调研，预测不同降价方案后的预计销售数量、变动成本及固定成本增加额，计算不同销售价格下的边际利润，并进行比较，边际利润计算结果见表3-11。

表3-11　　　　　　　　产品降价后的边际利润计算表　　　　　　　　金额单位：元

销售价格①	需求量/个②	单位变动成本③	单位边际利润④=①-③	边际利润总额⑤=②×④	固定成本增加额⑥	边际利润*⑦=④-⑥
500	30 000	300	200	6 000 000	0	6 000 000
475	36 000	290	185	6 660 000	300 000	6 360 000
450	40 000	285	165	6 600 000	360 000	6 240 000
425	42 000	285	140	5 880 000	360 000	5 520 000
400	48 000	280	120	5 760 000	390 000	5 370 000

注：*表示去掉增加的固有固定费用后的边际利润。

通过比较，发现当销售价格为475元时，其边际利润为6 360 000元，在几个售价中边际利润最大，比销售价格为500元的边际利润多360 000元。因此，在企业有剩余生产和销售能力的前提下，售价为475元时边际利润最大。但是需要注意的是，如果没有剩余生产能力，增加的生产量就会导致其他产品减产，就需要考虑其他产品减产给企业带来的边际利润的损失。

（2）确定降价的最低限度。

如果D产品销售价格不得不降到400元，公司需要最少销售多少D产品才能维持住目前的利润呢？

销售价格为500元时，销售量为30 000个，其边际利润=销售量×单位边际利润=30 000×200=6 000 000（元）。

$$销售数量 = \frac{售价为500元的边际利润 + 售价400元时固定成本增加额}{售价400元时的单位边际利润}$$

$$= \frac{6\,000\,000 + 390\,000}{400 - 280}$$

$$= 53\,250（个）$$

因此，当D产品售价降为400元时，企业必须销售53 250个D产品。

我们假设D产品的固定成本为2 500 000万元。如果销售量为40 000个，其价格底线计算如下：

$$销售单价 = \frac{固定成本 + 销售量40\,000个的固定费用增加额}{销售量400\,000} + 销售量40\,000个的单位变动成本$$

$$= \frac{2\,500\,000 + 360\,000}{40\,000} + 285$$

$$= 356.5（元）$$

当销售量为40 000个时，需要单价降低到356.5元，可以刚刚达到盈亏平衡点。如果销售量增加到45 000个，则可获利金额计算如下：

可获利润 =（销售价格 – 单位变动成本）× 销售数量 –（原固定成本 + 固定费用增加额）

　　　　 =（356.5 – 285）× 45 000 –（2 500 000 + 360 000）= 71.5 × 45 000 – 2 860 000

　　　　 = 357 500（元）

因此，当销售量增加到45 000个时，可获利润为357 500元。

四、亏损产品追加订货及最低销售价格决策

（一）亏损产品追加订货决策

【案例3-19】雅风公司亏损产品降价后的追加订货

雅风公司成本及销售情况一览表见表3-12。

表3-12　　　　　　　　　　　雅风公司成本及销售情况一览表　　　　　　　　　金额单位：元

项　目	数　据
销售数量/个	60 000
销售价格	2 000
销售额	120 000 000
变动成本	78 000 000
边际利润	42 000 000
固定成本	43 200 000
利润	−1 200 000

雅风公司生产的60 000个产品，以2 000元/个的价格销售后，又接到了该产品的追加订货。新的订单要求以1 600元/个的销售价格追加订货6 000个产品。假设此次追加订单

在公司原有生产能力范围内。

◆任务

根据已知数据，计算并判断这个订单是否该接受。

◆任务分析

是否接受该订单，可以通过计算产品的边际利润来进行判断。

◆操作步骤

（1）如果接受这批订货可以使销售数量增加6 000个，企业目前产能足够，固定成本不会随之增加，仍旧保持原有的4 320万元。

（2）每个产品的变动成本 = 78 000 000 ÷ 60 000 = 1 300（元）

（3）每个产品的边际利润 = 1 600 − 1 300 = 300（元）

（4）边际利润 = 300 × 6 000 = 1 800 000（元）

◆完成任务

通过计算，我们得到每个产品的变动成本为1 300元。因此，以1 600元追加订货的情况下，每个产品仍然可以获取边际利润300元。追加订货的数量为6 000个，得到追加订货部分的边际利润为1 800 000元。

用追加边际利润1 800 000元减去期初亏损的1 200 000元后，还可获利600 000元。因此，这个追加订货应该接受。

（二）亏损产品追加订货的最低销售价格决策

【案例3-20】雅风公司亏损产品追加订货的最低销售价格

沿用【案例3-19】的资料。

◆任务

在追加订货6 000个产品的情况下，价格降低到什么程度能保证企业不赔钱呢？

◆任务分析

判断追加订货的降价情况，需要计算能消除亏损的最低价格。

◆操作步骤

$$能消除亏损的最低价格 = \frac{增加变动成本 + 亏损额}{订货数量} = \frac{(1\,300 \times 6\,000) + 1\,200\,000}{6\,000}$$

$$= 1\,500（元）$$

◆完成任务

通过计算得到最低价格为1 500元，说明该企业只要订货价格在1 500元以上就能获利，可以接受追加订货。

五、有剩余生产能力及无剩余生产能力的订货决策

（一）有剩余生产能力的订货决策

【案例3-21】雅风公司有剩余生产能力的订货决策

雅风公司可以生产A、B、C三种产品，但由于设备的限制，不能同时生产两种产品。公司管理者提出从以上三种产品中任选一种，按下列数量追加订货：A产品每月600个，B产品每月800个，C产品每月400个。

雅风公司核算资料见表3-13。

表3-13　　　　　　　　　　　　　　雅风公司核算资料

项　目	A产品	B产品	C产品
订货价格/元	10 000	12 000	15 000
材料成本＋其他变动成本/元	5 200	7 000	6 500
边际利润/元	4 800	5 000	8 500
边际利润率/%	48	41.67	56.67
机器加工时间/分钟	10	15	20

机器使用时间限度200小时，即12 000分钟。

◆任务

雅风公司目前的机械余力只有200小时，应该选择哪一种产品追加订货？

◆任务分析

首先，判断各产品生产能力，追加订货的订单在机器使用时间限度内能否生产出来。

其次，计算分析各产品边际利润。在各产品生产能力足够的情况下，边际利润最高的产品是最佳选择。

◆操作步骤

（1）雅风公司可以使用的时间只有200小时，即12 000分钟。A、B、C三种产品的生产能力分别计算如下：

$$A产品生产能力 = \frac{12\,000}{10} = 1\,200（个）$$

$$B产品生产能力 = \frac{12\,000}{15} = 800（个）$$

$$C产品生产能力 = \frac{12\,000}{20} = 600（个）$$

通过计算可以看出：A产品每月可生产1 200个，大于追加订货数量600个；B产品每月可生产800个，等于追加订货数量800个；C产品每月可生产600个，大于追加订货数量400个。从生产能力上看，任何一种产品都有生产的可能性。这时要通过比较边际利润的大小来作决策。

（2）计算各产品边际利润的大小（见表3-14）。

表3-14　　　　　　　　　　　　　　边际利润

产品名称	金　额
A产品	4 800 × 600 = 2 880 000（元）
B产品	5 000 × 800 = 4 000 000（元）
C产品	8 500 × 400 = 3 400 000（元）

从中可以看出，A、B、C三种产品的边际利润分别为2 880 000元、4 000 000元和3 400 000元。

◆完成任务

无论生产哪种产品，雅风公司的生产能力都是有余力的。在这种情况下，可以不必考虑固定费用，选择边际利润最多的产品进行生产是最明智的。本例中B产品的边际利润4 000 000元最大，因此可以接受B产品每月800个的订货。

（二）无剩余生产能力的订货决策

【案例3-22】雅风公司无剩余生产能力的订货决策

沿用【案例3-21】的资料。追加生产数量的前提是在机械时间限度内机械处于有生产余力的状态。假设订货条件与雅风公司相同，订单要求从三种产品中任选一种产品生产，但必须保证达到下面的生产量：A产品每月1 500个，B产品每月1 000个，C产品每月800个。

◆任务

公司应接受哪种产品的订货呢？

◆任务分析

在这个案例中，接受的订货需要在企业生产经营能力范围内。若生产能力无更多剩余，需要选择每分钟边际利润最大的产品。

◆操作步骤

（1）考察在机器限定的200小时即12 000分钟内能否完成订单所要求的生产量。

A、B、C三种产品的生产能力计算如下：

$$A产品生产能力 = \frac{12\,000}{10} = 1\,200（个）$$

$$B产品生产能力 = \frac{12\,000}{15} = 800（个）$$

$$C产品生产能力 = \frac{12\,000}{20} = 600（个）$$

通过计算可以看出：A产品每月可生产1 200个，小于追加订货数量1 500个；B产品每月可生产800个，小于追加订货数量1 000个；C产品每月可生产600个，小于追加订货数量800个。从生产能力上看，任何一种产品都无法在限定的时间内完成订货量的生产。这时要通过比较每分钟边际利润的大小来作决策。

（2）通过比较每种产品的每分钟边际利润，找出边际利润最大的产品，该产品就是最适合接受订货的产品。每分钟边际利润见表3-15。

表3-15　　　　　　　　　　　　　每分钟边际利润

产品名称	数　据
A产品	4 800 ÷ 10 = 480（元/分钟）
B产品	5 000 ÷ 15 = 333.33（元/分钟）
C产品	8 500 ÷ 20 = 425（元/分钟）

A产品可获取的边际利润 = 4 800 × 1 200 = 5 760 000（元）

◆完成任务

通过计算，每分钟边际利润最大的是A产品，其边际利润为480元/分钟，应该选择A产品作为最有利的订货产品。

但 A 产品在机器限定的 200 小时内，无法完成订单要求的 1 500 个的生产量，而只能产出 A 产品 1 200 个。在这种情况下的边际利润为 5 760 000 元。

六、原材料供应量不足时的订货决策

【案例 3-23】雅风公司原材料供应量不足时的订货决策

沿用【案例 3-21】的资料。雅风公司生产 A、B、C 三种产品，假设该公司生产人员及机器设备等生产能力足够，三种产品边际利润最高的为 C 产品，其边际利润为 8 500 元。如果三种产品的销售额相同，则该公司重点产品为边际利润最高的 C 产品。

已知三种产品生产使用同一种原材料。原材料使用资料见表 3-16。

表3-16　　　　　　　　　　　原材料使用资料

项　目	A 产品	B 产品	C 产品
订货价格/元	10 000	12 000	15 000
材料成本 + 其他变动成本/元	5 200	7 000	6 500
边际利润/元	4 800	5 000	8 500
边际利润率/%	48	41.67	56.67
材料使用量/克	600	400	500

◆任务

如果原材料供应量不足以支持生产，该企业该如何订货呢？

◆任务分析

C 产品的边际利润最高，但如果 C 产品生产过程中原材料的使用量很大，可能会使紧缺的原材料全部用于 C 产品的生产。因此，当处于原材料供应量不足的情况下，可以通过计算原材料单位使用量所产生的边际利润，并对此进行比较作为一种有效的选择方法。

◆操作步骤

每克原材料单位使用量的边际利润见表 3-17。

表3-17　　　　　　　每克原材料单位使用量的边际利润

产品名称	数　据
A 产品	4 800 ÷ 600 = 8（元/克）
B 产品	5 000 ÷ 400 = 12.5（元/克）
C 产品	8 500 ÷ 500 = 17（元/克）

◆完成任务

通过计算每种产品的"每克原材料单位使用量的边际利润"可以得出，A 产品为 8 元/克、B 产品为 12.5 元/克、C 产品为 17 元/克，生产 C 产品原材料单位使用量的边际利润最大。因此，将有限的原材料全部用于 C 产品的生产可获取最大的利润。

【学思践悟】美的集团以节能环保为理念，降低生产中的能源消耗

一直以来，美的集团注重环保，践行绿色发展理念，通过科学技术创新实现产品的绿色低碳转型，通过设备升级、精益生产实现制造过程的节能减排。

美的集团绿色战略规划显示：2030年前实现企业内部碳达峰，2060年前迈向碳中和。在此过程中，美的集团通过"摸清家底、制定标准、复盘落实、严格考核、确保目标"的具体行动，将绿色战略推进计划划分为四个阶段：第一阶段，通过绿色能源的提前部署，在2030年前平稳达峰；第二阶段，推动绿电占比，缓解温室气体排放，在2040年前逐步减碳；第三阶段，借助电力中和，在2050年前大幅减碳；第四阶段，聚合力量，在2060年前迈向碳中和。

美的集团通过能源结构的调整，在确保企业发展增量的前提下，响应国家号召，坚持绿色经营，坚定不移地推动自身绿色变革发展，尽早实现企业碳达峰、迈向碳中和。在降低成本过程中，美的集团以节能环保为理念降低生产中的能源消耗，主要采取了以下措施：一是技术创新。美的集团通过技术创新，不断优化产品设计和生产工艺，提高了产品的能效比和生产效率，降低了生产成本。二是供应链管理。美的集团与供应商建立了紧密的合作关系，通过优化供应链管理，实现了准时交货和减少库存，降低了库存成本。三是节能环保。美的集团以节能环保为核心理念，通过采用节能技术和设备，降低了生产过程中的能源消耗。

资料来源：编者根据相关资料整理。

【启示】美的集团规划的2030年前实现企业内部碳达峰和2060年前迈向碳中和，是对"构建绿色全球供应链，提供绿色产品和服务，共建绿色美好家园"的良好愿景。这种"绿色设计、绿色采购、绿色制造、绿色物流、绿色回收、绿色服务园"的六大支柱全流程绿色产业链，为中国乃至全球的"碳达峰、碳中和"作出重要贡献。这种运用科学的方法积极推动"绿色发展"的能源消耗降低举措，体现了我国民营企业的担当，以及对国家和人民的责任之心。

引导案例解析

本项目"引导案例"解析如下：

◆ 任务分析

因为有石棉瓦、水泥、玻璃三种商品，所以采用多品种保本点分析。因为三种商品的需求是成正比例的，石棉瓦：水泥：玻璃等于5：2：1，所以采用联合单位法分析。假定以玻璃为标准产品，将5块石棉瓦、2袋水泥和1平方米玻璃这三种商品组成一种联合产品。

◆ 操作步骤

（1）联合商品单价 $= 5 \times 13 + 2 \times 15.2 + 1 \times 9.2 = 104.6$（元）

（2）联合商品单位变动成本 $= 5 \times 12 + 2 \times 14 + 1 \times 8.5 = 96.5$（元）

（3）联合商品固定成本 $= （750 + 450） \times 12 + 5\,000 = 19\,400$（元）

◆ 完成任务

（1）当维持原来获利水平20 000元时，其应实现的联合商品销售量为：

实现目标利润的联合商品销售量 = （固定成本＋目标利润）÷（联合商品单价－联合商品单位变动成本）

= （19 400＋20 000）÷（104.6－96.5）= 4 864（件）

需要销售的石棉瓦 = 4 864×5 = 24 320（块）

需要销售的水泥 = 4 864×2 = 9 728（袋）

需要销售的玻璃 = 4 864×1 = 4 864（平方米）

（2）如果与厂家合作，商场的市场占有率预计可达到75%，则：

石棉瓦 = 45 000×75% = 33 750（块）

水泥 = 18 000×75% = 13 500（袋）

玻璃 = 9 000×75% = 6 750（平方米）

上述三种商品的销售量折合为6 750件联合商品。

预计年利润额 = （联合商品单价－联合商品单位变动成本）×预计销售量－固定成本 = （104.6－96.5）×6 750－19 400 = 35 275（元），所以商场应该与厂家合作。

（3）若李辉想实现利润40 000元，则可以通过以下几种方法试行：

①降低单位变动成本。经过与各厂家商议，单位变动成本（即厂家送货价格）已不能再下降，所以通过降低单位变动成本不可行。

②降低固定成本。由于厂家集中送货，厂家考虑运货成本，只能批量送货，所以必须租仓库，且租金不能下调，同时税金是税务机关依据相关法规规定的，即固定成本也不能下降，因此想要通过降低固定成本实现利润40 000元也不可行。

③提高价格。商场现有定价低于市场平均价格，有一定的调整空间，但是，必须保证提高价格后仍不超过市场平均价格或行业允许加价额度，否则将会影响市场销售。

单价 = （固定成本＋目标利润）÷预计销售量＋单位变动成本

= （19 400＋40 000）÷6 750＋96.5 = 105.3（元）

从上述计算可知，低于市场平均售价105.47元 [96.5×（1＋9.3%）]，不会影响销售量，所以将联合商品单价提高到105.3元，就可以实现目标利润40 000元。

石棉瓦单价 = 12×105.3÷96.5 = 13.0943（元/块）

水泥单价 = 14×105.3÷96.5 = 15.2767（元/袋）

玻璃单价 = 8.5×105.3÷96.5 = 9.2751（元/平方米）

联合商品单价 = 13.0943×5＋15.2767×2＋9.2751×1 = 105.3（元）

④扩大销售量。该商场预计销售达到整个市场的75%，必须追加更高的费用，所以通过扩大销售量实现目标利润40 000元不可行。

综合上述分析，只有通过提高售价才能实现目标利润40 000元。

实训任务

实训一　苏梅公司的本量利分析

苏梅公司是一家灯具生产企业。目前，市场竞争激烈，苏梅公司存货较多，管理层担心资金被大量占用，造成流动资金不足。同时，苏梅公司在考虑设计一款新型儿童护眼灯，单价暂定为 2 500 元。市场调查表明，第一年的销售量为 20 000 台，最低销售量为 15 000 台。如果设计成功的话，销售量会上升到 30 000 台；分销商销售提成 50%，固定管理费用每年 700 000 元，直接成本每台 900 元。

◆任务

（1）保本点产销量为多少？

（2）苏梅公司考虑先生产 18 000 台儿童护眼灯，如果前三个月的销量大，就会增加生产。计算苏梅公司最初的试产所得利润。

（3）如果该公司希望得到 300 000 000 元的利润，那么应该生产多少台儿童护眼灯？

◆完成任务

（1）保本点产销量 = 700 000 ÷（2 500 × 50% – 900）= 2 000（台）

（2）利润 = 18 000 ×（2 500 × 50% – 900）– 700 000 = 5 600 000（元）

（3）保利点产销量 =（300 000 000 + 700 000）÷（2 500 × 50% – 900）= 859 143（台）

实训二 苏梅公司本量利分析

苏梅公司生产并销售 A、B、C 三种节能灯，固定成本总额为 2 700 000 元，三种节能灯销售量、单价及边际贡献率见表 3-18。

表3-18   三种灯具销售资料

节能灯名称	销售量/台	单价/元	边际贡献率/%
A	15 000	300	40
B	10 000	450	20
C	5 000	600	30

◆任务

（1）假设运用加权平均法进行本量利分析，计算加权平均边际贡献率、综合盈亏平衡点销售额。

（2）假设运用顺序法进行本量利分析，按照边际贡献率由高到低的顺序补偿固定成本，计算公司达到盈亏平衡点时，由各种灯具补偿的固定成本。

◆完成任务

（1）A节能灯销售收入占收入的比重 = 15 000 × 300 ÷（15 000 × 300 + 10 000 × 450 + 5 000 × 600）

= 37.5%

B节能灯销售收入占收入的比重 = 10 000 × 450 ÷（15 000 × 300 + 10 000 × 450 + 5 000 × 600）

= 37.5%

C节能灯销售收入占收入的比重 = 5 000 × 600 ÷（15 000 × 300 + 10 000 × 450 + 5 000 × 600）

= 25%

加权平均边际贡献率 = 40% × 37.5% + 20% × 37.5% + 30% × 25% = 30%

综合盈亏平衡点销售额 = 2 700 000 ÷ 30% = 9 000 000（元）

（2）相关计算见表3-19。

表3-19 相关计算 金额单位：元

序 号	节能灯名称	边际贡献率/%	销售收入	边际贡献	累计边际贡献	固定成本补偿额	累计固定成本补偿额	累计损益
1	A	40	4 500 000	1 800 000	1 800 000	1 800 000	1 800 000	0
2	C	30	3 000 000	900 000	2 700 000	900 000	2 700 000	0
3	B	20	4 500 000	900 000	3 600 000	0	2 700 000	900 000

公司达到盈亏平衡点时，由A节能灯补偿的固定成本为1 800 000元，由C节能灯补偿的固定成本为900 000元，由B节能灯补偿的固定成本为零。

微课

大数据分析在
樊登读书营销
中的应用

项目四

经营预测分析

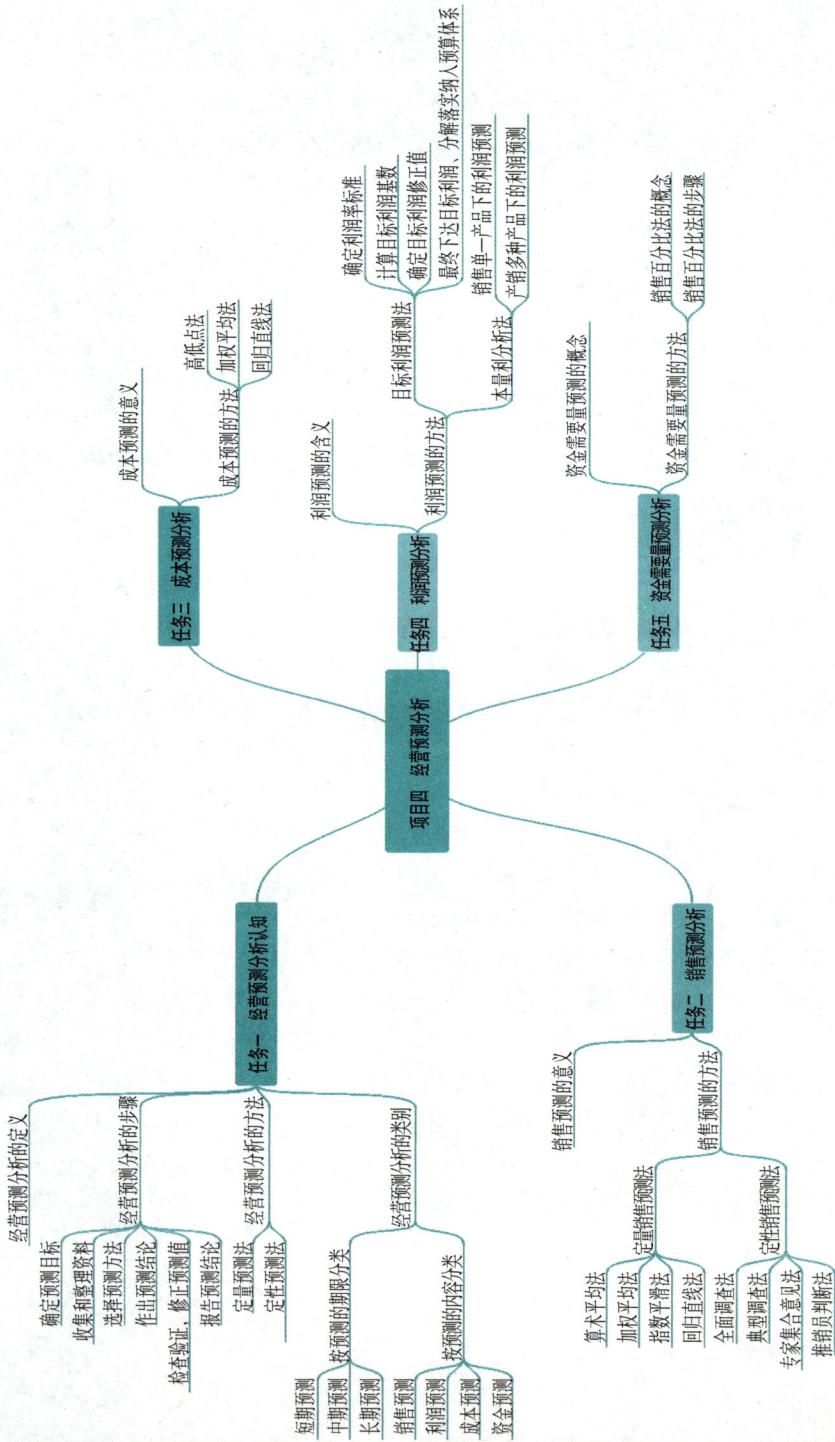

项目四 经营预测分析

任务一 经营预测分析认知
- 经营预测分析的定义
- 经营预测分析的步骤
  - 确定预测目标
  - 收集和整理资料
  - 选择预测方法
  - 作出预测结论
  - 检查验证，修正预测值
  - 报告预测结论
- 经营预测分析的方法
  - 定量预测法
  - 定性预测法
- 经营预测分析的类别
  - 按预测的期限分类
    - 短期预测
    - 中期预测
    - 长期预测
  - 按预测的内容分类
    - 销售预测
    - 利润预测
    - 成本预测
    - 资金预测

任务二 销售预测分析
- 销售预测的意义
- 销售预测的方法
  - 定量销售预测法
    - 算术平均法
    - 加权平均法
    - 指数平滑法
    - 回归直线法
  - 定性销售预测法
    - 全面调查法
    - 典型调查法
    - 专家集合意见法
    - 推销员判断法

任务三 成本预测分析
- 成本预测的意义
- 成本预测的方法
  - 高低点法
  - 加权平均法
  - 回归直线法

任务四 利润预测分析
- 利润预测的含义
- 利润预测的方法
  - 目标利润预测法
    - 确定利润率标准
    - 计算目标利润基数
    - 确定目标利润修正值
  - 本量利分析法
    - 最终下达目标利润，分解落实纳入预算体系
    - 销售单一产品下的利润预测
    - 产销多种产品下的利润预测

任务五 资金需要量预测分析
- 资金需要量预测的概念
- 资金需要量预测的方法
  - 销售百分比法的概念
  - 销售百分比法的步骤

项目四思维导图

素质目标

◆通过运用科学的方法进行企业经营预测，培养学生独立的理性思考和实事求是的科学态度

◆通过精准细致的企业经营预测分析，培养学生精益求精的科学思维

知识目标

◆熟悉经营预测分析的含义、分类和方法
◆熟悉销售预测的方法
◆熟悉成本预测的方法
◆熟悉利润预测的方法
◆熟悉资金需要量预测的方法

能力目标

◆认知经营预测，能熟练运用经营预测分析的方法
◆掌握经营预测分析下销售预测和成本预测等基本预测方法，能预测销售、成本、利润和资金需求量

技能要点与重难点

技能要点	重难点
（1）能认知经营预测分析的步骤和方法 （2）能掌握并运用定量销售预测分析 （3）能掌握并运用成本预测高低点法、加权平均法和回归直线法 （4）能掌握利润率指标法和本量利分析法的使用 （5）能掌握销售百分比法的使用	（1）掌握定量分析法 （2）掌握高低点法、加权平均法和回归直线法 （3）掌握利润率指标法、本量利分析法 （4）掌握销售百分比法

引导案例

健身器材公司市场需求预测

近年来，随着健康意识的提高和消费者对高品质生活的追求，智能健身设备市场呈现快速增长的趋势。A公司是一家知名健身器材公司，近期计划推出一款新型智能健身设

备，以满足市场需求。为了制定有效的市场策略，A公司进行了深入的市场需求预测。

在市场需求预测中，使用了以下几种方法：

1.数据收集与分析

通过市场调研，A公司收集了关于消费者购买行为、偏好、年龄分布、收入水平等多方面的数据。利用大数据分析技术，对收集到的数据进行深入挖掘，识别出影响消费者购买决策的关键因素。

2.历史销售数据分析

A公司回顾过去几年的销售数据，分析了产品销量与季节、节假日、促销活动等因素的关联度。利用时间序列分析等方法，预测未来一段时间产品的潜在销量。

◆**任务**

（1）请评价A公司为什么要进行市场需求预测？

（2）通过该案例，如何看待"精准预测"和"管理层讨论敲定"的行为？

任务一　经营预测分析认知

一、经营预测分析的定义

经营预测，是指企业根据现有的经济条件和掌握的历史资料以及客观事物的内在联系，对生产经营活动的未来发展趋势和状况进行的预计。管理会计中的预测分析，是指运用专门的方法进行经营预测的过程。

对制造业而言，经营预测的对象包括产品销售市场、产品生产成本、利润及资金需求等方面。由于不同预测对象的发展趋势有其自身的规律性，所以在进行经营预测分析时，要针对不同的预测对象，选择与其相适应的预测方法。

二、经营预测分析的步骤

（一）确定预测目标

首先必须搞清对什么进行预测，要达到什么目的，如预测销售量、预测成本等。确定预测目标需要根据企业经营的总体目标来设计和选择。在预测目标确定的同时，还应根据预测的具体对象和内容确定预测的范围，并规定预测的期限。

（二）收集和整理资料

预测目标确定后，应着手围绕预测目标收集从过去到现在的必要的信息资料，包括经济的、技术的、市场的计划资料和实际资料等。同时在占有大量资料的基础上，还必须对收集的这些信息资料进行鉴别、加工、整理、归纳、分析，找出各因素之间的相互依存、相互制约的关系，并从中找出事物发展的规律，作为预测的依据。

（三）选择预测方法

预测的方法很多，每一种方法都有其特定的应用环境和要求，因此，我们在预测时，应根据不同的预测目标和占有资料情况，以及预测目标与影响因素之间的关系，选择采用不同的预测方法。对那些可以建立数量模型的预测对象，应反复筛选比较，以确定最恰当的定量预测方法；对那些缺乏定量资料无法开展定量分析的预测对象，应当结合以往经验选择最佳的定性预测方法，以确保预测结果有较高的精确度。

（四）作出预测结论

利用预测方法对影响预测目标的各个方面进行具体的计算、分析和比较，得出定量分析或定性分析的预测结果，作出预测结论，从而揭示事物的变化趋势。

（五）检查验证，修正预测值

通过检查前期预测结论是否符合当前实际，找出误差，并分析产生差异的原因，来验证预测方法是否科学有效，预测结论是否准确，以便将预测值及时加以修正。

（六）报告预测结论

最终要以一定形式通过一定程序将修正过的预测结论向企业的有关领导报告。

三、经营预测分析的方法

基本方法可归纳为定量预测法和定性预测法两大类。

（一）定量预测法

定量预测法，又称数量预测法，是指在完整掌握与预测对象有关的各种要素定量资料的基础上，运用现代数学方法进行数据处理，据以建立能够反映有关变量之间规律性联系的各类经济预测的数学模型的方法体系。定量预测法按照具体方式不同，可分为趋势外推预测法和因果预测法两种类型。

1.趋势外推预测法

趋势外推预测法是根据某项指标过去的、按时间顺序排列的数据，运用一定的数学方法进行加工、计算，借以预测未来发展趋势的预测方法。它的实质就是应用事物发展的连续性原理和数量统计的方法来预测事物发展的趋势。属于这种方法的有算术平均法、移动平均法、趋势平均法、加权平均法、平滑指数法和修正的时间序列回归分析法等。

2.因果预测法

因果预测法是根据某项指标与其他有关指标之间的相互依存、相互制约的规律性联系，建立相应的因果数学模型来进行预测的方法。一般把预测对象作为因变量 y，把影响预测对象变化的变量作为自变量 x。如果函数关系为线性，则可以用回归直线法建立预测模型；如果影响预测对象变化的变量有一个以上，则可以建立多元线性回归预测模型。属于这类方法的有本量利分析法、投入产出法、回归分析法和经济计量法等。

（二）定性预测法

定性预测法又称非数量预测法，是指由有关方面的专业人员根据个人经验和知识，结合预测对象的特点进行综合分析，对事物的未来状况和发展趋势作出推测的一类预测方法。这种方法主要是由熟悉企业情况的人员或业务专家，应用自己的专业知识和经验，对过去和现在发生的问题进行分析，从中找出规律，然后再通过召开座谈会或发出征求意见书等各种形式综合分析，作为预测未来的依据。定性预测法适用于缺乏完备的历史资料或有关变量间缺乏明显的数量关系等条件下的预测，也称为判断分析法或集合意见法。定性预测法包括典型调查法、全面调查法、直接调查法、间接调查法和专家集合意见法等。

四、经营预测分析的类别

（一）按预测的期限分类

1.短期预测

短期预测是指对计划年度经济发展前景的预测。它是制订月度计划、季度计划、年度计划，以及明确规定1年以内经济活动具体任务的依据。

2.中期预测

中期预测是指对1年以上5年以下经济活动的预测。它的主要目的是检查中期计划的执行情况以及中期决策的经济效果，以便及时发现问题，纠正偏差。

3.长期预测

长期预测是指对5年以上的经济发展前景的预测。当企业考虑远景规划时，它为制定重大经济管理决策提供依据。例如，进行固定资产投资项目预测时，要对该项目的投入资本、投产后未来现金流入、产品的成本及新增加的利润等进行长期预测。

（二）按预测的内容分类

1.销售预测

销售预测又叫产品需求预测，是指根据企业产品过去的经营状况及其他有关资料，对未来一定时期的销售数量（或金额）、销售状态及变化发展趋势的预计和推测。做好销售预测，可减少盲目生产，使企业的供应、生产、销售之间合理衔接，从而提高企业的经济效益。

2.利润预测

利润预测是指在销售预测的基础上，根据企业未来发展目标和其他相关资料，预计、推测或估算未来应当达到和可望实现的利润水平及其变动趋势的过程。它可为企业确定最优的利润目标提供依据。

3.成本预测

成本预测是指根据企业未来发展目标和有关资料，运用专门方法推测与估算未来成本水平及发展趋势的过程。成本预测包括多项内容，主要有目标成本预测和成本变动趋势预测。通过成本预测，可了解成本升降趋势，为编制成本计划提供依据。

4.资金预测

资金预测是指在销售预测、利润预测和成本预测的基础上，根据企业未来经营发展目标并考虑影响资金的各项因素，运用一定方法预计、推测企业未来一定时期或一定项目所需要的资金数额、来源渠道、运用方向及其效果的过程。广义的资金预测是指全部资金需用量及其来源预测、现金流量预测、资金分布预测和资金运用效果预测；狭义的资金预测是指资金需用量预测。通过资金预测可为企业编制资金计划提供依据。

任务二　销售预测分析

一、销售预测的意义

销售预测是根据企业产品过去的经营状况和其他资料，对未来一定时期销售量的增减变动趋势作出的判断和推测。在整个企业经营预测系统中销售预测处于先导地位，它对于指导利润预测、成本预测和资金预测，进行长短期决策，安排经营计划，组织生产等都起着重要的作用。

影响销售的因素很多，一般可分为外部因素和内部因素两类。影响销售的外部因素有当前市场环境、企业的市场占有率、经济发展趋势、竞争对手情况等。内部因素有产品的价格、产品的功能和质量、企业提供的配套服务、企业的生产能力、各种广告手段的应用、推销的方法等。预测时应区分轻重缓急并综合考虑这些因素，选择适当的方法进行预测。

二、销售预测的方法

销售预测的方法有很多种，归纳起来有两大类：定量销售预测法和定性销售预测法。

（一）定量销售预测法

定量销售预测法主要是根据产品销售的实际历史资料，运用特定的方法确定销售中有关因素之间的数量关系及其变化规律，然后据以测算未来的产品销售情况的一种方法。定量销售预测法通常在具有系统、完备的历史观察数据，或者影响未来的销售量发生变动的有关因素可以量化的情况下采用。

常用的定量销售预测法有算术平均法、加权平均法、指数平滑法和回归直线法。

1.算术平均法

算术平均法又叫简单平均法，是指直接将企业若干历史时期的实际销售量的算术平均值作为销售量预测值的一种预测方法。其计算公式如下：

$$预测期销售量(\bar{x}) = \frac{各期销售量之和}{期数} = \frac{\sum x_i}{n}$$

算术平均法的优点是计算过程简单，缺点是将企业历史各期的销售量数据视为同等重要，使得不同时期资料的差异简单平均化。因此，该方法只适用于历史各期销售量比较稳定的产品销售量预测。如果产品的销售量在选定的历史时期呈现某种上升或下降的趋势，就不能简单地采用这种方法。

【案例4-1】雅风公司A产品销售预测

雅风公司2024年上半年（1—6月）A产品的销售资料见表4-1。

表4-1　　　　　　　　　　　　　　　　A产品销售资料　　　　　　　　　　　　　单位：件

项　目	1月	2月	3月	4月	5月	6月
销售量（x_i）	130	135	141	138	140	144

◆任务

按算术平均法预测7月A产品的销售量。

◆任务分析

按照产品销售量预测步骤，采取销售量预测的算术平均法，对雅风公司2024年7月的销售量进行预测。

◆操作步骤

按照销售量预测的算术平均法预测7月的销售量。

◆完成任务

$\sum x_i = 130 + 135 + 141 + 138 + 140 + 144 = 828$（件）

7月预测销售量 $= 828 \div 6 = 138$（件）

2.加权平均法

微课

认知预测分析

加权平均法是将企业若干历史时期的实际销售量与其对应的权数乘积进行加总求和，然后除以权数之和，求出其加权平均数作为销售量的预测值。运用加权平均法进行销售预测的关键在于确定历史各期销售量的权重。为使预测值更接近近期的观测值，一般按照近期数据的权重大一些、远期数据的权重小一些的规定，即按照近大远小的原则确定各期数据的权重。其计算公式如下：

$$预测期销售量（\bar{x}）= \frac{\sum 某期销售量 \times 该期权数}{各期权数之和} = \frac{\sum x_t w_t}{\sum w_t}$$

式中：x_t 为 t 期销售量，w_t 为 t 期销售量的权数，w_t 必须满足 $w_t + 1 > w_t$（$t = 1$，2，3，…，$n-1$）。

3.指数平滑法

指数平滑法是指在综合考虑有关前期预测销售量和实际销售量信息的基础上，利用事先确定的平滑指数预测未来销售量的一种方法，它实际上是加权平均法的一种变化形式。其计算公式如下：

$$x_t = ax_{t-1} + (1-a)\bar{x}_{t-1}$$

式中：$\bar{x}_{t-1}$ 为 t 期上一期的销售预测值，x_{t-1} 为 t 期上一期的销售实际值，a 为平滑指数。

平滑指数 a（$0 < a < 1$）是一个经验数据，其取值范围通常在 0.3 ~ 0.7。平滑指数具有修匀实际数所包含的偶然因素对预测值的影响的作用，平滑指数取值越大，近期实际数对预测结果的影响就越大；平滑指数取值越小，近期实际数对预测结果的影响就越小。

因此，进行近期预测或销售量波动较大时的预测，应采用较大的平滑指数；进行长期预测或销售量波动较小时的预测，可采用较小的平滑指数。从指数平滑法的公式中可以看出，该方法实质上是以平滑指数及其补数为权数的一种特殊加权平均法。该方法与加权平均法相比，主要有两个优点：一是 a 值取值较为灵活、方便；二是在不同程度上考虑了以往所有各期的数据，比较全面。

4.回归直线法

回归直线法又叫一元回归分析法，它是假定销售量的变量因素只有一个。根据直线方程 $y = a + bx$，按照数学上的最小二乘法来确定一条误差最小、能正确反映自变量和因变量之间关系的直线。其计算公式如下：

$$a = \frac{\sum y - b \sum x}{n}$$

$$b = \frac{n \sum xy - \sum x \sum y}{n \sum x^2 - (\sum x)^2}$$

式中：a、b 为常数项。将常数 a、b 和自变量 x 代入公式 $y = a + bx$ 可求得预测对象 y 即预计销售量。

（二）定性销售预测法

定性销售预测法主要是借助有关专业人员的政策水平、知识技能、实践经验和综合分析能力，在调查研究的基础上，对企业产品的市场销售量的发展趋势作出判断和预测的一种方法。这种方法通常在缺乏完备、系统的信息资料或者影响销售量的有关因素难以量化的情况下采用。定性销售预测法包括全面调查法、典型调查法、专家集合意见法和推销员判断法等。

1.全面调查法

全面调查法是对涉及同一产品的所有销售对象进行逐一调查，经综合分析整理以后，推测该产品在未来一定时期销售变动总体情况的一种方法。采用全面调查法可以取得比较完整、可靠的资料，但工作量较大，耗费较多，所需时间较长。全面调查法主要适用于对某些使用范围和用户有限的专用产品进行预测。

2.典型调查法

典型调查法就是针对某些产品，通过对一些重要用户需求情况的调查，推算市场需求量及其发展趋势的一种方法。其主要内容包括对产品的数量需求、用户的购买能力、生活方式、季节变化要求，通过典型调查，进行科学的整理分析，然后得出正确的销售预测。典型调查的对象要尽量体现普遍性和代表性，以提高预测效果。

3.专家集合意见法

专家集合意见法是由见识广博、知识丰富的经济专家根据多年的实践经验和判断能力对特定产品的未来销售量进行判断和预测的一种方法。这里的专家一般指企业的高层决策者、销售部门负责人、经销商和其他外界的专家，不包括顾客和推销员。由于采用这种方法预测的结果容易受少数权威人士意见的左右，或碍于情面而难以说出事实的真相，故采用这种方法一定要从企业的整体利益出发，不必受他人影响和约束。

4.推销员判断法

推销员判断法又称意见汇集法，是由企业的推销人员根据调查将各个顾客或各类顾客对特定预测对象的销售预测值填入卡片或表格，然后由销售部门经理对此进行综合分析以完成销售预测的一种方法。此法的原理是：基层销售人员最熟悉市场，能直接倾听顾客的意见，因而能够提供直接反映顾客要求的信息。

【提示】定性销售预测法的特点是以经验为基础，简便易行，但缺乏具有说服力的数据依据，而且预测的主观因素较多，偏差的可能性较大。因此，定性销售预测法主要在资料不完备、客观上无法运用定量分析的情况下采用。

任务三　成本预测分析

一、成本预测的意义

成本预测是根据企业未来的发展目标和现实条件，参考其他资料，利用专门方法对企业一定时期的一定产品或某个项目未来成本水平及其发展趋势所进行的推测与估算。做好成本预测，对加强成本管理、挖掘降低成本的潜力、提高经济效益，以及正确进行生产经营决策，都具有十分重要的意义。具体体现在以下三个方面：（1）成本预测既是全面加强企业成本管理的首要环节，也是正确编制产品成本计划的前提条件；（2）成本预测为企业挖掘降低成本的潜力、提高经济效益指明方向；（3）成本预测是企业管理当局正确进行生产经营决策的依据。

二、成本预测的方法

（一）高低点法

微课

成本预测
高低点法

高低点法是指选用一定时期历史资料中最高业务量和最低业务量的总成本之差与两者业务量之差进行对比，求得单位变动成本 b 和固定成本 a，再根据总成本模型 $y = a + bx$ 预测总成本和变动成本的方法。

高低点法是一种简便易行的预测分析方法，在产品成本变动趋势比较稳定的情况下，采用此法比较适宜，但是如果企业各期成本变动幅度比较大，采用此方法则会造成较大的误差。

【案例4-2】雅风公司A产品成本预测

雅风公司近5年生产A产品的产量和成本资料见表4-2。

表4-2　　　　　　　　　　　A产品的产量和成本资料

年　份	产量/件	成本/万元
2020	134	210
2021	120	196
2022	135	200
2023	148	224
2024	142	220

◆任务

现已预测2025年的产量将达到225件，预测2025年的成本总额。

◆任务分析

按照业务量最高点和最低点的产量相对应的成本点，采取高低点法进行成本预测。

◆操作步骤

（1）查找最低点的业务量和成本；

（2）查找最高点的业务量和成本；

（3）采用高低点法进行2025年成本预测。

◆完成任务

$$b = \frac{最高点成本 - 最低点成本}{最高点业务量 - 最低点业务量} = \frac{224 - 196}{148 - 120} = 1（万元）$$

$$a = 196 - 1 \times 120 = 76（万元）$$

预测2025年成本总额 $= 76 + 1 \times 225 = 301（万元）$

（二）加权平均法

加权平均法是指根据若干期固定成本总额和单位变动成本的历史资料，按照事先确定的权数进行加权，计算加权平均的成本水平，建立成本预测模型，进而预测未来总成本的一种方法。距预测期越近，对预测期的影响越大，所选取的权数应大一些；距预测期越远，对预测期的影响越小，所选取的权数应小一些。其计算公式如下：

$$预测期产品总成本 y = \sum a w_i + \sum (b w_i) \cdot x_i$$

式中：y 为预测期总成本，a 为固定成本，x_i 为 i 时期业务量，w_i 为 i 时期权数。

加权平均法适用于掌握各期详细的固定成本与变动成本历史资料，且各期成本水平变动比较频繁的企业，所计算的结果比按总成本时间序列计算的结果误差相对小一些。具体操作方法类似于销售预测。

【案例4-3】雅风公司A产品成本总额预测

雅风公司近3年生产A产品的有关成本资料见表4-3。

表4-3 A产品的有关成本资料

年 份	固定成本a/元	单位变动成本b/元
2022	80 000	60
2023	85 000	56
2024	90 000	50

◆任务

预测2025年A产品15 000件的成本总额。

◆任务分析

根据题意按距离预测期的远近，分别赋予权数0.2、0.3和0.5，然后进行计算。

◆操作步骤

（1）查找各年的固定成本和变动成本；

（2）按照公式进行预测计算；

（3）确定2025年生产A产品15 000件的成本总额。

◆完成任务

预测期产品总成本 ＝（80 000×0.2 + 85 000×0.3 + 90 000×0.5）＋（60×0.2 + 56×0.3 + 50×0.5）×15 000 = 893 500（元）

（三）回归直线法

回归直线法又称最小二乘法，它是根据若干期业务量和成本的历史资料，运用最小平方原理计算固定成本和单位变动成本，通过建立直线回归方程而进行成本预测的一种方法。回归直线法适用于企业历年的产品成本忽高忽低、变动幅度较大的情况。具体操作方法类似于销售预测。

任务四　利润预测分析

一、利润预测的含义

利润预测是按照企业经营目标的要求，通过对影响利润变化的成本、产销量等因素的综合分析，对未来一定时间内可能达到的利润水平和变化趋势进行的科学预计和推测。

二、利润预测的方法

（一）目标利润预测法

目标利润是指企业在未来一定期间，经过努力应该达到的最优化利润控制目标。它是企业未来经营必须考虑的重要战略目标之一。

目标利润的预测步骤大致如下：

1.确定利润率标准

在调查研究的基础上，了解和掌握企业历史上利润率最高水平以及当前同业或社会平均的利润率水平，从中选择某项先进合理的利润率作为预测基础。可供选择的利润率主要有销售利润率、产值利润率和资金利润率。利润率标准不宜定得过高或偏低，否则会挫伤企业各方面的积极性和主动性。

2.计算目标利润基数

将选定的利润率标准与企业预期应达到的有关业务量及资金指标相乘，便可测算出目标利润基数。其计算公式如下：

$$目标利润基数 = 有关利润率标准 \times 相关指标$$

式中：相关指标取决于利润率标准的内容，可以分别是预计销售额、预计工业总产值或预计资金平均占用额。

3.确定目标利润修正值

目标利润修正值是对目标利润基数的调整额。一般可先将目标利润基数与测算利润（即按传统方式预测出来的利润额）进行比较分析，并按本量利分析的原理分项测算为实现目标利润基数而应采取的各项措施，即分别计算各因素的期望值，并分析其可能性。若期望值与现实可能性相差较大，则适当修改目标利润，确定目标利润修正值。这个过程可反复测算多次直至各项因素期望值均具有现实可能性为止。

4.最终下达目标利润、分解落实纳入预算体系

最终下达的目标利润应该为目标利润基数与修正值的代数和。它应反映或能适应预算期企业可望实现的生产经营能力、技术质量保证、物资供应、人力配备、资金流转水平以及市场环境等约束条件。按调整措施修订后的诸因素测算的期望利润应与目标利润口径一致。其计算公式为：

$$最终下达的目标利润 = 目标利润基数 + 目标利润修正值$$

目标利润一经确定就应立即纳入预算执行体系，层层分解落实，以此作为采取相应措施的依据。

（二）本量利分析法

1.产销单一产品下的利润预测

当企业只产销一种产品时，可以根据利润、销售量和成本之间的数量关系，采用下述公式进行预测：

$$预测利润 = （单价 - 单位变动成本） \times 预计销售数量 - 固定成本$$
$$= 单位边际贡献 \times 预计销售数量 - 固定成本$$

【案例4-4】雅风公司单一产品目标利润预测

雅风公司只经营一种产品，单价120元/件，单位变动成本75元/件，固定成本380 000元，2024年实现销售11 000件，利润115 000元。企业按同行业先进的资金利润率预测2025年企业的目标利润基数。已知资金利润率为18%，预计企业资金占用额为900 000元。

◆**任务**

（1）预测雅风公司2025年的目标利润；

（2）判断目标利润是否合理。

◆**任务分析**

（1）如果想确定目标利润，则需要使用目标利润预测方法及步骤进行确定；

（2）目标利润是否合理，需要考虑成本变化和商品价格弹性等几个因素。

◆**操作步骤**

（1）根据本量利分析原理，计算目标利润；

（2）根据本量利分析公式，由目标利润倒推得出实现目标利润所需要的销售量、单位变动成本、固定成本和单价。

◆**完成任务**

（1）预测目标利润。

按本量利分析原理，可计算出2025年为实现162 000元（900 000×18%）利润应采取的单项措施（即在考虑某一因素变动时，假定其他因素不变）如下：

①实现目标利润的销售量 = （162 000 + 380 000）÷ （120 - 75） = 12 044（件）

需要增加销售量 = （12 044 - 11 000） = 1 044（件）

增长率 = 1 044 ÷ 11 000 × 100% = 9.5%

②实现目标利润的单位变动成本 = 120 - （380 000 + 162 000）÷ 11 000 = 70.73（元/件）

需要降低单位变动成本 = 75 - 70.73 = 4.27（元）

降低率 = 4.27 ÷ 75 × 100% = 5.69%

③实现目标利润的固定成本 = （120 - 75）× 11 000 - 162 000 = 333 000（元）

需要压缩固定成本开支 = 380 000 - 333 000 = 47 000（元）

降低率 = 47 000 ÷ 380 000 × 100% = 12.37%

④实现目标利润的单价 = 75 + （380 000 + 162 000）÷ 11 000 = 124.27（元/件）

需要提高单价 = 124.27 - 120 = 4.27（元）

增长率 = 4.27 ÷ 120 × 100% = 3.56%

（2）判断该目标的合理性。

由上述可见，企业只要采取以上任何一项单项措施均可保证目标利润实现。若假定由于种种原因上述单项措施均无法实现，那么必须考虑采取综合措施。假定企业可考虑采取下列综合措施（计算过程略）。

①为提高产品质量，追加3%的单位变动成本投入，可使单价提高5%。此时实现目标利润的销售量期望值为11 118件。

②假定该产品价格弹性较大，降低价格8%可使市场容量增长40%。若企业生产能力尚有潜力，可以满足市场需要，企业只要销售15 400件，就可实现目标利润。

③在市场容量不变的条件下，若追加6 000元约束性固定成本投入，可以提高自动化水平，提高人工效率，降低材料消耗，只要单位变动成本期望值达到70.18元/件，企业就能实现目标利润。

如果上述综合措施所要求的条件仍然无法实现，经过反复测算比较，企业确定的目标利润基数与可能实现利润的测算数之间仍有一段差距（假定为12 000元），则可将目标利润修正值定为15 000元，最终确定下达的目标利润预测值为147 000元（162 000－15 000）。

2.产销多种产品下的利润预测

大多数企业通常同时产销多种产品，在这种情况下仍可以根据利润、销售量和成本之间的数量关系，采用下列公式进行预测：

$$\begin{aligned}\text{多种产品}\atop\text{预计总利润} &= \sum \left(\text{每种产品的}\atop\text{单价} - \text{每种产品的}\atop\text{单位变动成本}\right) \times \text{每种产品的}\atop\text{预计销售量} - \text{固定成本}\\ &= \sum \text{每种产品的}\atop\text{单位边际贡献} \times \text{每种产品的}\atop\text{预计销售量} - \text{固定成本}\end{aligned}$$

【案例4-5】雅风公司两种产品目标利润预测

雅风公司为拓展公司业务范围，增加了产品的生产类型。现生产甲、乙两种产品，全年固定成本总额为50 000元，这两种产品的部分资料见表4-4。

表4-4　　　　　　　　　　　　甲、乙两种产品的相关资料

项　目	甲产品	乙产品
预计销售量/件	1 000	500
预计单价/元	100	300
预计销售收入/元	100 000	150 000
销售比重/%	40	60
单位变动成本/元	60	150
单位边际贡献/元	40	150
边际贡献率/%	40	50

◆任务

采用本量利分析法预测雅风公司的目标利润。

◆任务分析

根据本量利分析法，需要计算出每种产品提供的单位边际贡献。

◆操作步骤

将表4-4中的数据代入下列公式：

$$多种产品预计总利润 = \sum \left(每种产品的单价 - 每种产品的单位变动成本 \right) \times 每种产品的预计销售量 - 固定成本$$

$$= \sum 每种产品的单位边际贡献 \times 每种产品的预计销售量 - 固定成本$$

◆完成任务

本量利分析法预测利润 =（100 - 60）× 1 000 +（300 - 150）× 500 - 50 000

$\qquad\qquad\qquad\qquad$= 65 000（元）

任务五 资金需要量预测分析

一、资金需要量预测的概念

资金需要量预测是以预测期企业生产经营规模的发展和资金利用效果的提高等为依据，在分析有关历史资料、技术经济条件和发展规划的基础上，运用数学方法，对预测期资金需要量进行科学的预计和测算。

二、资金需要量预测的方法

资金需要量预测方法包括定性预测法和定量预测法。定性预测法包括德尔菲法、市场调查法和相互影响预测法。定量预测法包括销售百分比法和资金习性法。此处仅介绍销售百分比法。

（一）销售百分比法的概念

销售百分比法是指利用资产负债表和利润表的各个项目与销售之间的依存关系，按照计划期销售增长的情况来预测企业是否需要追加资金，以及需要追加多少资金的方法。

（二）销售百分比法的步骤

1. 分析资产负债表的各个项目与销售总额之间的比例关系。

2. 计算基期的销售百分比。根据基期的资产负债表，计算与销售有比例关系的项目与基期销售收入的百分比。

3. 确定企业提取的可利用的折旧和留存收益。

4. 估计企业零星资金的需要量。

5. 估计企业所需追加的资金量。其计算公式如下：

计划期所需追加的资金量 = 由于销售增长而增加的资产占用量 - 由于销售增长而增加的负债占用量 - 可利用的折旧 - 留存收益 + 零星资金的需要量

【案例4-6】雅风公司计划期追加资金的需要量预测

雅风公司将2024年12月31日作为基期。基期销售收入实际数为900万元，获得税后净利润50万元，并发放股利30万元，基期厂房设备的利用率已达饱和状态。该公司基期的简略资产负债表见表4-5。

表4-5　　　　　　　　　　　　　**资产负债表**

编制单位：雅风公司　　　　　　　　2024年12月31日　　　　　　　　　　单位：万元

资　产	期末余额	负债和所有者权益（或股东权益）	期末余额
货币资金	3	应付账款	40
应收账款	90	应交税费	25
存货	100	长期负债	215
固定资产	252	实收资本（或股本）	200
无形资产	55	未分配利润	20
资产合计	500	负债和所有者权益（或股东权益）合计	500

若雅风公司计划期销售收入总额增至1 100万元，并仍按基期股利发放率支付股利。折旧提取数为5万元，其中70%用于更新改造现有厂房设备。假定零星资金需要量为60万元。

◆**任务**

预测计划期追加资金的需要量。

◆**任务分析**

资金需要量的预测需要考虑销售量、资产、负债和折旧等因素。

◆**操作步骤**

（1）分析资产负债表的敏感性项目；

（2）计算销售规模扩大后公司的资产、负债和所有者权益；

（3）根据内部资金来源和资金的零星支出情况，计算计划期外部融资额。

◆**完成任务**

（1）分析资产负债表的敏感性项目（见表4-6）。

表4-6　　　　　　　　　　　　　**资产负债表**

编制单位：雅风公司　　　　　　　　2024年12月31日

资　产	敏感度/%	负债和所有者权益（或股东权益）	敏感度/%
货币资金	0.33	应付账款	4.44
应收账款	10.00	应交税费	2.78
存货	11.11	长期负债（不适用）	
固定资产	28.00	实收资本（或股本）（不适用）	
无形资产（不适用）		未分配利润（不适用）	
资产合计	49.44	负债和所有者权益（或股东权益）合计	7.22

（2）计算销售规模扩大后公司的资产、负债和所有者权益。

资产 $= 1\ 100 \times 49.44\% + 55 = 598.84$ （万元）

负债 $= 1\ 100 \times 7.22\% + 215 + 60 = 354.42$　（万元）

所有者权益 $= 200 + 20 + 1\ 100 \times \dfrac{50}{900} \times (1 - \dfrac{30}{50}) = 244.44$（万元）

（3）根据内部资金来源和资金的零星支出情况，计算计划期外部融资额。

外部融资额 $= (1\ 100 - 900) \times (49.44\% - 7.22\%) - 1\ 100 \times \dfrac{50}{900} \times (1 - \dfrac{30}{50}) - 5 \times (1 - 70\%) + 60 = 118.5$（万元）

预测计划期追加资金的需要量为118.5万元。

【学思践悟】京东智能预测技术的发展

作为供应链计划和运营中至关重要的一环，预测若出现误差将会导致下游缺货、库存积压等问题。但预测存在一定程度的不确定性，受到促销、营销、节假日、季节性等多种因素的影响，京东的智能预测系统每天需要输出数百万SKU的商品在全国各个区域的销量预测，是一项极大的挑战。

随着人工智能、深度学习等技术的应用，预测准确度变得越来越高，但预测结果却变得越来越难解释，这会影响供应链计划人员对预测结果的解读。在各种复杂因素的影响下，计划人员需要对预测结果和影响因素充分了解，才能精准把控风险，做好供应链决策。

京东预测技术最早应用于图书品类管理，用以解决其业务规模化发展的需要，通过技术手段助力业务爆发式增长。伴随着人工智能技术的发展，预测技术从最初帮助图书品类采销人员预测销量、自动补货，到现在已经应用于京东商城全品类商品运营。以消费品类为例，超过80%的订单是由系统自动下单补货。补货效率提高，进而库存现货率提高，货物周转周期降低，使更精细化的商品运营能力得以提高。

京东预测系统根据业务需求主要衍生出以下三大类别：

销量预测：基于历史数据和统计学习模型，对商品未来的销量进行预测，给出商品采购、调拨等建议；销量预测同时也是支持智能补货的重要依据。

单量预测：主要针对物流单量的预测，比如在大促来临时，预测系统会预测出某个仓甚至某个站点未来会迎来多少单量，根据预测数据安排相应的人力、物力；除此之外，售后客服单量预测系统能够预测1个小时内的咨询量数据。

GMV预测：预测未来一段时间GMV的发展情况，支持到商品颗粒度，为财务计划的制订提供依据。

京东智能供应链Y团队研发的可解释预测技术，通过自学习实现需求预测流程的"白盒化"，包括决策的因果逻辑、精准的预测拆分、交互式的预测模拟等，能使相关业务人员对预测流程和结果有更清晰的理解，呈现在其眼前的不再是一个类似"盲盒"的机器输出结果，从而加强了业务人员对系统的理解和信任度。另外，通过交互式的模拟预测功能，业务人员有更多机会将自己的经验和计划更好地融入系统，在很大程度上提升预测的精确度。现在，预测系统不再是一个"陌生人"，而是一个值得信赖的"朋友"，在增强预测自动化程度、提升工作效率的同时，还大幅提高了预测精度，从而使后续产生的补货、仓库周转等成本也得以大幅优化。

目前，京东智能供应链的可解释预测技术，已应用于数百万SKU的商品，支持畅销、长尾、季节等多种供应场景。发展至今，京东每年向供应商自动采购的下单量已达到千万量级规模，相关成果也形成了学术论文陆续发表在运筹、管理等领域顶级期刊上。

资料来源：马彦华，路红艳.智慧供应链推进供给侧结构性改革：以京东商城为例［J］.企业经济.2018，37（06）：188-192.

【启示】京东采取人工智能技术进行预测，能够精准把控风险，做好供应链决策。对于像京东这样的企业，在科学有效进行销售量预测的同时，能够实事求是、精益求精，本着科学审慎的工作作风，寻找解决问题的途径，值得我们学习。

引导案例解析

本项目"引导案例"解析如下：

◆ 任务分析

对A公司而言，经营预测的对象包括产品销售市场、产品生产成本、利润及资金需求等方面。由于预测是一项复杂的工作，A公司必须有目的、有组织、有计划地进行，以保证预测的科学性和有效性。

◆ 操作步骤

（1）考虑预测数据的时效性；

（2）分析企业在开展预测工作时，"精准预测"和"管理层讨论敲定"两种方法的优缺点。

◆ 完成任务

（1）A公司运用科学的方法进行市场需求预测，预测采用了近几年的销售数据，考虑了数据的历史性，切实考虑到顾客年龄、顾客消费心理的变化，以及健康理念对智能健身设备需求量的影响（潜在竞争者的影响、行业内企业的竞争、供应商的原材料供应能力及谈价能力、替代品的威胁和自身的生产能力与资金）。

（2）"精准预测"是通过实际历史数据建立的预测模型，一步一步预测出来的，具有较强的科学性，得出的数字相对准确，不仅为企业提供产品在未来一段时间的需求期望水平，而且为企业的计划控制决策提供依据，同时可以用于定价决策和是否应该进入一个新市场的决策，更大程度上节约了企业的运作成本，有利于拓展企业的市场。"精准预测"是科学理论与方法的实际运用，但难以做到对市场实时变化的掌控。

"管理层讨论敲定"是指公司领导根据之前的需求数据以及自己的决策来评估下一期的生产计划，这种方法不利于企业的长足发展，有可能使企业因决策失误而造成财力物力的浪费，缺乏一定的科学性，但其相对于"精准预测"来说，更具有灵活性。

实训任务

实训一　雅风公司销售预测

雅风公司有3名销售人员、1名经理。每人预计其销售量和概率见表4-7，先用概率计算出每个预测者的期望值，然后用加权平均法进行综合销售量预测。

表4-7　　　　　　　　　　　雅风公司销售预测数据表　　　　　　　　　　单位：件

项　目	销售量	概　率	销售量×概率
甲销售员预测			
最高	500	0.2	100
最可能	400	0.5	200
最低	300	0.3	90
期望值			390
乙销售员预测			
最高	600	0.2	120
最可能	500	0.6	300
最低	400	0.2	80
期望值			500
丙销售员预测			
最高	550	0.2	110
最可能	450	0.5	225
最低	350	0.3	105
期望值			440
经理预测			
最高	500	0.3	150
最可能	450	0.5	225
最低	300	0.2	60
期望值			435

◆任务

计算雅风公司的预测销售量。

◆完成任务

假设经理的预测更准确、更重要，将其预测权重确定为2，而将销售人员的预测权重确定为1，则综合预测结果如下：

$$综合预测销售量 = \frac{390 \times 1 + 500 \times 1 + 440 \times 1 + 435 \times 2}{1 + 1 + 1 + 2} = 440（件）$$

判断分析法一般适用于不便直接向顾客调查的公司。

实训二　雅风公司利润预测

雅风公司生产A、B、C三种产品，本期有关单价、单位成本及下一会计期间产品预计销售量见表4-8。预测下一会计期间其他业务利润的资料如下：其他业务收入为20 000元，其他业务成本为14 000元，其他业务税金为4 000元。

表4-8　　　　　　　　　　　　　　雅风公司销售预测　　　　　　　　　　　金额单位：元

产品名称	单价	单位成本		下一会计期间产品预计销售量/件
		销售成本	销售税金	
A产品	100	50	20	5 000
B产品	240	170	40	2 000
C产品	80	50	12	8 000

◆任务

预测下一会计期间的营业利润。

◆完成任务

（1）各产品销售利润的预测值计算如下：

A产品销售利润的预测值 = 5 000 × （100 − 50 − 20） = 150 000（元）

B产品销售利润的预测值 = 2 000 × （240 − 170 − 40） = 60 000（元）

C产品销售利润的预测值 = 8 000 × （80 − 50 − 12） = 144 000（元）

三种产品销售利润的预测值合计 = 150 000 + 60 000 + 144 000 = 354 000（元）

（2）其他业务利润的预测值 = 20 000 − 14 000 − 4 000 = 2 000（元）

预测下一会计期间的营业利润如下：

预测营业利润 = 预测产品销售利润 + 预测其他业务利润 = 354 000 + 2 000

　　　　　　 = 356 000（元）

微课

直播电商行业
财务风险防范

项目五

短期经营决策分析

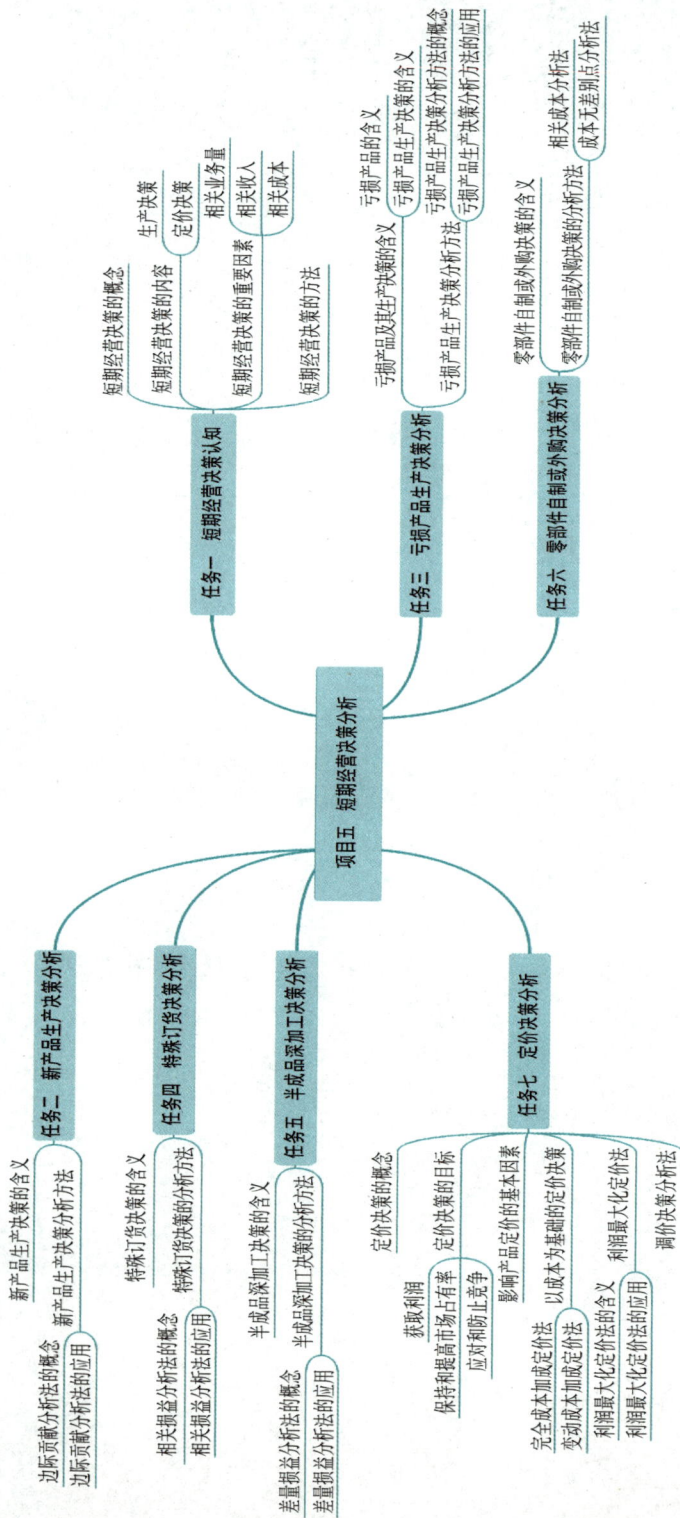

项目五思维导图

项目五　短期经营决策分析

任务一　短期经营决策认知
- 短期经营决策的概念
- 短期经营决策的内容
  - 生产决策
  - 定价决策
- 短期经营决策的重要因素
  - 相关业务量
  - 相关收入
  - 相关成本
- 短期经营决策的方法

任务三　亏损产品生产决策分析
- 亏损产品及其生产决策的含义
  - 亏损产品的含义
  - 亏损产品生产决策的含义
- 亏损产品生产决策分析方法
  - 亏损产品生产决策分析方法的概念
  - 亏损产品生产决策分析方法的应用

任务六　零部件自制或外购决策分析
- 零部件自制或外购决策的含义
  - 零部件自制或外购决策的分析方法
- 相关成本分析法
- 成本无差别点分析法

任务二　新产品生产决策分析
- 新产品生产决策的含义
- 新产品生产决策分析方法
  - 边际贡献分析法的概念
  - 边际贡献分析法的应用

任务四　特殊订货决策分析
- 特殊订货决策的含义
- 特殊订货决策的分析方法
  - 相关损益分析法的概念
  - 相关损益分析法的应用

任务五　半成品深加工决策分析
- 半成品深加工决策的含义
- 半成品深加工决策的分析方法
  - 差量损益分析法的概念
  - 差量损益分析法的应用

任务七　定价决策分析
- 定价决策的概念
- 定价决策的目标
  - 获取利润
  - 保持和提高市场占有率
  - 应对和防止竞争
- 影响产品定价的基本因素
- 以成本为基础的定价决策
  - 完全成本加成定价法
  - 变动成本加成定价法
  - 利润最大化定价法
  - 利润最大化定价法的含义
  - 调价决策分析法

素质目标

◆通过深入发掘和梳理企业经营决策的有用信息，提升客观和全面认识、分析问题的能力

◆通过运用最为优化的方法对信息进行加工处理，得出相关结论，提升资源节约能力

知识目标

◆熟悉短期经营决策的含义和意义

◆熟悉短期经营决策分析的原则

◆掌握短期经营决策分析的程序

◆掌握短期经营决策分析的类型

能力目标

◆通过掌握短期经营决策的概念、内容、分类和决策的相关影响因素，能掌握短期经营决策的基本方法，能熟练进行短期经营决策

◆通过完成短期经营决策任务，能运用边际贡献分析法、相关损益分析法和差量损益分析法，熟练地进行生产决策分析

◆通过完成短期经营决策任务，能运用成本加成定价法、利润最大化定价法和调价决策分析法，熟练地进行定价决策分析

技能要点与重难点

技能要点	重难点
（1）能认知新产品生产决策的含义	（1）掌握边际贡献分析法的应用
（2）能熟练运用边际贡献分析法	（2）掌握相关损益分析法的应用
（3）能认知特殊订货决策的含义	（3）掌握差量损益分析法的应用
（4）能熟练运用相关损益分析法	（4）掌握成本无差别点分析法的应用
（5）能认知半成品深加工决策的含义	（5）运用成本加成定价法进行定价决策
（6）能熟练运用差量损益分析法	（6）运用利润最大化定价法进行定价决策
（7）能认知零部件自制或外购决策的含义	（7）运用调价决策分析法进行定价决策
（8）能熟练运用相关成本分析法和成本无差别点分析法	
（9）能熟悉定价决策的主要内容	
（10）能运用成本加成定价法进行定价决策	
（11）能运用利润最大化定价法进行定价决策	
（12）能运用调价决策分析法进行定价决策	

引导案例

大数据时代制造企业短期决策

大数据分析信息技术在经济社会各个领域的应用日益深入，为公司管理会计工作提供了全新的发展契机。大数据分析技术和管理会计的有效融合，可以帮助公司更加合理地安排生产活动、规划发展战略，企业的短期经营决策也深受其影响。以制造业为代表的传统产业，在新的时代背景下需要思考新的决策，尤其是短期决策。

美的集团，主营业务为各类家电，主要产品不仅包括空调、冰箱、洗衣机等大家电，还包含一些小家电。同时涉及家电、房产、物流等领域，业务主要包括暖通空调业务、消费电器业务、机器人及自动化系统业务等。作为全球家电行业龙头企业，美的集团通过数字化升级，紧密结合大数据技术，大力发展智能家居生活服务平台，力求为用户打造一个智能化和个性化的家。

根据美的集团披露的年报，美的集团销售成本构成大致不变，但暖通空调成本占比增加较为明显，生产决策以继续扩大商品产量为主。2020年美的集团销售成本由2019年的1 979.14亿元降低至1 927.91亿元，同比降低2.66%，略微呈下降趋势，但总体保持稳定。其中暖通空调与消费电器的成本也基本持平，降低主要体现在其所属的机器人及工业自动化行业和其他两个方面，说明美的集团在生产决策上还是以暖通空调为主。在产品表现上，人们对于空调产品功能要求更高，不仅要求其具备基础的制冷和供暖功能，更期望其具有很好的调节湿度和空气洁净程度的功能。2019—2020年，美的集团销售收入结构保持稳定，2020年各类产品收入占比都与2019年基本持平，但总体有上升趋势。说明即便是在整个市场受损的情况下，美的集团仍然能够保持稳定的市场份额。据睿工业（MIR）统计，2020年中国工业机器人市场出货量为171 490台，同比增长14.8%。而美的集团所属的机器人及工业自动化行业，2020年销售收入相比2019年减少了360 318万元，同比下降14.03%，同时，政府也给予了相当大的政策支持，2020年工业和信息化部发布的《工业和信息化部关于工业大数据发展的指导意见》不断贯彻落实国家大数据发展战略，也促进了诸如美的集团等制造企业的数字化转型，激发企业大力发展中国"智造"的潜力。

美的集团主要采取两种定价策略：一是产品差别定价法。美的集团先把顾客细分然后定价，针对那些更追求健康与生活品质的消费者，美的集团推出一种相较于普通空调更高级别的空调产品——价格实惠的健康空调。在普通的制冷制热功能上升级为可以净化空气的空调，并且通过各种营销策略使消费者偏好有所改变，他们不再盲目追求低价产品，而是选择高端的一线空调品牌。二是渗透定价法。美的集团充分考虑消费者心理，将产品做成行业内低价高配的典范，不仅打造了美的集团产品物美价廉的形象，也满足了消费者对于产品价格和功能的需求。美的集团产品的价格策略不仅是低价策略，还是渗透定价战略，说明美的集团综合实力很强。除此之外，在价格策略上美的集团还采用了针对性定价决策，即在保证同等配置的情况下，以更为亲民的价格赢得消费者的青睐。因此，相比于同行业其他公司，美的集团能够借此优势在市场上占据较大份额。同时，当企业生产规模达到一定程度时，成本就会有所降低，在保证产品良好的品质和完善的售后服务的前提下，美的集团逐渐降低产品售价，可以利用价格优势和消费者心理，迅速占领市场，从而谋取稳定利润。

　　资料来源：闫淑棠，谢坽. 大数据时代制造企业短期决策研究：以美的集团为例［J］. 中国市场，2022（22）：78-80.

　　◆任务

通过阅读案例，请分析评价美的集团在大数据背景下的短期决策。

任务一　短期经营决策认知

一、短期经营决策的概念

短期经营决策是指在一个经营年度或经营周期能够实现其目标的决策。决策结果只会影响或决定企业近期经营实践的方向、方法和策略，一般属于战术决策，通常不涉及大量资金的投入，而是侧重于最充分、最有效地利用现有资源。

二、短期经营决策的内容

（一）生产决策

生产决策是企业短期经营决策的一项重要内容。在生产决策中，判断备选方案优劣的主要标志就是一定时期获利的多少，获利大的方案为最优方案。

（二）定价决策

定价决策是指企业为确保其在流通领域的经营目标的实现，在短期（如一年）内，围绕如何科学合理地确定销售产品价格水平的问题而进行的决策。

三、短期经营决策的重要因素

（一）相关业务量

相关业务量是指在短期经营决策中必须认真考虑的、与特定决策方案相联系的产量或销量。

（二）相关收入

相关收入是指与特定决策方案相联系的，能对决策产生重大影响、在短期经营决策中必须予以充分考虑的收入。

（三）相关成本

相关成本是指与特定决策方案相联系的、能对特定决策产生重大影响的、在短期决策中必须予以充分考虑的成本。

1.机会成本

在互斥的备选方案中，如果选定某一方案而放弃另外的方案，则被放弃方案的最大收益就构成了选定方案的机会成本。换言之，因选择一个方案而放弃另一个方案所牺牲的利益，特指被放弃方案可能带来的潜在收益。

2. 边际成本

从经济学的观点来看，边际成本是指成本对产量无限小变化的变动部分。其数学含义是成本对产量的一阶导数。在现实经济活动中，产量无限小，最小只能小到一个单位，所以，边际成本的实际计量就是产量增加或减少一个单位所引起的成本变动额。

3. 差量成本

差量成本也称差异成本或差别成本，是指可供选择的不同方案之间在成本上的差异。它可以使决策者从可供选择的备选方案中估计其成本差异，评价备选方案经济效益的优劣。

4. 专属成本

专属成本又称特定成本，是指那些能够明确归属于特定备选方案的固定成本。例如，零部件自制时所追加的专用工具支出等，这类成本与特定的方案相联系，决策中必须考虑。

5. 付现成本

付现成本又称现金支付成本，是指所确定的某项决策方案中，需要以现金支付的成本。在经营决策中，特别是在企业的资金处于紧张状态、支付能力受到限制的情况下，往往会选择付现成本最低的方案来代替总成本最低的方案。

6. 重置成本

重置成本是指某项现有资产在市场上出售时的现实价值，也就是一项资产在市场上的重新评估价值。在短期经营决策中，对企业原有的资产，不应按其历史成本决策，而应把其重置成本作为相关成本予以考虑。

7. 可延缓成本

可延缓成本是指在短期经营决策中若对其暂缓开支，不会对企业未来生产产生重大不利影响的成本。这类成本有一定的弹性，当企业人力、物力、财力有限时，即使推迟其发生，也不至于影响企业的大局。

8. 可避免成本

可避免成本是指是否发生及发生的金额大小都会受管理层决策影响的成本。如广告费、职工培训费等酌量性固定成本，受到决策的直接制约，属于比较典型的可避免成本。

四、短期经营决策的方法

短期经营决策有很多方法，其汇总表见表5-1。

表5-1　　　　　　　　　　　短期经营决策方法汇总表

决策方法	评价标准
边际贡献总额法	当有关决策方案的相关收入均不为零、相关成本全部是变动成本时，可以将边际贡献总额作为决策评价指标。 该指标是正指标：指标越大，方案越优

决策方法	评价标准
单位资源边际贡献法	在企业生产只受到某一项资源（如原材料、工时等）的约束，并已知备选方案中各种产品的单位边际贡献和单位产品资源消耗定额时，可考虑采用单位资源边际贡献法。 该指标是正指标：指标越大，方案越优
相关损益分析法	某方案的相关损益是该方案的相关收入与相关成本之差。 该指标是正指标：指标越大，方案越优
差量损益分析法	根据两个备选方案的差量收入、差量成本以及差量损益来确定哪个方案较优。一般需要编制差量损益分析表计算差量损益指标。若差量损益大于零，则说明比较方案可取；若差量损益小于零，则说明被比较方案可取
成本无差别点法	在该业务量水平上，两个不同方案的总成本相等，但当高于或低于该业务量水平时，不同方案就具有了不同的业务量优势区域。利用不同方案的不同业务量优势区域进行最优化方案的选择

任务二　新产品生产决策分析

一、新产品生产决策的含义

新产品生产决策是指企业利用现有的绝对剩余生产经营能力开发新产品时，在两个或两个以上可供选择的新品种中选择一个最优品种的决策。新产品生产决策属于互斥方案决策。

微课

新产品开发
决策

二、新产品生产决策分析方法

新产品生产决策分析主要运用边际贡献分析法。

（一）边际贡献分析法的概念

边际贡献分析法，是指以有关方案的边际贡献指标作为决策评价指标的一种方法。

（二）边际贡献分析法的应用

1.企业存在剩余生产能力且具体数确定

企业存在剩余生产能力且剩余生产能力为已知的确定数时，通过计算边际贡献总额指标进行决策，边际贡献总额大者优先。

对某一产品来说，单位边际贡献指标反映产品的盈利能力，但在不同备选方案之间进行比较分析时不能以单位边际贡献指标作为评价标准，而必须以边际贡献总额指标作为方案取舍的依据。因为，在生产能力一定的前提下不同方案的单位产品耗费的生产能力有所不同，因此各方案能够生产的产品总量也可能不同，单位边际贡献最大的方案不一定是边际贡献总额最大的方案，如果用单位边际贡献评价各备选方案，就可能导致决策失误。

【案例5-1】雅风公司新产品生产决策（具体数确定）

雅风公司现有剩余生产能力3 000台时，年固定资产折旧为10 000元。公司拟利用现有剩余生产能力开发A产品或B产品。生产单位A产品定额台时为4小时，A产品销售单价为40元，单位变动成本为20元；生产单位B产品定额台时为2小时，B产品销售单价为20元，单位变动成本为8元。

◆ **任务**

分析决策雅风公司应开发哪种新产品。

◆ **任务分析**

由于雅风公司是利用现有剩余生产能力进行生产，不改变公司生产能力规模，因此，其年固定资产折旧10 000元（固定成本）属于与该项生产决策无关的成本，即无关成本，在决策时不予考虑。在两个方案固定成本相同的前提下，边际贡献总额大的方案实质上就是利润大的方案，即为最优方案。

◆ **操作步骤**

先比较A产品和B产品的单位边际贡献，然后再计算两种产品的边际贡献总额（见表5-2）。

表5-2   边际贡献计算表   金额单位：元

项　目	A产品	B产品
剩余生产能力/台时	3 000	3 000
单位产品定额/台时	4	2
单价	40	20
单位变动成本	20	8
单位边际贡献	20	12
生产量/件	750	1 500
边际贡献总额	15 000	18 000

◆ **完成任务**

经过对A产品和B产品的边际贡献总额的计算和比较，选择生产B产品对该企业来说是最优方案。

2.企业存在剩余生产能力但具体数不确定

当企业存在剩余生产经营能力，但不确定具体数时，无法计算利用剩余生产能力能够生产的产品总量，也就无法通过计算边际贡献总额指标来进行生产决策。此时，应采用单位生产能力所提供的边际贡献作为评价指标，单位生产能力所提供的边际贡献大者优先。

因为，在生产能力一定的前提下，单位生产能力所提供的边际贡献大的方案，实质上就是边际贡献总额大的方案。其计算公式如下：

$$\begin{array}{c}\text{单位生产能力（台时）}\\\text{所提供的边际贡献}\end{array} = \text{单位产品边际贡献} \div \text{单位产品定额台时}$$

【案例5-2】雅风公司新产品生产决策（具体数不确定）

雅风公司有部分剩余生产能力，可以选择开发A产品或B产品。生产单位A产品定额台时为4小时，A产品销售单价为40元，单位变动成本为20元；生产单位B产品定额台时为2小时，B产品销售单价为20元，单位变动成本为8元。

◆任务

分析决策雅风公司应开发哪种新产品。

◆任务分析

本案例与【案件5-1】的区别在于只知道有部分剩余生产能力，但不知剩余生产能力的具体数。此时，无法计算利用剩余生产能力能够生产的产品总量，也就无法通过计算边际贡献总额指标来进行生产决策，但可以通过计算单位生产能力所提供的边际贡献指标进行决策。

◆操作步骤

（1）计算A产品和B产品的单位边际贡献；

（2）计算两种产品的单位台时创造的边际贡献（见表5-3）。

表5-3　　　　　　　　　单位台时创造的边际贡献计算表　　　　　　　金额单位：元

项　目	A产品	B产品
单位产品定额/台时	4	2
销售单价	40	20
单位变动成本	20	8
单位边际贡献	20	12
单位台时创造的边际贡献	5	6

◆完成任务

生产A产品单位台时创造的边际贡献为5元，生产B产品单位台时创造的边际贡献为6元，因此应选择生产B产品。

3. 存在专属成本或机会成本

在存在专属成本或机会成本的情况下，应通过计算备选方案的剩余边际贡献指标进行决策。边际贡献总额减去专属成本或机会成本后的余额称为剩余边际贡献。剩余边际贡献大者，方案更优。

【案例5-3】雅风公司新产品生产决策（存在专属成本或机会成本）

雅风公司现有剩余生产能力3 000台时，年固定资产折旧为10 000元。公司拟利用现有剩余生产能力开发A产品或B产品。生产单位A产品定额台时为4小时，A产品销售单价为40元，单位变动成本为20元；生产单位B产品定额台时为2小时，B产品销售单价为20元，单位变动成本为8元。假设雅风公司生产A产品需追加专属成本8 000元，生产B产品会使原有C产品在市场的销售减少450件，每件C产品的边际贡献为25元，其他条件不变。

◆任务

分析决策雅风公司应开发哪种新产品。

◆任务分析

该案例与【案例5-1】的区别在于存在专属成本或机会成本，故应通过计算剩余边际贡献进行决策。

◆操作步骤

（1）计算A产品和B产品的单位边际贡献；

（2）计算两种产品的边际贡献总额；

（3）计算确定专属成本或机会成本；

（4）比较两种产品的剩余边际贡献（见表5-4）。

表5-4　　　　　　　　　　　　　　　边际贡献计算表　　　　　　　　　　　　金额单位：元

项　目	A产品	B产品
剩余生产能力/台时	3 000	3 000
单位产品定额/台时	4	2
销售单价	40	20
单位变动成本	20	8
单位边际贡献	20	12
生产量/件	750	1 500
边际贡献总额	15 000	18 000
减：专属成本	8 000	
机会成本		$25 \times 450 = 11\ 250$
剩余边际贡献	7 000	6 750

◆完成任务

生产A产品增加了专属成本，生产B产品增加了机会成本，因此将专属成本和机会成本考虑在内。计算得出A产品的剩余边际贡献为7 000元，B产品的剩余边际贡献为6 750元，A产品的剩余边际贡献更大，因此雅风公司应该选择生产A产品。

任务三 亏损产品生产决策分析

一、亏损产品及其生产决策的含义

(一)亏损产品的含义

亏损产品是指在完全成本法下产品销售收入不能补偿其全部成本的产品。一般而言，实亏产品，即销售收入低于变动成本，边际贡献为负数；虚亏产品，即销售收入高于变动成本，能提供边际贡献，这种产品之所以亏损，是因为提供的边际贡献不足以弥补其应承担的固定成本。

(二)亏损产品生产决策的含义

亏损产品生产决策是指企业在组织多品种生产经营的条件下，当其中一种产品为亏损产品时，所作出的是否按照原有规模继续生产的相关决策。亏损产品生产决策分为以下三种情况：

1. 继续按原规模生产亏损产品，此方案称为继续生产方案，又称不停产方案；
2. 若剩余生产能力无法转移，停止生产亏损产品，该方案称为停产方案；
3. 若剩余生产能力可以转移，利用亏损产品停产后腾出来的生产能力转产其他产品，该方案称为转产方案。

二、亏损产品生产决策分析方法

(一)亏损产品生产决策分析方法的概念

新产品生产决策中已经介绍了边际贡献分析法的概念，该方法除常被应用于企业开发哪一种新产品决策外，还可用于亏损产品是否停产、转产的决策分析。但是在具体应用时，分析过程略有区别。

微课

亏损产品停产
决策

(二)亏损产品生产决策分析方法的应用

1.生产能力无法转移时的决策

生产能力无法转移，是指当亏损产品停产后，闲置下来的生产能力无法被用于其他方面，既不能转产，也不能将有关设备对外出租。

微课

亏损产品转产
决策

【案例5-4】雅风公司亏损产品生产决策（生产能力无法转移）

雅风公司生产销售A、B、C三种产品，其中A、B两种产品盈利，C产品亏损。有关资料见表5-5。假设C产品停产后的生产能力无法转移。

◆任务

分析决策雅风公司亏损产品C产品是否应该停产。

◆任务分析

雅风公司C产品为亏损产品，但是C产品停产后生产能力无法转移。因此，只要亏损产品的边际贡献大于零就不应停产，而应继续生产。因为亏损产品停产，只能减少企业变动成本总额，固定成本总额并不减少，若继续生产亏损产品，亏损产品提供的边际贡献就可以补偿一部分固定成本，而停产亏损产品不但不会减少亏损，反而会使亏损增加。

◆操作步骤

比较A、B、C三种产品的销售收入，分别计算三种产品总成本、净利润和边际贡献，最后比较三种产品的边际贡献（见表5-5）。

表5-5　　　　　　　　　　　　边际贡献计算表　　　　　　　　　单位：元

项　目	A产品	B产品	C产品	合　计
销售收入	6 000	8 000	4 000	18 000
生产成本：				
直接材料	800	1 400	900	3 100
直接人工	700	800	800	2 300
变动制造费用	500	500	700	1 700
固定制造费用	1 000	1 500	1 100	3 600
非生产成本：				
变动销售及管理费用	900	1 200	600	2 700
固定销售及管理费用	500	800	400	1 700
总成本合计	4 400	6 200	4 500	15 100
税前利润	1 600	1 800	- 500	2 900
边际贡献	3 100	4 100	1 000	8 200

◆完成任务

根据计算分析，虽然C产品是亏损产品，但是如果停止生产C产品，C产品就不能提供1 000元的边际贡献了，而原来C产品来分摊的固定成本只能分摊到A、B两种产品上，这将使公司利润减少1 000元。也就是说，无论C产品是否生产，该公司5 300元（3 600 + 1 700）的固定成本都要发生，只不过是由三种产品分摊还是由两种产品分摊的问题。因此，在生产能力无法转移的情况下，尽管C产品亏损，也不应该停产，而应继续生产。

2.生产能力能够转移时的决策

如果亏损产品停产后，闲置下来的生产能力能够转移，如转产其他产品，或将设备对外出租。此时，必须考虑转产所能够带来的边际贡献，进而对备选方案比较分析后进行决策。

【案例5-5】雅风公司亏损产品生产决策（生产能力能够转移）

雅风公司生产销售A、B、C三种产品，其中A、B两种产品盈利，C产品亏损。有关资料见【案例5-4】，假设雅风公司生产C产品的设备既可以转产D产品，也可以对外出租。如果出租，则每年可获租金900元；如果转产D产品，则具体资料见表5-6。

表5-6　　　　　　　　　　　转产D产品的具体资料　　　　　　　　　　　单位：元

项　目	金　额
销售收入	5 000
变动生产成本	2 800
变动性销售及管理费用	900

◆任务

分析决策雅风公司是应该继续生产C产品，还是应该转产D产品或者将设备对外出租。

◆任务分析

该案例与【案例5-4】的区别在于C产品停产后生产能力可以转移。如果其他选择所产生的边际贡献小于亏损C产品所产生的边际贡献，则应继续生产。反之，则应该选择其他产生边际贡献更多的方案。

◆操作步骤

比较C产品、D产品以及对外出租的边际贡献，见表5-7。

表5-7　　　　　　　　　　　边际贡献计算表　　　　　　　　　　　单位：元

项　目	C产品	D产品	对外出租
销售收入	4 000	5 000	—
变动生产成本	2 400	2 800	—
变动性销售及管理费用	600	900	—
边际贡献	1 000	1 300	900

◆完成任务

根据计算分析，C产品继续生产，可以产生1 000元的边际贡献。在生产能力可以转移时，转产D产品可以产生1 300元的边际贡献，对外出租可以产生900元的边际贡献。因此，相比较而言，雅风公司此时应该停止生产C产品，转产D产品最合适。

任务四　特殊订货决策分析

一、特殊订货决策的含义

特殊订货是指价格低于产品的正常销售价格，甚至低于产品完全成本的订单。这些订单一般不是来自公司现有的常规客户。特殊订货决策即企业是否能接受特殊订单的决策。

从长期的角度看，产品的单位销售价格应高于企业生产和销售该产品的完全成本，只有这样，企业才能获利，才能生存和发展。然而，在企业生产能力有剩余的情况下，是否接受这样的一次性特殊订单，企业管理人员必须仔细斟酌，不加区别地一概拒绝未必是最佳选择。一般应结合生产能力的范围，根据差别成本进行具体分析，从而作出正确的决策。

二、特殊订货决策的分析方法

特殊订货决策的分析方法主要是相关损益分析法。

（一）相关损益分析法的概念

相关损益分析法是指在短期决策中以相关损益指标作为决策评价指标，通过比较各备选方案相关损益大小进行方案决策的方法。相关损益是指某方案的相关收入减去相关成本后的余额。

相关损益分析法可用于两个以上方案的决策，最终选择相关损益最大的项目作为最优方案。相关损益指标是一个正指标，如果某一备选方案的相关损益在计算后为负值，该方案应该放弃，不能再作为备选方案。

（二）相关损益分析法的应用

1.在生产能力允许范围内的特殊订货

【案例5-6】雅风公司在生产能力允许范围内的特殊订货生产决策

假设雅风公司只生产A产品，其生产能力为每月可生产100 000件。目前，雅风公司A产品每月的产销量为80 000件。该产品单位售价为4元，单位变动成本为1.80元，固定成本总额为136 000元。在公司当前的生产情况下，每月有20%剩余生产能力未被利用。2024年8月某客户订购A产品5 000件，每件A产品出价3元。雅风公司利润表（简略）见表5-8。

表5-8　　　　　　　　　　　利润表（简略）

编制单位：雅风公司　　　　　　　2024年8月　　　　　　　　　　单位：元

项　目	金　额
销售收入（80 000×4）	320 000
变动成本（80 000×1.80）	144 000
边际贡献	176 000
固定成本	136 000
营业利润	40 000
单位成本	3.5

◆任务

分析决策雅风公司是否应该接受该笔订货。

◆任务分析

（1）计算剩余产能；

（2）比较剩余产能是否能够满足订货数量需求；

（3）判断是否应该接受该笔订货。

◆操作步骤

（1）剩余产能 = 100 000 − 80 000 = 20 000（件）

（2）客户订货数量为 5 000 件，小于剩余产能 20 000 件，因此不会影响原正常销售量，相关损益分析表见表 5-9。

表5-9　　　　　　　　　　　　　　相关损益分析表　　　　　　　　　　单位：元

项　目	接受订货
相关收入（相关业务量×对应单价）	5 000 × 3 = 15 000
减：相关成本	9 000
其中：差量成本（增加的变动成本）	5 000 × 1.80 = 9 000
专属成本	0
机会成本1（剩余产能的次优收益）	0
机会成本2（减少正常销售少实现的边际贡献）	0
相关损益	6 000

◆完成任务

由表 5-9 计算分析可知，接受订货相关损益大于零，因此，雅风公司应接受该客户的特殊订货。由上述结果可以看出，增加的利润恰好就是该笔特殊订货提供的边际贡献。特殊订货的价格往往是企业在市场上制定竞争价格的依据。

2.超越生产能力允许范围的特殊订货

（1）压缩原正常产销量的特殊订货。

【案例5-7】雅风公司压缩原正常产销量的特殊订货生产决策

沿用【案例5-6】的资料。现有一客户提出以每件 3 元的价格订购 A 产品 30 000 件。

微课

特殊订货决策

◆任务

分析决策雅风公司是否应该接受该笔订货。

◆任务分析

雅风公司 A 产品原每月产销量为 80 000 件，如果接受这笔特殊订货，就会超出生产能力，需要压缩原正常的产销量 10 000 件。从财务会计的角度分析，由于客户的出价低于 A 产品的单位生产成本，接受该笔订货是不合算的。但从管理会计角度分析，由于接受该笔订货是在企业有剩余生产能力的情况下作出的，原有固定成本已经存在，并非本项决策的相关成本，可以不用考虑，因而只要相关损益大于零即可。

◆操作步骤

（1）雅风公司的损失 =（4 − 3）× 10 000 = 10 000（元）

（2）分析边际贡献：如果接受该笔订货，原正常销售的产品有 10 000 件会以低于 4 元/件的价格销售，因此而损失的边际贡献为 10 000 元，这 10 000 元是选择接受该笔订货的机会成本。具体计算过程见表 5-10。

表5-10   相关损益计算分析表   单位：元

项　目	接受订货
相关收入（相关业务量×对应单价）	20 000 × 3 = 60 000
减：相关成本	46 000
其中：差量成本（增加的变动成本）	20 000 × 1.80 = 36 000
专属成本	0
机会成本1（剩余产能的次优收益）	0
机会成本2（减少正常销售少实现的边际贡献）	10 000
相关损益	14 000

◆任务完成

如果接受该笔订货，考虑到影响原正常销售减少的边际贡献，进行相关损益的计算分析后，相关损益仍然大于零，因此，雅风公司应该接受该笔订货。

（2）新增固定成本（专属成本）的特殊订货。

【案例5-8】雅风公司新增专属成本的特殊订货生产决策

沿用【案例5-6】的资料。现有一客户提出以每件3元的价格订购A产品30 000件，由于该笔订货超出了雅风公司的剩余生产能力，要想接受该笔订货，需要添加新的设备，扩大生产能力，为此要增加6 000元的专属成本。

◆任务

分析决策雅风公司是否应该接受该笔订货。

◆任务分析

雅风公司A产品原每月产销量为80 000件，如果接受该笔特殊订货，就会超出生产能力，为此要增加6 000元的专属成本。

◆操作步骤

（1）计算接受该笔订货的相关收入；

（2）计算差量成本、专属成本和机会成本；

（3）计算相关损益（见表5-11）。

表5-11   相关损益计算分析表   单位：元

项　目	接受订货
相关收入（相关业务量×对应单价）	30 000 × 3 = 90 000
减：相关成本	60 000
其中：差量成本（增加的变动成本）	30 000 × 1.80 = 54 000
专属成本	6 000
机会成本1（剩余产能的次优收益）	0
机会成本2（减少正常销售少实现的边际贡献）	0
相关损益	30 000

◆完成任务

该案例中雅风公司接受特殊订货产生的专属成本为相关成本，进行相关损益的计算分析后，相关损益大于零，雅风公司应该接受该笔订货。

3.剩余生产能力可以转移

如果剩余生产能力可以转移，则应将与此有关的可能收益作为追加订货方案的机会成本综合考虑。

【案例5-9】雅风公司剩余生产能力可以转移的特殊订货生产决策

沿用【案例5-8】的资料。现有一客户提出以每件3元的价格订购A产品30 000件。如果接受该笔订货，雅风公司则不打算压缩原正常订货，而是添加新的设备，扩大生产能力，为此要增加6 000元的专属成本。如果不接受该笔订货，则剩余生产能力可以转移，对外出租可获得租金收入5 000元。

◆任务

分析决策雅风公司是否应该接受该笔订货。

◆任务分析

雅风公司A产品原每月产销量为80 000件，如果接受该笔订货，就会超出生产能力，为此要增加6 000元的专属成本。

◆操作步骤

（1）计算接受该笔订货的相关收入；

（2）计算差量成本、专属成本和机会成本；

（3）计算相关损益（见表5-12）。

表5-12   相关损益计算分析表   单位：元

项　目	接受订货
相关收入（相关业务量×对应单价）	30 000 × 3 = 90 000
减：相关成本	65 000
其中：差量成本（增加的变动成本）	30 000 × 1.80 = 54 000
专属成本	6 000
机会成本1（剩余产能的次优收益）	5 000
机会成本2（减少正常销售少实现的边际贡献）	0
相关损益	25 000

◆完成任务

该案例中雅风公司如果不接受该笔订货，则产生的租金收入应该作为接受订货决策的机会成本，属于相关成本。进行相关损益的计算分析后，相关损益大于零，雅风公司仍应该接受该笔订货。

任务五　半成品深加工决策分析

一、半成品深加工决策的含义

（一）半成品的含义

半成品是指那些经过初步加工而形成的、已具备独立使用价值但尚未最终完成全部加工过程的特殊产品形式。

（二）半成品深加工决策的含义

半成品深加工决策是指企业对于既可以直接出售又可以经过深加工变成产成品再出售的半成品所作出的决策。

二、半成品深加工决策的分析方法

半成品深加工决策的分析方法主要是差量损益分析法。

（一）差量损益分析法的概念

差量损益分析法又称差别损益分析法或差额损益分析法，是指在计算两个备选方案之间的差量收入和差量成本的基础上计算出差量损益，再通过分析差量损益的结果来确定最优方案的方法。这里的差量损益是指差量收入减去差量成本后的余额。其计算公式如下：

$$差量损益 = 差量收入 - 差量成本$$

（二）差量损益分析法的应用

差量损益分析法的具体应用见表5-13。

表5-13　　　　　　　　　　差量损益分析法的具体应用

项　目	将半成品深加工为产成品	直接出售半成品	差异额
相关收入	产成品单价×相关销售量	半成品单价×相关销售量	差量收入
相关成本	以下各项合计	0	差量成本
加工成本	单位加工成本×相关加工量	0	—
机会成本	与可转移的剩余生产能力有关	0	—
专属成本	与特殊生产工艺要求有关	0	—
差量损益			ΔP

结论：若差量损益大于零，则选择前一个方案（将半成品深加工为产成品）；若差量损益小于零，则选择后一个方案（直接出售半成品）；若差量损益等于零，则两种方案均可选择。

差量损益分析法的应用具体分成剩余生产能力无法转移和剩余生产能力可以转移两种情况进行半成品深加工决策分析。

1.剩余生产能力无法转移

【案例5-10】雅风公司剩余生产能力无法转移的半成品深加工生产决策

雅风公司每年生产1 000件E半成品。其单位完全生产成本为18元（其中单位固定性制造费用2元），直接出售的价格为20元。雅风公司目前已具备将80%的E半成品深加工为F产成品的能力，但每深加工一件E半成品需要追加5元变动性加工成本。假定F产成品的废品率为1%，销售单价为30元。

◆任务

分析决策雅风公司是否应该进行E半成品的深加工。

◆任务分析

雅风公司将E半成品直接对外出售和深加工为F产成品后再出售作为两个方案，进行差量损益计算比较后，选择正确的方案。

◆操作步骤

（1）计算相关收入；

（2）计算相关成本、加工成本和机会成本；

（3）计算差量损益（见表5-14）。

表5-14　　　　　　　　　　　　　　差量损益计算分析表　　　　　　　　　　　　单位：元

项　目	深加工为产成品	直接出售半成品	差异额
相关收入	$30 \times 1\ 000 \times 80\% \times (1 - 1\%) = 23\ 760$	$20 \times 1\ 000 \times 80\% = 16\ 000$	+7 760
相关成本	4 000	0	+4 000
加工成本	$5 \times 1\ 000 \times 80\% = 4\ 000$	0	—
机会成本	0	0	—
差量损益			+3 760

◆完成任务

通过计算，两个方案差量损益大于零，应该选择前一个方案，即雅风公司应该选择深加工为F产成品后再出售。

2.剩余生产能力可以转移

【案例5-11】雅风公司剩余生产能力可以转移的半成品深加工生产决策

沿用【案例5-10】的资料。雅风公司深加工能力可用于承揽零星加工业务，预计可获得边际贡献5 000元。假定F产成品的废品率为1%，销售单价为30元。

◆任务

分析决策雅风公司是否应该进行E半成品的深加工。

◆任务分析

雅风公司将E半成品直接对外出售和深加工为F产成品后再出售作为两个方案，由于不进行深加工可以承揽其他业务获得收益，所以该收益作为深加工的机会成本计入相关成本，进行差量损益计算比较后，选择正确的方案。

◆操作步骤

（1）计算相关收入；

（2）计算相关成本、加工成本和机会成本；

（3）计算差量损益（见表5-15）。

表5-15　　　　　　　　　　　　　差量损益计算分析表　　　　　　　　　　　单位：元

项　目	深加工为产成品	直接出售半成品	差异额
相关收入	30×1 000×80%×（1−1%）= 23 760	20×1 000×80% = 16 000	+ 7 760
相关成本	9 000	0	+ 9 000
加工成本	5×1 000×80% = 4 000	0	—
机会成本	5 000	0	—
差量损益			− 1 240

◆完成任务

通过计算，两个方案差量损益小于零，应该选择后一个方案，即雅风公司应该选择直接出售E半成品。同时，利用剩余生产能力承揽零星加工业务。

任务六　零部件自制或外购决策分析

一、零部件自制或外购决策的含义

零部件自制或外购决策是指企业围绕既可自制又可外购的零部件获取方式而进行的决策。其中：自制是指在企业内部生产所需的零配件或提供服务；外购是指企业选择由市场提供零配件或服务的行为。

二、零部件自制或外购决策的分析方法

零部件自制或外购决策的分析方法主要有相关成本分析法和成本无差别点分析法。

（一）相关成本分析法

1.相关成本分析法的含义

相关成本分析法是指在短期经营决策中，当各备选方案的相关收入均为零时，通过比较各方案的相关成本指标作出方案选择的一种方法。相关成本分析法实质上是相关损益分析法在相关收入为零时，单独以相关成本作为方案取舍评价指标的一种决策方法。

2.相关成本分析法的应用

【案例5-12】雅风公司零部件需用量确定的自制或外购决策

雅风公司生产产品每年需要甲零件100 000件，该零件既可自制又可外购。甲零件的外购单价为27元，自制单位完全生产成本为30元，其中直接材料20元、直接人工4元、变动性制造费用1元、固定生产成本5元。假定自制生产能力可以用于对外承揽零星加工业务，预计每年可获边际贡献300 000元。

◆任务

分析决策雅风公司生产所需甲零件应该自制还是外购。

◆任务分析

雅风公司所需甲零件既可以自制也可以外购，且全年需要量为确定数。可以选择相关成本分析法进行零部件自制或外购的决策。需要注意当选择外购方案时，自制生产能力也可以产生边际贡献，该边际贡献即为自制方案的机会成本。

◆操作步骤

（1）计算自制甲零件和外购甲零件的变动成本；

（2）计算自制甲零件和外购甲零件的机会成本；

（3）计算自制甲零件和外购甲零件的相关成本合计，见表5-16。

表5-16　　　　　　　　　　　相关成本计算分析表　　　　　　　　　单位：元

项　目	自制甲零件	外购甲零件
变动成本	（20 + 4 + 1）× 100 000 = 2 500 000	27 × 100 000 = 2 700 000
机会成本	300 000	0
相关成本合计	2 800 000	2 700 000

◆完成任务

通过计算两个方案的相关成本，雅风公司自制甲零件的相关成本为2 800 000元，外购甲零件的相关成本为2 700 000元。相关成本最低的方案为最优方案，因此，应该选择外购甲零件的方案。

（二）成本无差别点分析法

1.成本无差别点分析法的含义

成本无差别点分析法是指在各备选方案的相关收入为零或创造价值相同、相关业务量不确定的情况下，通过判断不同水平上的业务量与无差别点业务量之间的大小关系，来作出互斥方案决策的一种方法。其中：成本无差别点实际是一个特定的业务量水平，它是指能使两个方案的总成本相等时的业务量。在公司生产决策中，特别是在零部件是自制还是外购的决策中，如果有一个生产需要量恰好使公司自行加工生产的总成本等于直接从外部购入的总成本，那么这个生产需要量就是成本无差别点，如图5-1所示。

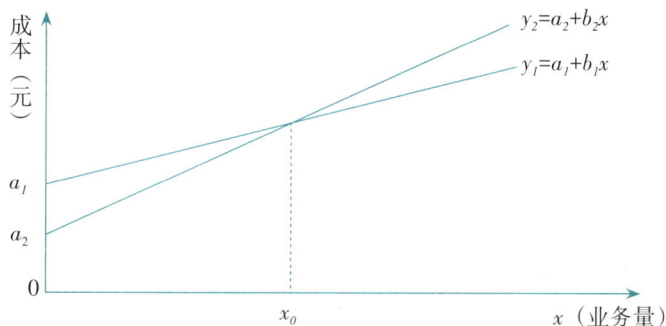

图5-1　成本无差别点业务量

2.成本无差别点分析法的使用条件

（1）各个备选方案的相关收入为零，主要是零部件取得后的实际使用价值无法单独衡量，不管零部件是采取何种方式取得的，其实际生产环节所创造的价值都应该是相等的。

（2）各个备选方案的业务量计量单位必须相同，均为只、件、吨等实物量单位。

（3）各个备选方案的总成本模型中单位变动成本和固定成本大小关系恰好相反，即第一个方案的固定成本大于第二个方案的固定成本，而同时第一个方案的单位变动成本小于第二个方案的单位变动成本；反过来，第一个方案的固定成本小于第二个方案的固定成本，而同时第一个方案的单位变动成本大于第二个方案的单位变动成本。

3.成本无差别点分析法的应用

【案例5-13】雅风公司零部件需用量不确定的自制或外购决策

雅风公司生产需要的乙部件可以从市场上采购，单价为20元/件；也可以安排自制，每年将发生相关的固定成本30 000元，单位变动成本为14元/件。

◆任务

分析决策雅风公司生产所需乙部件应该自制还是外购。

◆任务分析

雅风公司所需乙部件既可以自制也可以外购，但全年需用量不确定。可以选择成本无差别点分析法进行自制或外购的决策。

◆操作步骤

（1）分析雅风公司自制或外购取得乙部件的决策适用成本无差别点分析法。

（2）建立两个方案的相关总成本模型。

自制方案的相关总成本模型：$y = 30\,000 + 14x$

外购方案的相关总成本模型：$y = 20x$

成本无差别点业务量 = 30 000 ÷（20 − 14）= 5 000（件）

◆完成任务

通过计算两个方案的成本无差别点可知，当乙部件的需用量小于5 000件时，雅风公司应选择外购乙部件；当乙部件的需用量大于5 000件时，雅风公司应选择自制乙部件；当乙部件的需用量等于5 000件时，雅风公司选择两种方案效果相同。

任务七　定价决策分析

一、定价决策的概念

定价决策是指企业为确保其在流通领域经营目标的实现，在短期（如1年）内围绕如何科学合理地确定销售产品价格水平的问题而进行的决策。

二、定价决策的目标

（一）获取利润

获取利润是企业从事生产经营活动的最终目标，具体可通过产品定价来实现。获取利润目标一般可分为三种，即投资收益定价目标、合理利润定价目标和最大利润定价目标。

1.投资收益定价目标

投资收益定价目标是指企业能够实现一定时期收回投资并获取预期的投资报酬的一种定价目标。采用这种定价目标的企业，一般是根据投资额规定的收益率来计算单位产品的利润额，加上产品成本作为销售价格。但必须注意两个问题：一是要确定适度的投资收益率，一般来说，投资收益率应该高于同期的银行存款利息率；二是企业生产经营的产品必须是畅销产品，与竞争对手相比，产品具有明显的优势。

2.合理利润定价目标

合理利润定价目标是指企业为避免不必要的价格竞争，以适中、稳定的价格获得长期利润的一种定价目标。采用这种定价目标的企业，往往是为了减少风险，保护自己，或限于力量不足，只能在补偿正常情况下的平均成本的基础上，加上适度利润作为产品价格。条件是企业必须拥有充分的后备资源，并打算长期经营。临时性的企业一般不宜采用这种定价目标。

3.最大利润定价目标

最大利润定价目标是指企业追求一定时期获得最高利润额的一种定价目标。利润额最大化取决于合理价格所推动的销售规模，因而追求最大利润的定价目标并不意味着企业要制定最高单价。最大利润既有长期和短期之分，又有企业全部产品和单个产品之分。有远见的企业经营者，都着眼于追求长期利润的最大化。当然并不排除在某种特定时期及情况下，对其产品制定高价以获取短期最大利润。还有一些多品种经营的企业，经常使用组合定价策略，即有些产品的价格定得比较低，甚至低于成本以吸引顾客，借以带动其他产品的销售，从而使企业利润最大化。

（二）保持和提高市场占有率

把保持和提高企业的市场占有率（或市场份额）作为一定时期定价决策的目标。市场占有率是一个企业经营状况和企业产品在市场上竞争能力的直接反映，关系到企业的兴衰存亡。较高的市场占有率，可以保证企业产品的销路，巩固企业的市场地位，从而使企业的利润稳步增长。企业以提高市场占有率为目标定价的做法有：

1.定价由低到高

定价由低到高，就是在保证产品质量和降低成本的前提下，企业入市产品的定价低于市场上主要竞争者的价格，以低价争取消费者，打开产品销路，挤占市场，从而提高企业产品的市场占有率。待占领市场后，企业再通过增加产品的某些功能，或提高产品的质量等措施来逐步提高产品的价格，旨在维持一定市场占有率的同时获取更多的利润。

2.定价由高到低

定价由高到低，就是企业对一些竞争尚未激烈的产品，入市时定价可高于竞争者的价格，利用消费者的求新心理，在短期内获取较高利润。待竞争激烈时，企业可适当调低价格，赢得主动，扩大销量，提高市场占有率。

（三）应对和防止竞争

企业对竞争者的行为十分敏感，在实际定价前要广泛收集资料，仔细研究竞争对手的产品价格情况，通过调整自己的定价目标对付竞争对手。根据企业的条件不同，一般有以下决策目标可供选择：

1.稳定价格目标

稳定价格目标是指以保持价格相对稳定、避免正面价格竞争为目标。当企业准备在一个行业中长期经营时，或某行业经常发生市场供求变化与价格波动需要有一个稳定的价格来稳定市场时，该行业中的大企业或占主导地位的企业率先制定一个较长期的稳定价格，其他企业的价格与之保持一定的比例。这样对大企业来说是稳妥的，中小企业也避免遭受由于大企业的随时随意提价而带来的打击。

2.追随定价目标

企业有意识地通过给产品定价主动应对和避免市场竞争。企业价格的制定，主要以对市场价格有影响的竞争者的价格为依据，根据具体产品的情况稍高或稍低于竞争者。竞争者的价格不变，实行此目标的企业也维持原价，竞争者的价格或涨或落，此类企业也相应地参照调整价格。一般情况下，中小企业的产品价格定得略低于行业中占主导地位的企业的价格。

三、影响产品定价的基本因素

影响产品价格制定的因素是多方面的，有市场需求因素、产品成本因素、产品生命周期因素、市场竞争因素、国家政策法规因素和科学技术因素等。

四、以成本为基础的定价决策

一般对新产品的定价，多采用以成本为基础的定价决策方法，包括完全成本加成定价法和变动成本加成定价法。

（一）完全成本加成定价法

完全成本加成定价法是一种传统、常用的定价方法，其核心在于以产品的完全成本决定产品的价格。其基本程序是先计算出成本基数，然后在此基础上加上一定的加成，得到目标销售价格。

完全成本加成定价法中，加成率通常取决于企业期望投资报酬率和成本基数，成本加成率就是成本毛利率。如果采用完全成本加成定价法，其计算公式如下：

$$加成率 = \frac{预期利润 + 非生产成本}{生产成本} = \frac{预期毛利}{生产成本}$$

$$单位产品售价 = 单位产品生产成本 \times （1 + 加成率）$$

式中：生产成本为单位产品的制造成本。

就同一产品的成本加成率而言，一方面，在成本基数一定的情况下，加成率随着企业期望投资报酬率的增高（或降低）而变大（或变小）；另一方面，在企业期望投资报酬率一定的情况下，加成率随着成本基数中包含的成本项目的增多（或减少）而变小（或变大）。

【案例5-14】雅风公司完全成本加成定价法定价

雅风公司拟采用完全成本加成定价法制定A产品的销售单价，A产品单位成本的构成见表5-17。该公司期望A产品成本毛利率为40%。

表5-17 　　　　　　　　A产品单位成本的构成 　　　　　　　单位：元

项　目	金　额
直接材料	40
直接人工	30
变动性制造费用	10
固定性制造费用	20
变动性销售及管理费用	14
固定性销售及管理费用	11
合　计	125

◆任务

分析决策雅风公司应该如何对A产品进行定价。

◆任务分析

雅风公司拟采用完全成本加成定价法制定A产品的销售单价，期望达到的成本毛利率为40%，即成本加成率为40%，利用公式进行计算。

◆操作步骤

（1）A产品的单位生产成本＝40＋30＋10＋20＝100（元）

（2）A产品的销售单价＝100×（1＋40%）＝140（元）

◆任务完成

采用完全成本加成定价法计算，雅风公司应该将A产品的销售单价定为140元。

（二）变动成本加成定价法

在变动成本法下，单位产品成本就是单位产品变动生产成本。为了简化计算，在变动成本法下的成本加成定价法中，其成本基数是单位产品的变动成本，包括直接材料、直接人工、变动性制造费用、变动性销售及管理费用。成本加成率就是变动成本贡献率。

$$加成率 = \frac{预期利润 + 固定成本}{变动成本} = \frac{预期边际贡献}{变动成本}$$

$$单位产品售价 = 单位产品变动成本 \times （1 + 加成率）$$

【案例5-15】雅风公司变动成本加成定价法定价

沿用【案例5-14】的资料。雅风公司拟采用变动成本加成定价法制定A产品的销售单价，A产品单位成本的构成见表5-17。该公司期望A产品的变动成本贡献率为50%。

◆任务

分析决策雅风公司应该如何对A产品进行定价。

◆任务分析

雅风公司拟采用变动成本加成定价法制定A产品的销售单价，期望达到的变动成本贡献率为50%，即成本加成率为50%，利用公式进行计算。

◆操作步骤

（1）A产品的单位变动成本＝40＋30＋10＋14＝94（元）

（2）A产品的销售单价＝94×（1＋50%）＝141（元）

◆完成任务

采用变动成本加成定价法计算，雅风公司应该将A产品的销售单价定为141元。

五、利润最大化定价法

（一）利润最大化定价法的含义

利润最大化定价法是指在预测各种价格可能的销售量下，计算各备选方案的利润，选择利润最大的定价的方法。

（二）利润最大化定价法的应用

【案例5-16】雅风公司利润最大化定价法定价

雅风公司生产B产品准备投放市场。B产品单位变动成本为40元，该公司现时年最大生产能力为1.2万件，年固定成本为20万元，如果要把年最大生产能力扩大到1.4万件，年固定成本将增加到30万元。

◆任务

采用利润最大化定价法，分析决策雅风公司应该如何对B产品进行定价。

◆任务分析

雅风公司拟采用利润最大化定价法确定B产品的销售单价，预测各种销售单价可能的销量下利润最大化的方案即可确定其定价。

◆操作步骤

（1）计算每种定价及预测销售量下的B产品利润；

（2）比较各利润大小，选择利润最大的销售单价。

B产品在各种销售单价下的预测销售量及利润资料见表5-18。

表5-18　　　　　　　　B产品预测销售量及利润计算表　　　　　　　金额单位：元

销售单价	预测销售量/件	销售收入	变动成本	固定成本	总成本	利润
120	8 000	960 000	320 000	200 000	520 000	440 000
110	9 600	1 056 000	384 000	200 000	584 000	472 000
100	12 000	1 200 000	480 000	200 000	680 000	520 000
90	14 000	1 260 000	560 000	300 000	860 000	400 000
80	16 000	1 280 000	640 000	300 000	940 000	340 000
70	17 000	1 190 000	680 000	300 000	980 000	210 000

◆完成任务

由表5-18计算分析的结果可知，B产品的销售单价在100元时可获得最大利润，为520 000元，因此，B产品的销售单价应该定为100元。

六、调价决策分析法

调价决策分析法也叫利润平衡点定价法或利润无差别点定价法，就是根据计算调价后利润是否增加来决定是否调价的定价方法。如果调价后利润增加则可以调价；反之，则不能调价。为了确定调价后利润是否能够增加，需要计算利润平衡点销售量。所谓利润平衡点销售量，就是指某种产品为确保原有的盈利能力，在调价后应至少达到的销售量。其实质就是保利点销售量，只不过此时的目标利润为调价前利润。其计算公式如下：

$$利润平衡点销售量 = \frac{固定成本 + 调价前可获利润}{拟调单价 - 单位变动成本}$$

调价决策分析法的决策原则为：如果调价后预计销售量大于利润平衡点销售量，则意味着调价后利润能够增加，可以调价；如果调价后预计销售量小于利润平衡点销售量，则意味着调价后利润会减少，不能调价；如果调价后预计销售量等于利润平衡点销售量，则意味着调价前后利润相等，价格可调可不调。

决策时要综合考虑以下情况：

1. 在不追加专属成本的情况下，如果调价后预计销售量超过企业现有最大生产能力，则调价后预计销售量只能按现有最大生产能力确定。

2. 在追加专属成本的情况下，利润平衡点销售量计算公式中的固定成本应采用包含追加专属成本在内的固定成本。

3. 如果调价后预计销售量减少且剩余生产能力能够转移，则其可获得的边际贡献应作为调价后需获利润的扣减金额。

【案例5-17】雅风公司调价决策分析法定价

雅风公司生产C产品，现行售价为100元/件，可销售10 000件，固定成本为250 000元，单位变动成本为60元/件，可实现利润150 000元。企业现有最大生产能力为19 000件。

◆任务

利用调价决策分析法评价下列各不相关条件下的调价方案的可行性。

（1）若将售价调低为85元/件，预计销售量可达到16 800件。

（2）若将售价调低为80元/件，预计销售量可达到20 000件以上。

（3）若将售价调低为80元/件，预计最大销售量可达到23 000件，但企业必须追加50 000元固定成本才能具备生产23 000件产品的能力。

（4）若将售价调高为110元/件，只能争取到7 500件的订单，且企业剩余生产能力无法转移。

（5）若将售价调高为110元/件，只能争取到7 500件的订单，但企业剩余生产能力能够转移，可获得60 000元边际贡献。

◆任务分析

雅风公司拟采用调价决策分析法确定C产品的销售单价，计算各种条件下的利润平衡点销售量，利用调价决策分析法的原则进行分析决策即可。

◆操作步骤

（1）利润平衡点销售量 =（250 000 + 150 000）÷（85 - 60）= 16 000（件）

调价后预计销售量可达到16 800件，在最大生产能力范围内，且大于利润平衡点销售量16 000件，所以应考虑调价。

（2）利润平衡点销售量 =（250 000 + 150 000）÷（80 - 60）= 20 000（件）

调价后预计销售量可达到20 000件以上，超过最大生产能力范围，调价后预计销售量只能按现有最大生产能力19 000件计算，小于利润平衡点销售量20 000件，所以不应考虑调价。

（3）利润平衡点销售量 =（250 000 + 150 000 + 50 000）÷（80 - 60）= 22 500（件）

调价后预计销售量可达到23 000件，在追加专属成本后最大生产能力范围内，且大于利润平衡点销售量22 500件，所以应考虑调价。

（4）利润平衡点销售量 =（250 000 + 150 000）÷（110 - 60）= 8 000（件）

调价后预计销售量为7 500件，在最大生产能力范围内，但小于利润平衡点销售量8 000件，所以不应考虑调价。

（5）利润平衡点销售量 =（250 000 + 150 000 - 60 000）÷（110 - 60）= 6 800（件）

调价后预计销售量为7 500件，在最大生产能力范围内，且大于利润平衡点销售量6 800件，所以应考虑调价。

◆完成任务

通过调价决策分析法的相关计算，雅风公司可以确定C产品在上述情况下调价的可行性。

【学思践悟】高特佳：医疗投资"零失败"的逻辑

自2012年以来，高特佳投资集团董事长蔡达建始终保持着极低的投资失败率，究其原因主要有以下三个方面：

一是行业优势。医疗健康领域是一个回收成本和盈利比较慢的行业，但这个行业里面不会有亏损，除非你投了没有实质性东西的、纯粹噱头的项目。到目前，蔡达建投资的80多个项目组合里，没有失败的。

二是眼光精准，也就是其投资定位和方式。蔡达建把自己和产业的距离放得特别近，给自己的定位是真正做产业人的伙伴，其对行业内在的发展规律、企业在行业中发展的形势，都有很到位的理解。

三是资源协同。能够与所投资企业的资源互相促进发展，蔡达建有和企业非常接地气的共同语言和协同的资源。

资料来源：蔡达建.医疗投资"零失败"的逻辑［EB/OL］．［2021-07-21］. https: //m.sohu.com/a/158930038_550637.

【启示】资源是稀缺的。有限的资源如何合理地利用，是实现资源收益最大化的根本途径。蔡达建运用科学方法对医疗行业进行客观全面的分析，进而寻找到产业发展的合适定位。既达到了节约资源的绿色发展目的，又实现了防范风险的目标。在企业的短期经营决策中，投资人必须通过深入发掘和梳理企业经营决策的有用信息，提升客观、全面认识和分析问题的能力；诵过运用最为优化的方法对信息进行加工处理，得出相关结论，提升节约资源能力。

引导案例解析

本项目"引导案例"解析如下：

◆任务分析

（1）明确短期经营决策包含的主要内容；

（2）分析案例的基本情况，在大数据背景下，美的集团分别从哪些方面入手进行经营决策的调整。

◆操作步骤

（1）确定短期经营决策，主要包括生产决策和定价决策。

（2）基于不同的角度，查找生产决策和定价决策两个方面的举措。

◆完成任务

（1）云会计作为信息时代的重要特征，其相关系统操作简单，是大数据时代产生的有利于会计信息化工作的重要产物。在云会计环境下，会计信息可以在"云端"共享，通过常见的电子设备便可以随时随地进行相关会计处理，不必受限于时间和空间，工作效率得到大幅提高；利用云会计平台，企业管理者可以实时通过对会计信息（包括财务信息与非财务信息）进行一系列分析处理和挖掘，较为全面、系统地了解企业的经营风险及决策制定过程中的不足，从而使企业在复杂变化的市场环境下进行科学合理的经营决策。

（2）在生产决策方面，美的集团首先通过网络渠道和线下的智能家居体验馆，广泛收集关于消费者购买、售后及体验感的数据，以消费者反馈的信息为数据基础开展新产品开发和生产决策。美的集团通过大数据平台了解客户反馈，从而洞察如何更好地提升、改进业务及合理定价，最终目标是实现依托大数据的分析按客户要求进行定制、按市场需求进行生产决策；以大数据驱动企业进行合理定价决策并实现精准营销，最终实现制造企业向"智造"企业的变革。

在定价决策方面，企业短期决策的科学制定，是为了以后更高效合理地制定企业的长期战略，因此不能因短视而损害企业整体利益。美的集团家电产品以超高的性价比闻名于白色家电市场，其采用的渗透定价是在产品进入市场初期时设定一个较低的价格，牺牲毛利，以短期内的低价来吸引消费者从而迅速打开市场，以后再不断调整价格水平以获得更高的利润。但是这种策略在一定程度上影响了企业未来的利润提升和发展能力，美的集团未来短期决策的制定需要顺应大数据时代要求，从而促使企业短期决策依据长期发展和盈利方式的转变而不断改进。

资料来源：闫淑荣，谢玲. 大数据时代制造企业短期决策研究：以美的集团为例［J］. 中国市场，2022（22）：78-80.

实训任务

实训一   雅风公司产品决策分析

雅风公司生产甲、乙、丙三种产品，需要用到A、B两种材料，目前A材料库存3 500千克，B材料库存3 200千克。计划期不再购进新材料。其他相关资料见表5-19。

表5-19   其他相关资料

项　目	甲产品	乙产品	丙产品
单位产品边际贡献/元	50	60	70
单位产品消耗A材料/千克	2	3	5
单位产品消耗B材料/千克	5	8	10
单位限制资源边际贡献/元	10	7.5	7

◆任务

根据单位限制资源边际贡献合理安排雅风公司计划期的生产。

◆完成任务

假设企业已接到计划期的订单为甲产品100件、乙产品90件、丙产品50件，订单必须在计划期完成。而销售部门预计计划期三种产品除已接订单外，能够销售出的最大数量分别是：甲产品200件、乙产品110件、丙产品50件。

由表5-19可知，三种产品的生产都需要较多的B材料，企业库存的B材料相对较少，B材料属于限制资源。根据单位限制资源边际贡献的大小依次安排生产。

首先，生产必须满足已经接到的订单。满足订单后，剩余的限制资源为：

满足订单后剩余的B材料数量 = 3 200 - 100×5 - 90×8 - 50×10 = 1 480（千克）

其次，根据三种产品单位限制资源边际贡献的大小优先安排生产甲产品、乙产品和丙产品。

再次，根据优先生产次序和每种产品最大销量确定各产品的生产数量。甲产品生产达到最大化消耗的B材料数量为1 000千克（200×5），小于满足订单后剩余的B材料数量，所以甲产品应生产至最大销售量200件。再计算乙产品的销售量，乙产品达到最大化销售量消耗的B材料数量为880千克（110×8），大于满足订单和甲产品生产后剩余的B材料的数量480千克（1 480 - 1 000），所以剩余的B材料能够生产的乙产品数量尚不能达到预计销售量的最大值，剩余的B材料应全部生产乙产品，生产数量为60件（480÷8）。至此，限制资源已经全部分配完，所以丙产品的生产数量为零。

最后，分别汇总三种产品的生产量。计划期甲产品生产数量为300件（100 + 200），乙产品生产数量为150件（90 + 60），丙产品生产数量为50件（50 + 0），并据此安排计划期的生产。

实训二　雅风公司新产品生产决策分析

雅风公司原来生产甲、乙两种产品，现有部分剩余产能未能充分利用，可考虑生产丙、丁两种新产品，但由于剩余产能有限，只能生产其中一种新产品。企业的固定成本为8 000元，并且新产品的投产不会增加固定成本的投入。其他资料见表5-20。

表5-20　　　　　　　　　　　　　　　　其他资料　　　　　　　　　　　　　　金额单位：元

项　目	甲产品	乙产品	丙产品	丁产品
产销量/件	1 000	800	300	260
单位售价	20	18	15	18
单位变动成本	15	12	10	12

◆任务

分析决策雅风公司应该选择哪种新产品进行生产。

◆完成任务

由于丙、丁两种新产品的生产仅仅是对企业剩余生产能力的充分利用，并且不会增加企业固定成本投入，所以可以通过分别计算并比较两种新产品提供的边际贡献总额大小进行选择。计算过程见表5-21。

表5-21　　　　　　　　　　丙、丁两种新产品边际贡献计算表　　　　　　　　金额单位：元

项　目	丙产品	丁产品
产销量/件	300	260
单位售价	15	18
单位变动成本	10	12
单位边际贡献	5	6
边际贡献总额	1 500	1 560

表5-21计算结果表明，生产丁产品的边际贡献大于生产丙产品的边际贡献60元（1 560－1 500）。所以，应该选择生产丁产品。

也可以通过计算在利用现有产能条件下生产甲、乙、丙组合或甲、乙、丁组合，能够给企业带来利润额的大小进行决策。计算过程见表5-22和表5-23。

表5-22　　　　　　　　　　　　　　甲、乙、丙产品组合　　　　　　　　　　　　单位：元

项　目	甲产品	乙产品	丙产品	合　计
销售收入	20 000	14 400	4 500	38 900
变动成本	15 000	9 600	3 000	27 600
边际贡献总额	5 000	4 800	1 500	11 300

续表

项　目	甲产品	乙产品	丙产品	合　计
固定成本	—	—	—	8 000
利润	—	—	—	3 300

表5-23　　　　　　　　　　　　甲、乙、丁产品组合　　　　　　　　　　单位：元

项　目	甲产品	乙产品	丁产品	合　计
销售收入	20 000	14 400	4 680	39 080
变动成本	15 000	9 600	3 120	27 720
边际贡献总额	5 000	4 800	1 560	11 360
固定成本	—	—	—	8 000
利润	—	—	—	3 360

表5-22和表5-23的计算结果表明，生产丁产品的利润额大于生产丙产品的利润额，利润总数差额为60元（3 360 – 3 300）。所以，应该选择生产丁产品。

项目六

长期投资决策分析

确定投资目标
提出投资建议
拟订投资方案
评价投资效益
决策行动方案的贯彻实施

长期投资决策的概念
长期投资决策的程序

长期投资评价指标
长期投资评价指标的分类

投资回收期
投资报酬率
净现值
净现值率
盈利指数
内含报酬率
动态评价指标的应用

长期投资评价指标的概念
静态评价指标
动态评价指标

任务一 长期投资决策认知
任务三 评价指标确定

项目六 长期投资决策分析

任务一 主要因素分析

资金时间价值的概念
资金时间价值
终值与现值
单利与复利

现金流量的概念
初始现金流量
营业现金流量
终结现金流量
现金流量
估计现金流量应该注意的问题

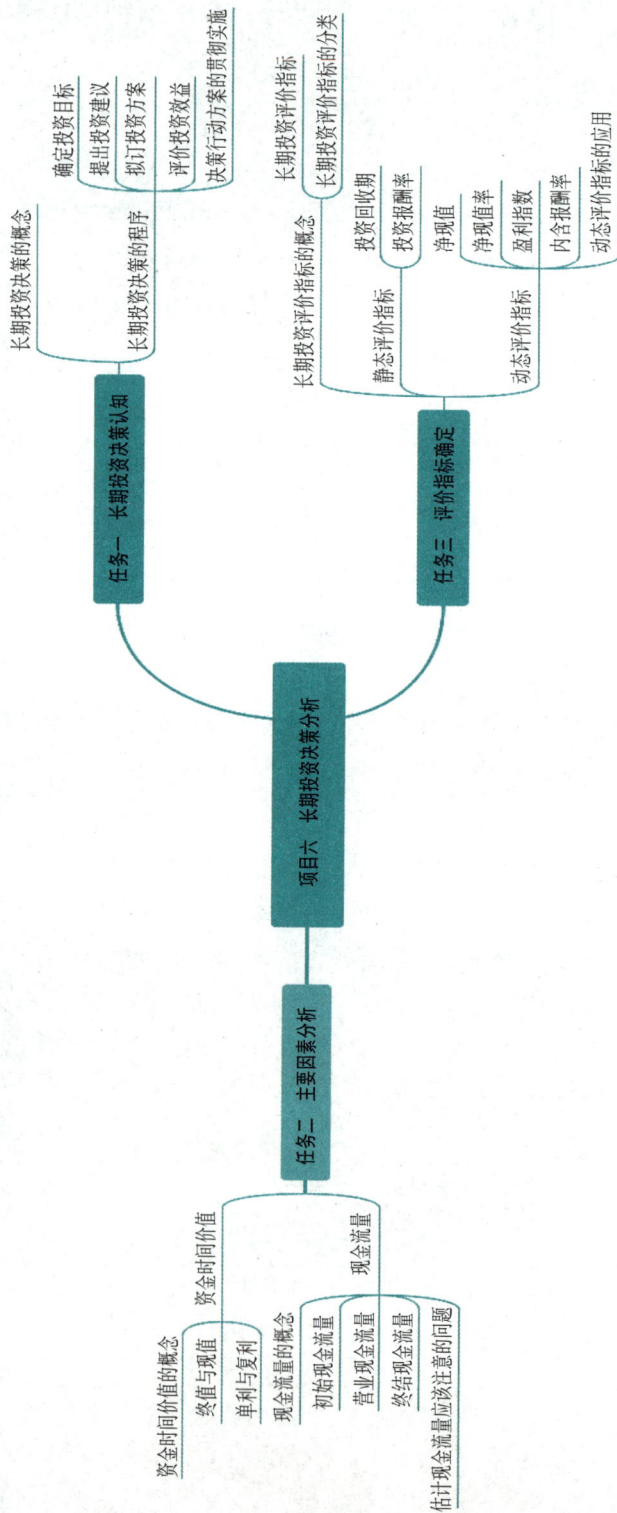

项目六思维导图

素质目标 ◗◗◗

◆通过探究发掘影响长期投资决策的因素，培养学生明晰事物具有发展性和曲折性相统一的规律

◆通过运用科学方法合理判断长期投资决策影响因素，培养学生树立风险意识

知识目标 ◗◗◗

◆通过掌握长期投资评价指标，培养学生运用科学理性思维进行价值判断

◆熟悉长期投资的定义和特点

◆熟悉长期投资决策的含义、特点及分类

◆熟悉长期投资决策的程序

◆熟悉货币时间价值

◆熟悉单利终值、单利现值、复利终值和复利现值的计算

◆熟悉普通年金和偿债基金的计算

◆熟悉长期投资决策的静态指标和动态指标

能力目标 ◗◗◗

◆通过认知投资决策的相关概念，能了解长期投资决策的意义和原则

◆通过储备长期投资决策的基本知识，能熟悉长期投资决策的概念、内容、分类和相关影响因素，能掌握长期投资决策的基本方法，能进行长期投资决策

◆通过完成长期投资决策任务，能运用静态指标分析法和动态指标分析法，熟练地进行长期投资决策分析

技能要点与重难点 ◗◗◗

技能要点	重难点
（1）能掌握长期投资决策的主要分类和程序 （2）能熟悉货币时间价值的主要内容 （3）能进行单利的计算 （4）能进行复利的计算 （5）能进行年金的计算 （6）能进行投资项目现金流量的计算 （7）能运用静态指标进行长期投资决策 （8）能运用动态指标进行长期投资决策	（1）复利的计算 （2）年金的计算 （3）投资项目现金流量的计算 （4）运用动态指标进行长期投资决策

引导案例

无锡物联网小镇商业综合体项目财务可行性分析

为完善物联网小镇的配套设施建设，无锡市新吴区政府拟投资建设商业综合体项目，项目建成后将成为集居住、商业、旅游等为一体的多功能复合型的商业旅游综合体。该项目一部分商业由无锡某置业有限公司自持，拟采取出租经营方式，另一部分商业拟出售。其中出租、出售价格应在符合无锡市商业用房价格水平的基础上，进一步参考该项目所在地周边类似项目的价格确定。

该商业综合体项目整体投资额估算为 68 057.3 万元，建设投资构成见表6-1。

表6-1   商业综合体项目整体投资额估算表

序 号	费用名称	金额/万元	所占比例/%
1	建设投资	68 057.3	100
2	工程费用	47 127.2	69.25
3	建筑工程费	34 769.8	51.09
4	设备购置费	11 234.0	16.51
5	安装工程费	1 123.4	1.65
6	工程建设其他费	17 689.3	25.99
7	预备费	3 240.8	4.76

该项目建设资金主要考虑项目资本金和债务资金两个方面的来源。项目资本金为 21 725.4 万元，占项目总投资的比例为 31.92%。项目资本金中，19 057.3 万元用于建设投资，2 668.1 万元用于支付建设期利息。该项目债务资金仅为长期借款。项目建设投资为 68 057.3 万元，扣除项目资本金用于建设投资的 19 057.3 万元，尚需申请长期借款 49 000 万元，占项目总投资的比例为 72%。

项目收入主要包括公寓出售收入、邻里中心出租收入、集散中心出租收入、养生水秀出租收入、文化展示出租收入、餐饮出售收入、停车位出租收入和物业管理收入。项目经营期为15年，合计收入为 137 960.7 万元。吴越水街项目收入整体估算表见表6-2。

表6-2   商业综合体项目收入整体估算表

序号	收入来源	租金水平或出售单价/ （元/平方米（个）/月）	收入/万元
1	公寓出售收入	9 000	10 710.0
2	邻里中心出租收入	100	39 997.4
3	集散中心出租收入	60	12 065.8
4	养生水秀出租收入	60	10 465.0

序　号	收入来源	租金水平或出售单价/ （元/平方米（个）/月）	收入/万元
5	文化展示出租收入	60	8 291.6
6	餐饮出售收入	28 000	45 080.0
7	停车位出租收入	350	4 116.0
8	物业管理收入	6	7 234.9
	合计		137 960.7

资料来源：无锡物联网小镇商业综合体项目可行性研究报告。

作为一个长期投资项目，通过总投资和总收入的对比可以发现，该项目是盈利的。

◆任务

运用静态指标法和动态指标法，从管理会计角度分析该项目的投资可行性。

任务一　长期投资决策认知

一、长期投资决策的概念

长期投资决策是指对各种长期投资方案进行分析、评价，最终确定一个最佳投资方案的过程。通常包含两层含义：一是当存在几个投资项目可供选择时，对不同投资项目进行比较，从中选出经济效益最优的项目；二是对已选定的投资项目的各种实施方案进行比较，从中选出经济效益等各方面最优的实施方案。

二、长期投资决策的程序

（一）确定投资目标

长期投资决策必须按照企业长期经营目标的要求，明确规定投资项目在未来特定时间的投资报酬水平。就特定投资项目而言，其决策目标的确立实际又是企业未来总体奋斗目标的分解与落实。

（二）提出投资建议

提出投资建议是长期投资决策程序中的重要一环。是否能根据企业外部市场条件和企业内部经营需要提出合理的投资建议，与是否能正确地确定投资方向、是否能如愿地取得预期投资效益、是否能最终实现投资目标关系极大。

（三）拟订投资方案

投资项目确定之后，应为其拟订两个以上的可行或备选投资方案，作为投资项目的可行性方案。拟订投资方案应遵循以下原则：

1.能保证最终实现有关投资项目的特定决策目标；

2.能保持高度适应企业当时所面临的环境（条件）；

3.各投资方案具有排他性。

（四）评价投资效益

可行性投资方案拟订之后，即可按照特定的评选标准，采用特定的评选方法，经过一系列的计量、分析、筛选和评价之后，从中选定在现实条件下令决策者满意的投资方案，也就是通常所说的最佳方案。投资效益的评价一般依据以下五个步骤来开展：

1.估算出投资方案的现金流量；

2.估计预期现金流量的风险；

3.确定资本成本的一般水平；

4.确定投资方案的收入现值；

5.通过收入现值与所需资本支出的比较，决定拒绝或确认投资方案。

（五）决策行动方案的贯彻实施

投资决策行动方案一经选定，即可按照与之相应的专项资本预算所限定的现金流量计划，组织方案并贯彻实施，待有关预算指标予以分项分解、层层落实，在企业内部有关责任部门或责任人之间形成针对特定投资项目的任务执行网络。

任务二   主要因素分析

一、资金时间价值

（一）资金时间价值的概念

资金时间价值是指一定量的资金经过一段时间的周转使用后产生的价值增值。由于价值在不断增加，一定量的资金在不同的时点上会表现为不同的价值量。而长期投资回收期较长，获取报酬或收益的持续期间往往超过1年。因此，在进行投资项目的决策时，需要考虑资金的时间价值因素，把未来时点的价值折算成现时的价值进行比较和计算，才能保证决策的准确性。

（二）终值与现值

终值又称本利和，是指现在一定量的资金在未来某一时点上的价值，用F表示。现值又称本金，是指未来某个时点上一定量的资金折算到现在的价值，用P表示。资金时间价值的计算公式如下：

$$资金时间价值 = 终值 - 现值$$

终值与现值相互换算如下：已知现值P，求终值F，即已知本金求本利和；已知终值F，求现值P，即已知本利和求本金，又称为折现。终值与现值的关系如图6-1所示。

图6-1 终值和现值的关系

（三）单利与复利

1.单利计息法

单利计息法是指一笔资金无论存期多长，只有本金计取利息，而以前各期利息在下一个利息周期内不计算利息的计息方法。

微课

单利和复利
的计算

（1）单利终值（已知本金，求本利和）。

单利终值（已知本金，求本利和）的计算公式如下：

$$F = P + I = P + P \times i \times n = P \cdot (1 + i \times n)$$

式中：F为终值，P为现值，I为利息，i为实际付息利率，n为付息期数。

【案例6-1】雅风公司银行存款终值计算

2024年1月1日，雅风公司收到一笔货款2 000万元，经测算，该笔资金可闲置5年，为提升存款收益率，公司拟将该笔存款存为5年期定期。经与银行协定，该笔存款的年化利率为中国人民银行3年期存款利率上浮40%。

◆任务

分析计算5年后雅风公司可收到的存款本利和。

◆任务分析

银行一般采用单利计息法，根据单利终值的定义，按照公式进行计算，即可以计算出雅风公司该笔存款到期后的本利和。

◆操作步骤

（1）查找现行中国人民银行存款利率，3年期定期存款利率为2.75%，上浮40%后，实际执行利率为3.85%。

（2）按照公式进行计算。

◆完成任务

$F = P \cdot (1 + i \times n) = 2\,000 \times (1 + 3.85\% \times 5) = 2\,385$（万元）

（2）单利现值。

由单利终值公式$F = P \cdot (1 + i \times n)$可知：

$P = F \div (1 + i \times n)$

可见，单利现值与单利终值互为逆运算。

【案例6-2】雅风公司银行存款现值计算

雅风公司预计在2024年1月1日支付一笔应付账款2 000万元，经测算，公司可于2021年1月1日存入一笔银行存款，3年后用于兑付。经与银行协定，该笔存款的年化利率为中国人民银行3年期存款利率上浮40%。

◆任务

分析计算2021年雅风公司需存入的银行存款金额。

◆任务分析

这个任务可以转化为已知未来的金额和折现率，求现值。银行一般采用单利计息法，根据单利现值的定义，按照公式进行计算，即可以计算出雅风公司期初需存入的金额。

◆操作步骤

（1）查找现行中国人民银行存款利率，3年期定期存款利率为2.75%，上浮40%后，实际执行利率为3.85%。

（2）按照公式进行计算。

◆完成任务

$$P = F \div (1 + i \times n) = 2\,000 \div (1 + 3.85\% \times 5) = 1\,677.15（万元）$$

2.复利计息法

（1）复利终值。

如果在某一特定时点上一次性存入银行一笔资金，经过一段时间再将该项存款的本利和一次性取出，当时的本金为复利现值，记作 P；存款期满后取出的本利和称为该项资金的复利终值，记作 F。

在已知现值 P、利率 i，求 n 期后的终值 F 时，复利终值的计算公式如下：

$$F = P \cdot (1 + i)^n$$

【案例6-3】雅风公司债券投资终值计算

2021年1月1日，雅风公司投资某城投公司的公司债60 000万元。该债券票面利率7%，期限3年，假设采用复利计息法。

◆任务

计算分析雅风公司持有该债券到期后可获得本息和。

◆任务分析

根据复利计息法定义，按照公式进行计算，即可以算出雅风公司持有该债券到期后可获得的本息和。

◆操作步骤

按照公式进行计算。

◆完成任务

$$F = 60\,000 \times (1 + 7\%)^3 = 60\,000 \times (F/P,\ 7\%,\ 3)$$

查利率 i 为7%、期数 n 为3的复利终值系数，可知 $(F/P,\ 7\%,\ 3) = 1.2250$，代入公式得：

$$F = 60\,000 \times 1.2250 = 73\,500（万元）$$

（2）复利现值。

由复利终值公式 $F = P \cdot (1 + i)^n$ 可知，复利现值（已知复利计息的本利和求本金）的计算公式如下：

$$P = F \div \left[(1 + i)^n \right]$$

由上述公式可知，复利现值与复利终值互为逆运算。

复利终值与复利现值的计算比较复杂，因此在实际工作中，可以通过查阅复利终值系数表（见附表一）与复利现值系数表（见附表二），根据利率 i 和期数，直接代入公式计算。

在复利终值公式 $F = P \cdot (1 + i)^n$ 中，$(1 + i)^n$ 称为复利终值系数，记作 $(F/P,\ i,\ n)$，则：

$$F = P \cdot (1 + i)^n = P \cdot (F/P,\ i,\ n)$$

即： 复利终值 = 现值 × 复利终值系数

在复利现值公式 $P = F \div [(1+i)^n]$ 中，$1 \div [(1+i)^n]$ 称为复利现值系数，记作 $(P/F, i, n)$，则：

$$P = F \div [(1+i)^n] = F \cdot (P/F, i, n)$$

即： 复利现值 = 终值 × 复利现值系数

由上述公式可知，复利终值系数与复利现值系数互为倒数。

一次性收付款中复利终值和复利现值的计算如图6-2所示。

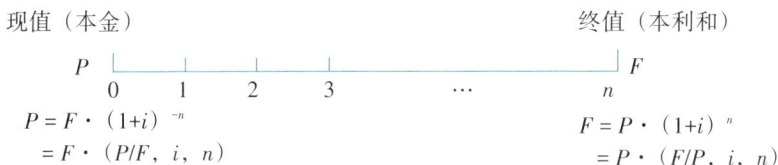

现值（本金） 终值（本利和）

$$P \quad \begin{array}{c} \text{———————} \\ 0 \quad 1 \quad 2 \quad 3 \quad \cdots \quad n \end{array} \quad F$$

$P = F \cdot (1+i)^{-n}$ $F = P \cdot (1+i)^n$
$= F \cdot (P/F, i, n)$ $= P \cdot (F/P, i, n)$

图6-2 复利终值与现值计算图

【案例6-4】雅风公司复利现值计算

雅风公司拟在5年后用100 000元购买新设备，银行现行的年利率为10%，假设采用复利计息法。

◆任务

分析计算雅风公司需要一次提前存入的金额。

◆任务分析

根据复利计息法定义，按照公式进行计算，即可以算出雅风公司需提前一次存入的资金数额。

◆操作步骤

按照公式进行计算。

◆完成任务

$F = 100\,000 \times (1+10\%)^{-5} = 100\,000 \times (P/F, 10\%, 5)$

查利率 i 为10%、期数 n 为5的复利现值系数表，可知 $(F/P, 10\%, 5) = 0.6209$，代入公式得：

$P = 100\,000 \times 0.6209 = 62\,090$（元）

3. 年金

（1）普通年金终值。

在一定时期已知每期期末等额收付的金额，可以根据复利终值公式分别计算出每笔收付款项的终值，最后求和，即普通年金的终值（已知年金 A，求终值 F）。这相当于在银行进行零存整取储蓄的本利和。普通年金终值的计算公式如下：

$$F = A \cdot (F/A, i, n)$$

（2）普通年金现值。

在一定时期已知每期期末等额收付的金额，可以根据复利现值公式分别计算出每笔收付款项的现值，最后求和，即为普通年金的现值（已知年金 A，求现值 P）。这相当于为了在每期期末取得相等金额的款项，现在需要投入的金额。普通年金现值的计算公式如下：

$$P = A \cdot (P/A, i, n)$$

（3）偿债基金。

偿债基金（已知终值，求年金）是指为了在约定的未来某一时点清偿某笔债务或积累一定金额的资金，每期期末应准备的年金数额。由普通年金终值公式 $F = A \cdot (F/A, i, n)$ 可知，偿债基金的计算公式如下：

$$A = F \div (F/A, i, n) = F \cdot (A/F, i, n)$$

偿债基金与普通年金终值互为逆运算，只需要利用普通年金终值系数表，查出普通年金终值系数即可代入计算。

（4）年资本回收额。

年资本回收额（已知现值，求年金）是指已知目前初始投入资本，计算约定年限内的等额收回额；或已知目前所欠债务，计算约定年限内的等额清偿额。

由普通年金现值公式 $P = A \cdot (P/A, i, n)$ 可知，年资本回收额的计算公式如下：

$$A = P \div (P/A, i, n) = P \cdot (A/P, i, n)$$

年资本回收额与普通年金现值互为逆运算，只需要利用普通年金现值系数表查出普通年金现值系数即可代入计算。

【案例6-5】雅风公司普通年金现值计算

雅风公司计划在今后5年内每年年终发放科技奖 100 000 元，已知银行存款年利率为6%。

◆任务

分析计算雅风公司现在应一次性向银行存入的金额。

◆任务分析

根据年金计算的定义，按照公式进行计算，即可以计算出雅风公司应一次性向银行存入的金额。

◆操作步骤

按照公式进行计算。

◆完成任务

$P = 100\,000 \times (P/A, 6\%, 5) = 100\,000 \times 4.2124 = 421\,240$（元）

二、现金流量

（一）现金流量的概念

在长期投资决策中，现金流量是指投资项目引起的企业现金支出和现金收入增加的数量。需要注意的是，这里的"现金"是指广义的现金，不仅包括各种货币资金，还包括项目需要耗费和使用的其他非货币资源，如材料、设备、厂房等的变现价值。

现金流量的构成包括以下几个部分：

1.现金流入量 CI：投资项目引起的企业现金收入增加的数量。

2.现金流出量 CO：投资项目引起的企业现金支出增加的数量。

3.现金净流量 NCF：现金流入量减去现金流出量的值。

微课

普通年金的计算

（二）初始现金流量

初始现金流量是指项目在开始投资时发生的现金流量，即发生在建设起点和建设期的现金流量，不仅包括在固定资产上的投资，还包括为使项目开始运转所必需的周转用的资金，如垫支的流动资金等。

初始现金流量一般包括以下几个组成部分：

1.固定资产投资，包括厂房、机器设备等的购入价款、建造成本、运输及安装费用等。

2.无形资产投资，包括专利权、非专利技术、土地使用权等的投资。

3.流动资产投资，一般来说，投资项目需要有一定量流动资金的垫支才能开始生产运营，如对原材料、在产品、产成品、现金等流动资产的资金垫支。在项目结束时，这部分资金也将退出周转运营，在项目终结点收回。

4.其他投资费用，包括与长期投资项目相关的其他费用，如筹建费用、谈判费、注册费和职工培训费用等。

5.原有固定资产的变价收入。

（三）营业现金流量

营业现金流量是指投资项目投入使用后，在其寿命周期内进行生产运营所产生的现金流入和流出的数量。

营业现金流入，包括项目在生产经营期产生的销售收入或业务收入。

营业现金流出，包括项目在生产经营期实际发生的营业现金支出，主要指付现成本和缴纳的税金。付现成本是指付现的营业成本，即营业成本中需要采用现金支付的部分。一些不涉及实际现金支出的成本费用不应包括在内，如固定资产折旧等。因此，有如下关系：

$$付现成本 = 营业成本 - 折旧$$

营业现金净流量的计算公式如下：

$$营业现金净流量 = 营业收入 - 付现成本 - 所得税$$
$$= 营业收入 - （营业成本 - 折旧）- 所得税$$
$$= 净利润 + 折旧$$

或：

$$营业现金净流量 = 净利润 + 折旧$$
$$= （营业收入 - 付现成本 - 折旧）\times（1 - 所得税税率）+ 折旧$$

（四）终结现金流量

终结现金流量是指投资项目完结时所发生的现金流量，即发生在项目终结点的现金流量。终结现金流量主要包括以下几个组成部分：①固定资产残值收入或变价收入。②垫支在流动资产上的资金的收回。在项目开始生产运营时垫支的流动资金在项目终结点退出周转运营并收回，表现为现金的流入。

终结现金净流量的计算公式如下：

$$终结现金净流量 = 该年营业现金净流量 + 固定资产税后残值净收入 + 垫支营运资金的收回$$

【案例6-6】雅风公司投资项目现金流量计算

雅风公司购入不需安装调试的设备一台，价值100万元，该设备使用期为5年，采用直线法计提折旧，预计残值5万元，该设备寿命期满处置时，其处置净收入与其账面折余价值相等。项目投产前还需投入流动资金20万元，此笔资金只有在设备寿命期届满之后2个月内才可完全收回。设备投产后，每年可实现销售收入62万元（不存在赊销），每年经营成本（不含折旧）为31万元，企业所得税税率为25%。

◆任务

估算投资该设备的现金流量。

◆任务分析

可以将该案例看成一个简单的固定资产项目投资，结合案例的具体内容进行投资现金流量、营业现金流量和项目终止现金流量计算分析。

◆操作步骤

按照公式进行计算。

◆完成任务

（1）投资现金流量。

由于该设备不需安装调试，因而投资现金流量只包括购置固定资产的投资和垫支的流动资金两部分。

投资现金流量 = −100 − 20 = −120（万元）

式中：负号为现金流出量。

（2）营业现金流量。

该投资项目正常生产经营期为5年。由于经营期在固定资产、流动资金方面均没有追加投资，所以经营期各年现金流量只包括项目预计的营业收入和费用对企业现金流量的直接影响及折旧的税收影响。

$$年营业现金流量 = 净利润 + 折旧 = （62 − 31 − 19）×（1 − 25\%）+（100 − 5）÷ 5$$
$$= 28（万元）$$

（3）项目终止现金流量。

该案例所用固定资产应在第5年年末处置完毕，但项目的流动资金的收回却有所延迟，该案例任务延至寿命期满后的2个月，即第6年。因而该项目的终结期是从第5年年末到第6年的前2个月。发生于第5年年末的现金流量仍归属于第5年，发生于第6年前2个月的现金流量则归属于第6年。实务中，由于项目的流动资金通常涉及存货、应收账款等项目，因而其完全收回通常会延迟。

由给定资料可知，在第5年年末，设备预计处置净收入与其账面折余价值相等，因而设备处置对现金流量只有5万元的直接影响。

因设备已于第5年处置完毕，第6年现金流量仅仅是相关流动资金20万元的收回。

为简单起见，在投资决策中，通常假设项目寿命期内各期现金流入或现金流出均发生于当期期末，该案例相关投资项目的现金流量如图6-3所示。

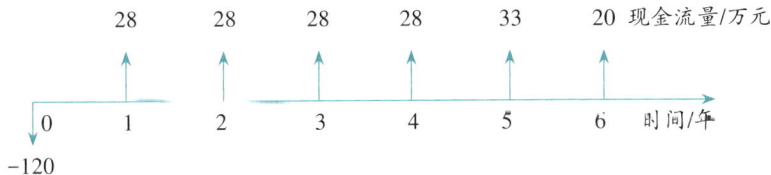

图6-3　项目寿命期内的现金流量

（五）估计现金流量应该注意的问题

1.机会成本

在考虑投资现金流量时，不仅要考虑直接的现金流入与流出，还要考虑有没有直接现金交易的机会成本。

例如，某企业进行投资需要占用空置的库房，这些库房的占用没有导致任何实际现金流出。如果企业将其对外出租或挪作他用，每年都可以为企业创造一定量的现金流入。但是，企业将其用于投资该项目之后，就丧失了可能获得的对外出租的租金收入。这部分损失就是将闲置库房投资的机会成本，应作为现金流出在投资决策中考虑。

2.沉没成本

沉没成本对企业当前的投资决策不产生任何影响。企业在进行投资决策时要考虑的是当前的投资是否有利可图，而不是过去已经花费了多少钱。

例如，某企业为一项工程已投资了50万元，要使工程全部完工还要再追加50万元投资，但项目完工后的收益现值只有45万元，这时企业应果断地放弃这一项目。如果因为觉得已经为这一项目付出了50万元的投资，不忍半途而废，而坚持要完成这一项目，则只能导致更大的损失。因为立即放弃这一项目，损失额是50万元，而如果坚持完成这一项目，则除原来损失的50万元外，还要加上新的投资损失5万元（50 - 45）；相反，如果投资完成后的收益现值为70万元，则应坚持完成这一项目，而不应考虑总投资额为100万元、收益现值只有70万元而放弃这一项目。因为目前企业面临的不是投资100万元、收益现值70万元的投资决策，而是投资50万元、收益现值70万元、净值20万元的投资决策。

3.项目的外部性影响

当企业接受某一投资项目后，该项目可能对企业的其他部门产生影响，经济学家称其为外部性。

例如，若新建车间生产的产品上市后，企业原有产品的销售量可能减少，整个企业的销售额则不变甚至减少。因此，企业在进行投资分析时，应扣除其他部门因新产品上市而减少的销售收入，以增量现金流量为分析依据。在考虑项目投资对本企业原有产品的影响时，不能忽略同行业其他竞争对手的存在。如果市场竞争非常激烈，则本企业不推出新产品，其竞争对手也会推出新产品，挤占本企业老产品的市场。因此，这时本企业新产品对老产品市场的挤占其实是在对老产品市场受竞争对手的挤压产生损失的挽回，此时新产品投资产生的现金流量不必扣除老产品减少的现金流量。

4.利息费用的考虑

在对投资项目进行分析时，项目各年的现金流量不应包括利息费用。因为人们对项目进行评估是按照项目的资本成本对其现金流量进行折现来计算的。资本成本是债务资本成本、优先股资本成本和普通股资本成本的加权平均数，是满足企业所有投资者包括债权人和股东的报酬率。折现的过程还原了项目资本成本的现金流量，如果在现金流量中先扣除利息费用再进行现金流量折现，将使债务成本被双重计算。因此，在确定项目的现金流量时不应该减去利息费用。

5. 所得税对现金流量表的影响

企业承担着纳税的义务，所得税是企业的一项现金流出，它对项目的现金流量的影响往往很大。因此，对资本预算而言，企业能够支配的现金流量必须是税后现金流量。企业应缴的所得税与企业当期的应纳税所得和税率息息相关。具体而言，所得税对现金流量的影响体现在资产变现过程中的所得税影响和营运过程中的所得税影响。

任务三　评价指标确定

一、长期投资评价指标的概念

（一）长期投资评价指标

根据资金时间价值原理，长期投资评价指标主要包括净现值、净现值率、盈利指数和内含报酬率等几个贴现指标。但是，贴现指标存在着计算较为复杂、不易理解的缺点。因此，在长期投资决策分析中，还可以引入不考虑资金时间价值的非贴现指标，即投资回收期和投资报酬率。这两个指标不考虑资金的时间价值，计算较为简便，易于理解和接受，但由于忽略了资金的时间价值，影响其准确性。所以，投资回收期和投资报酬率只能作为次要指标和辅助指标来使用。

（二）长期投资评价指标的分类

1. 按是否考虑资金的时间价值划分

按是否考虑资金的时间价值划分，长期投资评价指标可分为以下两类：

（1）非贴现指标（静态指标）：投资回收期、投资报酬率。

（2）贴现指标（动态指标）：净现值、净现值率、盈利指数和内含报酬率。

2. 按指标重要性划分

微课

按指标重要性划分，长期投资评价指标可分为以下三类：

（1）主要指标：贴现指标，即净现值、净现值率、盈利指数和内含报酬率。

运用静态指标分析投资项目的可行性

（2）次要指标：投资回收期。

（3）辅助指标：投资报酬率。

二、静态评价指标

（一）投资回收期

静态投资回收期是指一个项目用其所产生的未折现现金流量来补偿初始投资需要的时间，它反映的是项目投资回收的速度。静态投资回收期法是通过比较各个项目实际的投资静态回收期长短进行决策的方法。

【案例6-7】雅风公司投资项目的投资回收期评价

雅风公司现有甲、乙两个投资方案，相关资料见表6-3。

表6-3　　　　　　　　　　　　雅风公司投资方案现金流量表　　　　　　　　　　　单位：元

方案	投资额	各年现金净流量				
		第1年	第2年	第3年	第4年	第5年
甲	120 000	50 000	50 000	50 000	50 000	50 000
乙	120 000	40 000	50 000	60 000	60 000	40 000

◆**任务**

要求确定甲、乙两个投资方案的静态投资回收期，并选出最优方案。

◆**任务分析**

该案例主要在于训练学生运用静态投资回收期指标分析判断投资决策方案的优劣。

◆**操作步骤**

按照公式进行计算。

◆**完成任务**

（1）甲方案每年现金净流量相等，均为50 000元。

静态投资回收期 = 120 000 ÷ 50 000 = 2.4（年）

（2）乙方案每年现金净流量不相等，采用列表方式按其累计现金净流量计算静态投资回收期，见表6-4。

表6-4　　　　　　　　　　　　乙方案累计现金净流量计算表　　　　　　　　　　　单位：元

项目	第1年	第2年	第3年	第4年	第5年
现金净流量	40 000	50 000	60 000	60 000	40 000
累计现金净流量	40 000	90 000	150 000	210 000	250 000

从表6-2可以看出，回收期应在2~3年之间。乙方案第2年年末的累计现金净流量为90 000元，尚有30 000元没有回收，而第3年的现金净流量为60 000元。

静态投资回收期 = 2 + 30 000 ÷ 60 000 = 2.5（年）

用静态投资回收期法判断，雅风公司应该选择甲方案。

（二）投资报酬率

投资报酬率法，是指以投资报酬率的高低作为取舍依据，在若干备选方案中选取最优方案的决策分析方法。投资报酬率又称投资收益率或会计收益率，是指某一投资方案预计未来每年平均净利润与投资总额之间的比率。相关计算公式如下：

$$投资报酬率 = \frac{年平均净利润}{投资总额} \times 100\%$$

【案例6-8】雅风公司投资项目的投资报酬率评价

沿用【案例6-6】的资料。雅风公司购入不需安装调试设备一台，价值100万元，该设备投产后每年可实现净利润9万元。

◆任务

计算雅风公司投资该设备的投资报酬率。

◆任务分析

该案例要通过计算投资报酬率指标，分析投资项目的可行性。

◆操作步骤

按照公式进行计算。

◆完成任务

$$投资报酬率 = \frac{年平均净利润}{投资总额} \times 100\% = \frac{9}{100} \times 100\% = 9\%$$

三、动态评价指标

（一）净现值

净现值是指特定方案未来现金流入的现值与未来现金流出的现值之间的差额，通常用 *NPV* 表示。如果净现值为正数，即折现后现金流入大于折现后现金流出，该投资项目的报酬率大于预定的折现率，则方案可行；如果净现值为零，即折现后现金流入等于折现后现金流出，该投资项目的报酬率等于预定的折现率，则方案勉强可行或有待改进；如果净现值为负数，即折现后现金流入小于折现后现金流出，该投资项目的报酬率小于预定的折现率，则方案不可行。净现值的计算公式如下：

$$净现值（NPV）= 生产经营期现金净流量现值 - 原始投资现值$$
$$= 项目各期现金净流量的现值之和$$

【案例6-9】雅风公司投资项目的净现值评价

雅风公司现有甲、乙两个投资方案，假设贴现率为12%。相关资料见表6-5。

表6-5　　　　　　　　　　　雅风公司投资方案相关资料　　　　　　　　　　单位：元

方 案	投资额	各年现金净流量				
		第1年	第2年	第3年	第4年	第5年
甲	120 000	50 000	50 000	50 000	50 000	50 000
乙	120 000	40 000	50 000	60 000	60 000	40 000

◆任务

要求确定甲、乙两个投资方案的净现值，并选出最优方案。

◆任务分析

运用净现值法进行分析，甲、乙两个投资方案的净现值均大于零，方案均可行。如果方案相互独立，则均可接受；如果这两个投资方案互斥，则只有甲投资方案因净现值较大而被接受。

◆操作步骤

按照公式进行计算。

◆完成任务

甲、乙两个投资方案的净现值计算如下：

$$NPV_{甲} = 50\,000 \times （P/A，12\%，5） - 120\,000$$
$$= 50\,000 \times 3.6048 - 120\,000$$
$$= 60\,240 （元）$$

$$NPV_{乙} = 40\,000 \times （P/F，12\%，1） + 50\,000 \times （P/F，12\%，2） + 60\,000 \times （P/F，12\%，3） +$$
$$60\,000 \times （P/F，12\%，4） + 40\,000 \times （P/F，12\%，5） - 120\,000$$
$$= 40\,000 \times 0.8929 + 50\,000 \times 0.7972 + 60\,000 \times 0.7118 + 60\,000 \times 0.6355 +$$
$$40\,000 \times 0.5674 - 120\,000$$
$$= 59\,110 （元）$$

由上可见，在对投资方案进行评价的过程中，贴现率的选择至关重要，它直接影响对投资方案的评价。如果所选择的贴现率过低，则会导致一些经济效益较差的投资方案也得以通过，从而浪费企业有限的经济资源；如果所选择的贴现率过高，则会使得一些经济效益较好的投资方案被淘汰，从而使企业的经济资源不能充分发挥作用。

采用净现值法，虽然不仅考虑了货币的时间价值对未来不同时期现金流入量的影响，使有关投资方案的现金流入量与现金流出量具有可比性，而且通过贴现率的合理选择考虑了投资风险的大小，但难以对初始投资额不同的投资方案进行评价。这是因为净现值是折现现金流量的绝对量评价指标，对于初始投资额不同的投资方案，初始投资额大、净现值也大的投资方案未必就是最优方案。

（二）净现值率

净现值率是指项目净现值占原始投资现值的比率，通常用 $NPVR$ 表示。它表示单位投资，即投资1元钱所能产生的净现值。净现值率越小，单位投资产生的净现值越低；净现值率越大，单位投资产生的净现值越高。净现值率的计算公式如下：

净现值率（$NPVR$）＝净现值（NPV）÷原始投资现值×100%

微课

运用动态指标
分析投资项目
的可行性

（三）盈利指数

净现值与项目的规模有关。真实报酬水平相等的两个项目，规模越大，项目的净现值一般也越大，因此净现值不利于在不同规模的方案之间进行选择。一个可行的弥补办法就是考查投资项目的盈利指数。盈利指数（PI）也称获利指数，是投资项目未来现金流入量现值和现金流出量现值的比率。其计算公式如下：

盈利指数＝生产经营期现金净流量÷原始投资现值

由净现值公式"净现值＝生产经营期现金净流量现值－原始投资现值"可知：

盈利指数 ＝ （净现值＋原始投资现值）÷原始投资现值
＝ 1＋净现值率

盈利指数是折现现金流量的相对量评价指标，其评价标准是：如果投资方案的盈利指数小于1，则该方案不可行；如果投资方案的盈利指数大于1，则该方案可行。但应注意，在运用盈利指数进行互斥投资方案的选择时，并非选择盈利指数最大的方案，而是在保证盈利指数大于1的前提下，使追加投资所得的收入最大化。

作为一种相对数，盈利指数使得不同投资额方案间具有可比性。但与净现值法一样，贴现率的选择也直接影响盈利指数的高低乃至对投资方案的评价结论。

【案例6-10】雅风公司投资项目的盈利指数评价

沿用【案例6-9】的资料，相关数据保持不变。

◆任务

要求运用盈利指数确定甲、乙两个投资方案的净现值，并选出最优方案。

◆任务分析

运用盈利指数对决策方案进行选择时，如果投资方案的盈利指数小于1，则该方案不可行；如果投资方案的盈利指数大于1，则该方案可行。

◆操作步骤

按照公式进行计算。

◆完成任务

$PI_甲 = 180\,240 \div 120\,000 = 1.50$

$PI_乙 = 179\,110 \div 120\,000 = 1.49$

计算表明，甲、乙两个投资方案的盈利指数均大于1，说明这两个投资方案的收益均超过成本，即实际报酬率超过预定的报酬率。

（四）内含报酬率

内含报酬率又称内部报酬率，是指投资项目的实际投资报酬率，是使生产经营期各年现金净流量现值之和等于原始投资现值，即使净现值为零的贴现率，用 IRR 表示。因此，令 $NPV = 0$，就可以倒推出 IRR。

此处选择用插值法进行内含报酬率计算。插值法下，内含报酬率的计算公式如下：

$$IRR = r_1 + \frac{r_2 - r_1}{|b| + |c|} \times |b|$$

式中：IRR 为内含报酬率，r_1 为低贴现率，r_2 为高贴现率，$|b|$ 为低贴现率时的财务净现值绝对值，$|c|$ 为高贴现率时的财务净现值绝对值，r_1、r_2 应该选择在复利现值系数表中最邻近且用该贴现率计算的净现值结果正负符号相反的两个贴现率。

微课

内含报酬率
的妙用

内含报酬率反映的是方案本身的收益能力、内在获利水平。

内含报酬率反映出投资方案自身的收益能力，是其内在的实际报酬率。计算出投资方案的内含报酬率后，可以将该比率与其资本成本或要求的必要报酬率予以比较。如果投资方案的内含报酬率大于其资本成本或要求的必要报酬率，则该投资方案可行；反之，如果投资方案的内含报酬率小于其资本成本或要求的必要报酬率，则该投资方案不可行。

【案例6-11】雅风公司投资项目的内含报酬率评价

雅风公司购入价值250 000元的设备一台，经营期为5年，各年的现金净流量分别为50 000元、60 000元、80 000元、100 000元和120 000元。假设行业平均投资报酬率为10%。

◆任务

计算分析雅风公司投资该设备的项目是否可行。

◆任务分析

根据内含报酬率定义，按照公式进行计算，可以算出雅风公司该投资的内含报酬率。

◆操作步骤

按照公式进行计算。

◆任务完成

（1）先取 $i = 16\%$，则：

$NPV_1 = 5 \times (P/F, 16\%, 1) + 6 \times (P/F, 16\%, 2) + 8 \times (P/F, 16\%, 3) + 10 \times$
$\qquad (P/F, 16\%, 4) + 12 \times (P/F, 16\%, 5) - 25$
$\qquad = 5 \times 0.8621 + 6 \times 0.7432 + 8 \times 0.6407 + 10 \times 0.5523 + 12 \times 0.4761 - 25$
$\qquad = 0.1315（万元）> 0$

可知按 16% 计算的净现值是正数，故再取 $i = 18\%$，则：

$NPV_2 = 5 \times (P/F, 18\%, 1) + 6 \times (P/F, 18\%, 2) + 8 \times (P/F, 18\%, 3) + 10 \times$
$\qquad (P/F, 18\%, 4) + 12 \times (P/F, 18\%, 5) - 25$
$\qquad = 5 \times 0.8475 + 6 \times 0.7182 + 8 \times 0.6086 + 10 \times 0.5158 + 12 \times 0.4371 - 25$
$\qquad = -1.1813（万元）< 0$

上述计算表明，当 i 取 16% 时，其净现值为正；当 i 取 18% 时，其净现值为负。因此，内含报酬率一定在 16%～18% 之间。

（2）采用插值法计算内含报酬率。

$$IRR = 16\% + \frac{18\% - 16\%}{0.1315 + 1.1813} \times 0.1315 = 16.2\%$$

该案例中投资方案的内含报酬率大于其资本成本或要求的必要报酬率，因此，该投资方案可行。

（五）动态评价指标的应用

1.动态评价指标的相互关系

净现值、净现值率、盈利指数和内含报酬率这四项贴现指标之间的数量关系如下：

当 $NPV > 0$ 时，$NPVR > 0$，$PI > 1$，$IRR > i$（i 为投资项目的行业基准利率，下同）。

当 $NPV = 0$ 时，$NPVR = 0$，$PI = 1$，$IRR = i$。

当 $NPV < 0$ 时，$NPVR < 0$，$PI < 1$，$IRR < i$。

2.长期投资项目独立方案的可行性决策

当只有一个投资方案可供选择时，应判断该方案是否具有财务可行性。当评价指标同时满足下列条件时，项目具有财务可行性：

（1）$NPV \geqslant 0$，$NPVR \geqslant 0$，$PI \geqslant 1$，$IRR \geqslant i$；

（2）包括建设期的静态投资回收期 $PP \leqslant n \div 2$（项目计算期的一半）；

（3）不包括建设期的静态投资回收期 $PP' \leqslant n \div 2$（项目生产经营期的一半）；

（4）投资利润率 $\geqslant$ 基准投资利润率（事先给定）。

如果非折现的投资评价指标与折现的投资评价指标的评价结论出现矛盾，应以折现指标的结论为准。

3.长期投资项目互斥方案的比较决策

在有多个方案可供选择的情况下，首先应衡量各个方案是否具备财务可行性，再在具备财务可行性的方案之间进行比较、择优。

【学思践悟】长期投资决策在农业领域育种项目中的应用

育种项目是农业领域的一项重要活动，通过选择和培育具有优良性状的植物品种，可以提高农作物的产量、品质和抗性，进而推动农业生产的可持续发展。然而，育种项目通常需要长期投入和持续的研发工作，因此对其进行长期投资的决策和评估显得至关重要。财务报表在反映育种项目长期投资方面发挥着重要的作用。资产负债表、利润表和现金流量表提供了关于公司财务状况、盈利能力和现金流动的信息，为投资者、管理层和其他利益相关者提供了评估育种项目长期投资的依据。

青岛海水稻研究发展中心有限公司成立于2017年，2024年决定投资一个新的育种项目，旨在开发一种高产高质的水稻品种。在该项目中，财务报表扮演着重要的角色，为投资决策提供了重要的信息。首先，财务报表提供了该项目的成本和投资情况。公司在财务报表中记录了项目的初始投资成本，包括研发费用、设备购置费用等。这些成本可以帮助公司评估项目的经济可行性和潜在的回报。财务报表还记录了项目的收入和利润情况。一旦新的水稻品种被成功开发并投入市场，公司可以通过销售种子或收取技术转让费等方式获得收入。财务报表会反映这些收入，并计算出项目的净利润。在投资决策过程中，公司会采用多种财务指标来评估该育种项目的潜在回报和风险。例如，公司可以计算投资回收期、净现值、内部收益率等指标，以帮助决策者确定是否值得投资。

在该育种项目的案例中，可能会遇到一些特殊问题和挑战。例如，育种项目通常需要较长的时间来研发和实施，这可能导致项目的投资回报周期较长。此外，育种项目还可能面临技术风险、市场需求波动等问题。

为了应对这些问题，公司可以采取一些解决策略。首先，公司可以在投资决策中对项目的风险进行充分评估，并制定相应的风险管理策略。例如，公司可以通过多样化种植品种来分散风险，或者与其他公司合作进行技术共享。公司可以在项目实施过程中进行有效的监控和管理。通过定期审查财务报表和项目进展情况，公司可以及时发现问题并采取相应的调整措施。此外，公司还可以与利害相关者保持沟通，了解市场需求和客户反馈，以便及时调整项目策略。

资料来源：吴永影. 育种项目的长期投资与财务报表反映研究［J］. 分子植物育种，2024，22（14）.

引导案例解析

本项目"引导案例"解析如下：

◆任务分析

（1）静态指标法主要涉及两个指标，分别为投资报酬率和静态投资回收期。上述两个指标均是用于考量未来投资收益或现金流弥补初始投资的情况。静态指标法未考虑货币的时间价值。

（2）动态指标法主要涉及四个指标，分别是净现值、净现值率、盈利指数及内含报酬率。动态指标的基础是净现值。动态指标考虑了货币的时间价值，均通过折现的方式统一衡量项目投资的可行性。

◆操作步骤

（1）测算出营运期间项目的营业收入及现金流入情况；

（2）根据公式所需要的数值，在表格中寻找，并代入公式计算；

（3）根据计算的指标数值作出项目可行性的评判。

◆完成任务

静态指标见表6-6，动态指标见表6-7。

表6-6 静态指标

序 号	指标名称	单 位	数 值	备 注
1	投资报酬率	%	4.12	
2	静态投资回收期	年	10.05	含建设期

表6-7 动态指标

序 号	指标名称	单 位	数 值	备 注
1	净现值（折现率为6.5%）	万元	3 836.84	
2	净现值率	%	7.63	
3	盈利指数	%	1.763	
4	内含报酬率	%	5.95	

实训任务

实训一 雅风公司新增设备投资可行性分析——静态指标法

雅风公司准备购买一条包装设备生产线，该项目投资额为100 000元，使用寿命为5年，采用直线法计提折旧，5年后设备无残值。5年中每年销售收入80 000元，每年付现成本30 000元。假设行业平均投资报酬率为26%，基准静态投资回收期为3年。

◆任务

（1）运用投资报酬率分析项目的可行性；

（2）运用静态投资回收期分析项目的可行性。

◆完成任务

（1）年平均利润 = 80 000 - 30 000 -（100 000 - 0）÷ 5 = 30 000（元）

投资报酬率 = 年平均利润 ÷ 项目投资总额 × 100% = 30 000 ÷ 100 000 × 100% = 30%

该项目的投资报酬率为30%，高于行业平均投资报酬率（26%），所以项目可行。

（2）因为每年的净现金流量相等，满足运用公式法的条件，所以可以运用公式法。

年净现金流量 = 80 000 - 30 000 = 50 000（元）

静态投资回收期 = 投资总额 ÷ 年净现金流量 = 100 000 ÷ 50 000 = 2（年）

该项目的静态投资回收期小于基准静态投资回收期，所以项目可行。

实训二　雅风公司新增设备投资可行性分析——动态指标法

雅风公司准备购买一条包装设备生产线，该项目投资额为100 000元，使用寿命为5年，采用直线法计提折旧，5年后设备无残值。5年中每年销售收入80 000元，每年付现成本30 000元。假设同期资金无风险收益率为10%。

◆任务

（1）运用净现值分析项目的可行性；

（2）运用净现值率分析项目的可行性；

（3）运用盈利指数分析项目的可行性；

（4）运用内含报酬率分析项目的可行性。

◆完成任务

（1）计算各年的净现金流量。

$NCF_{1-5} = 80\,000 - 30\,000 = 50\,000$（元）

根据现值系数表查找相应的年金现值系数或复利现值系数：

$(P/A, i, n) = (P/A, 10\%, 5) = 3.7908$

根据公式计算净现值：

$NPV = NCF \times (P/A, i, n) - I = 50\,000 \times 3.7908 - 100\,000 = 89\,540$（元）

该项目的净现值大于零，所以项目可行。

（2）计算项目的净现值率。

$NPVR = NPV \div I \times 100\% = 89\,540 \div 100\,000 \times 100\% = 89.54\%$

因为 $NPVR > 0$，所以该项目可行。

（3）计算项目的盈利指数。

$NCF_{1-5} = 50\,000 \times (P/A, i, n) = 50\,000 \times 3.7908 = 189\,540$（元）

$PI = $ 投产后各年净现金流量的现值合计数 ÷ 原始投资现值
　　 $= 189\,540 \div 100\,000 = 1.895421$

因为 PI 大于1，所以该项目具有财务可行性。

（4）计算项目的内含报酬率。

$NCF_{1-5} = 80\,000 - 30\,000 = 50\,000$（元）

因为每年的净现金流量相等，所以运用年金现金系数简化计算公式 $NCF \times (P/A, IRR, 5) - I = 0$

$(P/A, IRR, 5) = 100\,000 \div 50\,000 = 2$

查找年金现值系数表，运用插值法求 IRR：

$IRR = 41\%$

微课

万科高端养老
社区的设计
启示

微课

智慧城市交通
建设的战略
管理

项目七

全面预算分析

全面预算的概念

全面预算的特点

　权威性
　适应性
　全面性
　机制性

全面预算的优点

全面预算的业务流程

全面预算的编制原则

　目标性原则
　全面性原则
　真实性原则
　可行性原则
　人本化原则
　参与制原则

全面预算编制的程序

　下达预算目标
　编制预算草案上报
　审查平衡
　审议批准
　下达执行

全面预算编制的起点

任务一　预算管理认知

项目七　全面预算分析

任务二　经营预算编制

销售预算的概念

销售预算的编制

　销售收入预算的编制

生产预算的概念

生产预算的编制

　产品产量预算的编制
　直接材料预算的编制
　直接人工预算的编制

　　计时工资制下的直接人工预算编制方法
　　计件工资制下的直接人工预算编制方法

　制造费用预算的编制

产品成本预算的编制

期间费用预算的编制

　销售费用预算的编制
　管理费用预算的编制
　财务费用预算的编制

任务三　财务预算编制

现金预算的编制

预计利润表的编制

预计资产负债表的编制

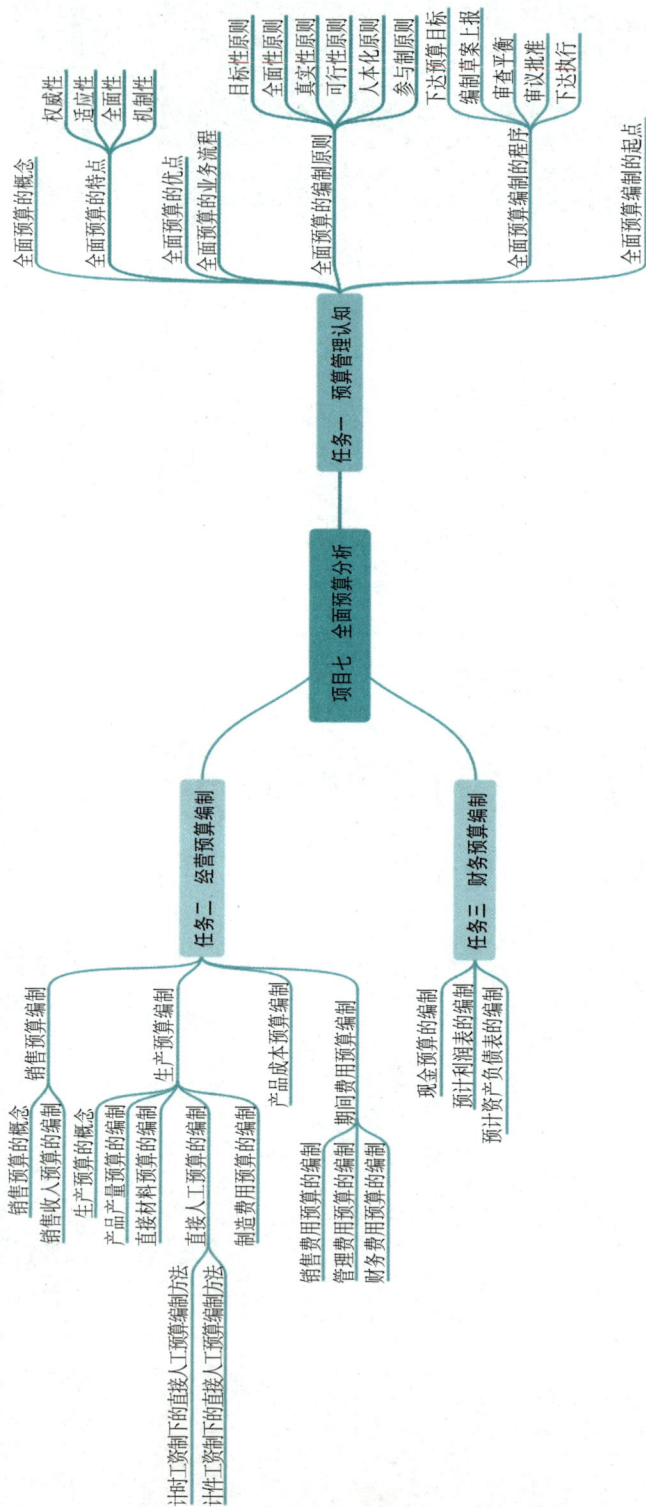

项目七思维导图

素质目标

◆通过掌握全面预算编制方法，培养学生树立国家战略和法律法规意识
◆通过掌握各种预算编制方法，培养学生具有良好的资源配置理念
◆通过掌握科学预算编制过程，培养学生具有目标责任的职业素养

知识目标

◆掌握全面预算的概念和特点
◆理解全面预算的业务流程
◆掌握全面预算编制的风险和控制措施
◆掌握经营预算的编制方法和编制流程
◆掌握财务预算的编制方法和编制流程

能力目标

◆通过理解全面预算的内容，能遵守实施全面预算管理原则，明确全面预算的业务流程
◆通过理解全面预算管理的业务流程，能掌握全面预算编制的风险和控制措施，熟练编制经营预算和财务预算

技能要点与重难点

技能要点	重难点
（1）能掌握销售预算的编制 （2）能掌握销售收入预算、应收账款预算、销售成本预算的编制 （3）能掌握生产预算的编制 （4）能掌握产品产量预算、直接材料预算、直接人工预算、制造费用预算的编制 （5）能掌握产品成本预算的编制 （6）能掌握期间费用预算的编制 （7）能掌握销售费用预算、管理费用预算的编制 （8）能掌握预计利润表的编制 （9）能掌握现金收支预算的编制 （10）能掌握预计资产负债表的编制	（1）掌握销售收入预算、应收账款预算、销售成本预算、销售毛利预算的编制方法及数据间的钩稽关系 （2）掌握直接材料预算、直接人工预算，以及直接制造费用、间接制造费用和产成品的编制方法 （3）掌握销售费用、管理费用预算的编制方法 （4）掌握预计利润表、现金收支预算和预计资产负债表的编制方法

引导案例

雅风公司预算编制

雅风公司设有一个销售公司，一个生产车间，以及综合管理部、财务部（预算管理办公室与财务部合署办公）、采购部、储运部、人力资源部、制造部、技术部和工程部等八个部门；公司只生产一种产品 A，生产没有物资采购和产品销售权利，物资采购和销售全部由公司统一进行。

2024 年 9 月，公司董事会经过分析研究后，提出了 2025 年公司实现销售收入 540 万元、利润 73 万元的经营目标。

◆任务

（1）公司应该按照什么顺序进行预算编制？

（2）公司提出的预算目标如何才能实现？

任务一　预算管理认知

一、全面预算的概念

全面预算是指企业为了实现战略规划和经营目标，采用预算方法对预算期所有经营活动、投资活动和财务活动进行统筹安排，并以预算为标准，对预算执行过程和结果进行控制、核算、分析、考评和奖惩等一系列管理活动的过程。

正确把握全面预算的内涵，需要从以下四个方面进行理解：

1.全面预算是一项管理活动；

2.全面预算的本质属性是以预算为标准的管理控制系统，是企业实施内部管理控制的方法和工具；

3.全面预算涉及企业经济活动的方方面面，是一项全员参与、全方位管理、全过程控制的综合性、系统性的管理活动；

4.全面预算是企业实现战略规划和经营目标的有效方法和工具。

二、全面预算的特点

（一）权威性

全面预算的权威性是由全面预算审批机构的权威性和全面预算的本质属性决定的。

（二）适应性

全面预算的适应性包括外部适应性和内部适应性两个方面，它是由企业外部环境的变动性和内部环境的特殊性决定的。

（三）全面性

全面预算的全面性是由全面预算的基本属性决定的。全面预算的基本属性就是全面性，如果不具备全面性，也就不能称其为全面预算。

（四）机制性

全面预算的机制性是由全面预算的运行机制决定的。全面预算的运行机制就是将企业生产经营活动的决策管理过程机制化、模式化和规范化。

三、全面预算的优点

全面预算是在企业战略目标的指引下将企业资源进行科学、合理的有效配置和利用，同时通过预算执行分析，及时发现和解决过程中出现的经营问题，并通过预算评价考核，有效地激励企业经营活动按照预期的计划顺利进行，完成既定的经营目标，有利于全面提升企业管理水平和经营效率，实现企业价值最大化。

四、全面预算的业务流程

全面预算的业务流程包括预算编制、预算执行和预算考评三大基本环节。其中，预算编制环节包括拟定预算目标、预算编制和预算审批等内容；预算执行环节包括预算分解与落实、预算执行、预算控制、预算核算、预算调整、预算报告和预算审计等内容；预算考评环节包括预算分析、预算考评和预算奖惩等内容。三大基本环节及各项内容之间相互关联、相互作用、相互衔接，并周而复始地循环，从而实现对企业所有经济活动的科学管理与有效控制。

五、全面预算的编制原则

（一）目标性原则

预算编制要以完成经营目标为目标。经营目标是企业最高决策层制定的企业在预定期所要达到的经营目的和经营活动方向，企业在预定期的一切经营活动都要围绕着经营目标进行。因此，预算的编制必须围绕如何完成企业经营目标进行。

微课

全面预算

（二）全面性原则

预算编制的全面性包括预算编制部门和预算编制内容两个方面的要求。从编制部门来看，企业各个部门都要编制预算，从而使企业各个部门的业务活动全部纳入预算管理的范畴，并具有明确的工作责任目标；从编制内容来看，所有与企业经营目标有关的经济业务和事项，均要通过编制预算加以反映和规范，从而使企业的各项经营活动、投资活动和财务活动都能按照预算并围绕经营目标实施和进行。

（三）真实性原则

真实性是预算编制的基本要求，预算数据要做到真实可靠。首先，要求各项收入的来源数据要真实、可靠，对没有把握的收入项目和数额，不能计入收入预算，做到既不夸大收入数额，也不隐瞒收入数额。其次，各项成本费用支出要有依据有标准，对关系到企业生产经营活动正常运转的必要支出，编制预算时必须足量安排，不能留有预算缺口。

（四）可行性原则

编制预算不是目的，而是实现目的的手段。因此，编制的预算必须具有可行性。

（五）人本化原则

全面预算是否能成功，最终取决于企业的全体员工。因此，全面预算的编制必须重视预算的人本化。

（六）参与制原则

预算编制的参与制原则是指让负责预算执行的部门和人员参与到预算编制过程之中。

六、全面预算编制的程序

以编制年度预算为例，说明编制全面预算的程序。

（一）下达预算目标

预算管理委员会根据董事会制定的发展战略和经营目标，经过对预算期市场情况、企业自身情况等因素的科学预测，一般于每年9—10月份提出下一年度的企业全面预算目标，包括销售目标、成本费用目标、利润目标和长期投资方案等。

（二）编制草案上报

各预算编制部门按照企业下达的预算目标和预算编制大纲，结合自身特点以及预测的执行条件，经过认真测算后提出本部门的预算草案，于当年11月中旬上报预算管理部门。

（三）审查平衡

预算管理部门会同有关职能部门对各预算编制部门上报的预算草案进行审查、汇总，提出综合平衡的建议。在审查、平衡过程中，预算管理部门要进行充分协调、沟通，对发现的问题和偏差，提出初步调整意见，并反馈给有关预算编制部门予以修正。

对经过多次协调仍未达成一致的，应在充分调研的基础上，向预算管理委员会汇报，以确定是否调整有关预算编制部门的预算目标，并最终达到综合平衡。

（四）审议批准

预算管理部门在有关预算编制部门修正、调整预算草案的基础上，汇总编制企业全面预算方案，报预算管理委员会审议；预算管理委员会召集专门会议审议企业全面预算方案，对不符合企业发展战略或经营目标的事项，预算管理委员会要责成预算管理部门进行修订和调整；在反复修订、调整的基础上，预算管理委员会编制正式的年度全面预算草案，提交最高决策机构——董事会或股东（大）会审议批准。

（五）下达执行

预算管理部门将已经审议批准的年度全面预算，在次年1月份之前，逐级下达到各预算执行部门。

七、全面预算编制的起点

全面预算是由一系列预算按其经济内容及相互关系有序排列组成的有机体，各项预算之间，前后衔接相辅相成，存在着严密的钩稽关系，形成一个完整的、科学的、牵一发而动全身的预算管理体系。从其内容来看，主要包括经营预算、投资预算（资本预算）和财务预算三大部分。

作为全面预算的三个组成部分，企业应当按照先编制经营预算、投资预算，后编制财务预算的顺序编制全面预算。其中，经营预算的内容主要包括销售预算、生产预算、产品成本预算、期间费用预算以及其他经营预算。财务预算的主要内容包括现金预算、预计利润表和预计资产负债表。

任务二　经营预算编制

一、销售预算编制

（一）销售预算的概念

销售预算是预算期企业销售产品或提供劳务等销售活动的预算。主要依据年度经营目标、预测的市场销售量或劳务需求、企业自身的产品生产能力与结构、预计市场价格等因素编制。销售预算是大多数企业编制预算的起点，也是编制其他经营预算的基础。

微课

销售预算的编制

（二）销售收入预算的编制

销售预算包括发货数量预算、销售收入预算、应收账款预算、销售成本预算、销售费用预算和销售毛利预算等。

销售收入预算是按照"销售收入＝销售数量×销售单价"的基本公式，依据销售预测确定的产品销售量和销售价格编制的。

【案例7-1】雅风公司销售收入预算的编制

雅风公司要求销售公司按照公司2024年预算草案的要求，结合销售预测情况，编制2025年销售量和销售收入预算。

◆任务

已知A产品的销售单价为2万元/件，每季度的商品销售收入在当季收到货款的75%，其余在下一季度收讫。2024年期末应收账款余额为25万元。根据2025年产品销量预算表（见表7-1），编制2025年分季度销售收入预算。

表7-1　　　　　　　　　　2025年产品销量预算表

预算部门：销售公司　　　　　　　　　2024年10月12日　　　　　　　　　单位：件

产品名称	2024年预算	第一季度	第二季度	第三季度	第四季度
A产品	180	40	45	50	45

◆任务分析

已知每季度的销售量及销售单价，故可以计算出每季度的销售收入预算及现金收入情况。

◆完成任务

编制2025年销售收入预算（见表7-2）。

表7-2　　　　　　　　　　　　　2025年销售收入预算

预算部门：销售公司　　　　　　　2024年10月13日　　　　　　数量单位：件　金额单位：万元

项　目	第一季度	第二季度	第三季度	第四季度	全　年
预计销售量	40	45	50	45	180
预计单价	3	3	3	3	3
预计销售收入	120	135	150	135	540
期初应收账款	25	—	—	—	25
第一季度销售收现	90	30	—	—	—
第二季度销售收现	—	101.25	33.75	—	—
第三季度销售收现	—	—	112.5	37.5	—
第四季度销售收现	—	—	—	101.25	—
现金收入合计	115	131.25	146.25	138.75	531.25

二、生产预算编制

（一）生产预算的概念

生产预算是从事工业生产的预算执行单位在预算期所要达到的生产规模及其品种结构的预算。生产预算主要是在销售预算的基础上，依据各种产品的生产能力、各项材料及人工的消耗定额及其物价水平和期末存货状况编制。为了实现有效管理，还应当进一步编制直接人工预算、直接材料预算、制造费用预算。生产预算的执行部门是生产部门，因此，生产部门是编制生产预算的主体。

（二）产品产量预算的编制

产品产量又称产品实物量，是企业在一定时期生产的产品数量。它以验收合格入库的产品数量为计量标准，以实物单位为计量单位。所谓实物单位是指符合产品自然属性和外部特征的计算单位，如机床按"台"、汽车按"辆"、水泥按"吨"、布按"米"等。

产品产量预算是预算期企业组织产品生产活动的总体安排，由生产部门负责编制。

【案例7-2】雅风公司产品产量预算的编制

销售预算和产品存货预算草案编制完成后，雅风公司制造部根据产品销量及期初期末库存情况编制2025年产品产量预算（见表7-3）。

表7-3　　　　　　　　　　　　　2025年产品产量计算表

预算部门：制造部　　　　　　　　2024年10月14日　　　　　　　　　　　　单位：件

产品名称	期初存量	第一季度期末存量	第二季度期末存量	第三季度期末存量	第四季度期末存量
A产品	22	29	30	32	32

◆任务

编制产品产量预算。

◆任务分析

制造部获取计算产品产量预算所必需的预算期销售产品名称、销售数量、期末库存量、期初库存量等基本数据，完成任务。

◆操作步骤

（1）分析计算每季度所需的产品产量；

（2）根据产品产量计算表编制产品产量预算。

◆完成任务

完成任务的具体过程见表7-4。

表7-4   2025年产品产量预算

预算部门：制造部   2024年10月14日   单位：件

项 目	第一季度	第二季度	第三季度	第四季度	合 计
预计销售量	40	45	50	45	180
加：期末存货	29	30	32	32	—
减：期初存货	22	29	30	32	—
预计生产量	47	46	52	45	190

（三）直接材料预算的编制

直接材料预算是预算期企业产品生产所消耗的各种直接材料种类、数量及其成本的预算，是耗用材料种类、数量和时间的总体安排，由生产部门负责编制，财务部门予以协助。

微课

生产预算的编制

【案例7-3】雅风公司直接材料预算的编制

根据责任分工，雅风公司2025年直接材料预算由生产厂负责编制，制造部和储运部给予配合。已知A产品甲直接材料消耗定额为50千克，每千克甲材料价格为280元。预算期内每季度甲材料期末库存占下季度生产需要量的20%，预算期内期末材料存量为450千克，期初材料存量为400千克，每季度材料采购款在当季支付70%，其余在下季度支付。

◆任务

编制直接材料预算表和应付账款预算表。

◆任务分析

生产厂编制各自生产所需的直接材料表，并依据款项支付方式编制应付账款预算表。

◆操作步骤

（1）生产厂根据产品产量预算表和单位产品生产消耗定额编制直接材料预算表，并依据款项支付方式编制应付账款预算表；

（2）将直接材料预算表和应付账款预算表提交公司总部审批。

◆完成任务

根据表7-4和单位产品生产消耗定额，编制甲材料预算表（见表7-5）。

表7-5　　　　　　　　　　　　　2025年甲材料预算表

预算部门：生产厂　　　　　　　　　2024年10月14日　　　　　数量单位：件　金额单位：元

项　目	第一季度	第二季度	第三季度	第四季度	合　计
A产品产量	47	46	52	45	190
A产品消耗定额	50	50	50	50	——
甲材料耗用量	2 350	2 300	2 600	2 250	9 500
加：期末存货	460	520	450	450	450
减：期初存货	400	460	520	450	400
预计采购量	2 410	2 360	2 530	2 250	9 550
计划单价	280	280	280	280	——
采购金额	674 800	660 800	708 400	630 000	2 674 000

（2）根据采购材料的款项支付方式，编制应付账款预算表（见表7-6）。

表7-6　　　　　　　　　　　　　2025年应付账款预算表

预算部门：生产厂　　　　　　　　　2024年10月14日　　　　　　　　　单位：元

项　目	第一季度	第二季度	第三季度	第四季度	全年合计
应付账款期初余额	180 000				——
采购应付款	674 800	660 800	708 400	630 000	2 674 000
现金支出金额	652 360	665 000	694 120	653 520	2 665 000
应付账款期末余额	189 000				

（四）直接人工预算的编制

直接人工预算是预算期企业为完成生产任务所需的直接人工成本的预算，主要内容包括产品名称、产品产量、劳动定额、单位人工费和人工费总额等。直接人工由直接人工工资和其他人工成本构成，也就是企业给予一线生产员工的工资、奖金、津贴、补贴和福利等形式的报酬以及其他相关支出。

直接人工预算编制的主要依据是预算期的产品产量、工资制度、劳动定额、人工成本构成等资料。具体编制方法与工资制度有关。我国企业执行的工资制度主要有计时工资制和计件工资制两种基本形式。

1.计时工资制下的直接人工预算编制方法

计时工资制是根据员工的计时工资标准和工作时间来计算工资的制度，是我国工资分配的基本形式。计时工资制下直接人工预算编制过程如图7-1所示。

01	确定员工名单和工资标准	根据企业工资制度和标准
02	计算各种产品直接人工工资	$\sum$（某产品一线员工工资 × 计划工作时间）
03	计算各产品除工资外其他直接人工成本	一线员工的奖金、津贴和补贴等福利费
04	计算各产品负担的直接人工成本	某产品预算直接人工工资 + 某产品其他直接人工成本
05	计算直接人工总成本	$\sum$某产品预算直接人工成本
06	计算直接人工成本的现金支出	预算直接人工工资总额 + 其他直接人工成本的现金支出

图7-1　计时工资制下直接人工预算编制过程

2.计件工资制下的直接人工预算编制方法

计件工资制是按照一线生产员工的合格产品数量或作业量，以及预先规定的计件工资标准，来计算报酬的一种工资制度。计件工资不是直接用劳动时间来计量，而是用一定时间内的劳动成果——产品数量或作业量来计算的。计件工资制下直接人工预算编制过程如图7-2所示。

01	确定各产品工资定额、工资率、计件单价	根据企业工资制度和标准
02	计算各种产品直接人工工资	某产品产量 × 计价单价
03	计算各产品除工资外其他直接人工成本	一线员工的奖金、津贴和补贴等福利费
04	计算各产品负担的直接人工成本	某产品预算直接人工工资 + 某产品其他直接人工成本
05	计算直接人工总成本	$\sum$某产品预算直接人工成本
06	计算直接人工成本的现金支出	预算直接人工工资总额 + 其他直接人工成本的现金支出

图7-2　计件工资制下直接人工预算编制过程

【案例7-4】雅风公司直接人工预算的编制

沿用【案例7-3】的资料，雅风公司2024年一线生产人员实行集体计件工资制，按小时工资率和定额工资计算各产品负担的计件工资。计件工资的范围包括基本工资、奖金、津贴和补贴等；社会保险费、住房公积金、工会经费和职工教育经费以计件工资为基础，按工资规定的标准计提。

◆**任务**

已知每件A产品生产过程需要耗费200工时，小时工资率是25元/小时。根据直接人工预算基础资料和2025年产品产量预算，编制2025年直接人工预算表。

◆**任务分析**

由于雅风公司的生产人员实行集体计件工资制，因此直接人工的计算需要结合产品产量来进行计算。

◆操作步骤

（1）查找2025年产品产量预算表（见表7-5）；

（2）编制2025年直接人工预算。

◆完成任务

完成任务的具体过程见表7-7。

表7-7 　　　　　　　　　　　　2025年直接人工预算 　　　　　　　　产量单位：件

预算部门：生产厂 　　　　　　　　2024年10月14日 　　　　　　　　　金额单位：元

项　目	第一季度	第二季度	第三季度	第四季度	合　计
预计生产量	47	46	52	45	190
单位消耗定额	200	200	200	200	—
合计工时数	9 400	9 200	10 400	9 000	38 000
小时工资率	25	25	25	25	—
直接人工成本总额	235 000	230 000	260 000	225 000	950 000

（五）制造费用预算的编制

制造费用预算是预算期企业为组织和管理生产活动所发生的费用支出预算，主要包括生产单位名称、费用项目、费用金额和费用分配情况等。

【案例7-5】雅风公司制造费用预算的编制

雅风公司2025年制造费用预算由生产厂负责编制。已知生产厂的制造费用分为固定性制造费用和变动性制造费用。每季度的固定性制造费用主要包括两部分：折旧费用8万元；管理、保险、维护等其他固定性制造费用2万元（需在每季度初支付）。变动性制造费用分配率为0.1万/件。

◆任务

编制雅风公司生产厂2025年制造费用预算。

◆任务分析

把制造费用划分成固定性制造费用和变动性制造费用，然后分别进行计算。

◆操作步骤

（1）按照零基预算法编制固定性制造费用；

（2）按费用定额和预算期产品产量编制变动性制造费用；

（3）将固定性制造费用和变动性制造费用相加。

◆完成任务

完成任务的具体过程见表7-8。

表 7-8　　　　　　　　　　　　　2025 年制造费用预算　　　　　　　　　产量单位：件

预算部门：生产厂　　　　　　　　　　2024 年 10 月 14 日　　　　　　　　金额单位：元

项 目	项 目	第一季度	第二季度	第三季度	第四季度	合 计
变动性制造费用	产量	47	46	52	45	190
	分配率	0.1	0.1	0.1	0.1	—
	变动性制造费用小计	4.7	4.6	5.2	4.5	19
固定性制造费用	折旧费	8	8	8	8	32
	管理、保险、维护等费用	2	2	2	2	8
	固定性制造费用小计	10	10	10	10	40
制造费用合计		14.7	14.6	15.2	14.5	59
合计金额	非付现项目	8	8	8	8	32
	付现项目	6.7	6.6	7.2	6.5	27

三、产品成本预算编制

工业企业采用制造成本法核算产品成本。在制造成本法下，产品生产耗用的直接材料、直接人工和制造费用计入产品成本，管理费用、财务费用和销售费用则作为期间费用，直接计入当期损益。因此，采用制造成本法核算出来的产品成本也称为产品制造成本。

【案例 7-6】雅风公司产品成本预算的编制

雅风公司生产厂在直接材料预算（见表 7-5）、直接人工预算（见表 7-7）和制造费用预算（见表 7-8）编制完成的基础上，汇总编制产品成本预算。

◆任务

编制雅风公司生产厂 2025 年产品成本预算。

◆任务分析

根据已经编制完成的直接材料预算（见表 7-5）、直接人工预算（见表 7-7）和制造费用预算（见表 7-8），得到各成本项目数据，进行产品成本预算的编制。

◆操作步骤

A 产品单位成本和期末存货预算见表 7-9。

表7-9　　　　　　　　　　　**A产品单位成本和期末存货预算**　　　　　　产量单位：件
预算部门：生产厂　　　　　　　　　　　2024年10月14日　　　　　　　　金额单位：元

成本项目	单位消耗定额	单价标准	单位成本
直接材料	50	280	14 000
直接人工	200	25	5 000
变动制造费用	1	1 000	1 000
单位变动生产成本			20 000
单位固定性制造费用		400 000 ÷ 190 = 2 105	2 105
单位产品总成本			22 105
期末存货预算	期末存货数量		32
	期末存货余额		707 360

四、期间费用预算编制

（一）销售费用预算的编制

微课

产品成本预算
的编制

销售费用预算是预算期企业为销售产品或提供劳务所发生的各项费用的预算，主要内容包括费用项目、费用金额和费用发生时间等，反映预算期企业销售活动的费用支出情况。由销售部门负责编制，财务部门予以配合。

【案例7-7】雅风公司销售费用预算的编制

雅风公司2025年预算编制要求预算期销售费用控制目标为35万元。其中销售人员的工资总额为66 275元，销售公司管理人员的工资总额比2024年增长5%。销售公司负责编制销售费用预算。

（1）2025年加大销售力度，增加广告宣传费5万元；

（2）经过调整，将变动性销售费用确定为297 775元（2024年的销售费用金额247 775 + 50 000）。

（3）计算固定性销售费用。在2024年固定销售费用6万元的基础上，增加支出1.5万元。其中，2024年新的销售办公楼投入使用，增加折旧1万元、财产保险费3 313元；销售公司管理人员工资总额增长5%（1 687元）。因此，固定性销售费用 = 60 000 + 10 000 + 3 313 + 1 687 = 75 000（元）。

（4）采取措施落实销售费用预算35万元的目标。经过计算，2025年销售费用为372 775元，比公司下达的任务多了22 775元。为此，销售公司经过分析决定采取调整措施，将销售费用预算控制在35万元。具体措施如下：

①降低运杂费13 775元；

②减少差旅费4 000元；

③压缩业务招待费支出5 000元。

◆任务

编制雅风公司2025年销售费用预算表。

◆任务分析

销售费用预算编制的主要依据是预算期的销售收入预算、销售政策、销售内容、费用开支标准、销售费用率、基期销售费用水平等信息资料。因此，编制销售费用预算必须将上述基础资料归集整理。

◆操作步骤

（1）测算销售费用数额。

销售费用与销售收入、销售利润之间具有内在的联系，编制人员要通过分析销售收入、销售费用和销售利润的本量利关系，力求实现销售费用投入产出的最佳效果。

（2）编制销售费用预算。

在测算预算期销售费用的基础上，编制销售费用预算。

◆完成任务

编制雅风公司2025年销售费用预算表（见表7-10）。

表7-10　　　　　　　　　　　　2025年销售费用预算表

预算部门：销售公司　　　　　　　2024年10月24日　　　　　　　　　单位：元

费用项目		2024年预计金额	2025年测算		2025年预算				
			金额	校正	全年	第一季度	第二季度	第三季度	第四季度
变动性费用	销售人员薪酬	55 000	66 275	0	66 275	14 520	16 700	18 000	17 055
	运杂费	67 000	73 700	-13 775	59 925	12 920	15 100	16 600	15 305
	货物保险费	20 000	22 000	0	22 000	4 820	5 540	6 000	5 640
	广告宣传费	40 000	44 000	50 000	94 000	20 590	23 670	25 640	24 100
	差旅费	10 000	11 000	-4 000	7 000	1 750	1 700	1 700	1 850
	业务招待费	8 000	8 800	-5 000	3 800	820	1 000	1 060	920
	培训费	11 000	12 100	0	12 100	2 650	3 050	3 300	3 100
	售后服务费	7 000	7 700	0	7 700	1 690	1 940	2 100	1 970
	其他	2 000	2 200	0	2 200	490	550	600	560
	小计	220 000	247 775	27 225	275 000	60 250	69 250	75 000	70 500
固定性费用	管理人员薪酬	33 740	33 740	1 687	35 427	8 800	8 800	8 800	9 027
	折旧费	15 000	15 000	10 000	25 000	5 500	7 500	6 000	6 000
	财产保险费	6 670	6 670	3 313	9 983	2 300	2 300	2 650	2 733
	办公费	4 000	4 000	0	4 000	1 500	500	1 000	1 000
	其他	590	590	0	590	150	150	150	140
	小计	60 000	60 000	15 000	75 000	18 250	19 250	18 600	18 900
销售费用合计		280 000	307 775	42 225	350 000	78 500	88 500	93 600	89 400
非付现项目		103 740	115 015	11 687	126 702	28 820	33 000	32 800	32 082
付现项目		176 260	192 760	30 538	223 298	49 680	55 500	60 800	57 318

（二）管理费用预算的编制

管理费用预算是预算期企业组织和管理生产经营所发生的管理费用的总体安排，由各职能部门负责编制，财务部门或综合部门负责汇总，并编制管理费用总预算。

管理费用是企业为组织和管理企业生产经营活动，维持基本组织机构和经营能力而发生的各项费用。具体包括下列内容：

1.管理人员薪酬；

2.企业行政管理方面的费用（公司经费和业务招待费等）；

3.用于企业间接管理的费用（董事会费、咨询费、中介机构费、诉讼费和应交税费等）；

4.提供生产技术条件的费用（排污费、绿化费、技术转让费、技术开发费、研发支出和无形资产摊销等）；

5.固定资产运行维护的费用（固定资产折旧费、财产保险费和固定资产维修费等）；

6.其他费用。

【案例7-8】雅风公司管理费用预算的编制

雅风公司2025年预算编制要求，预算期酌量性管理费用预算比2024年降低10%，管理人员工资总额比2024年增长4%，其他管理费用据实从严控制。

约束性费用分解到有关归口管理部门测算。其中，职工薪酬由人力资源部负责；财产保险费、固定资产折旧费、应交税费由财务部负责。测算结果：职工薪酬81 458元；固定资产折旧费20 000元；财产保险费、应交税费与基期相同。

◆任务

编制雅风公司2025年管理费用预算。

◆任务分析

管理费用预算编制的基础资料包括基期费用情况、预算期费用增减变动因素和预算编制要求等信息。

◆操作步骤

（1）测算各项费用指标。

按费用可调性，将费用分为约束性费用和酌量性费用。

（2）编制管理费用预算。

由财务部门、预算管理部门或综合管理部门负责汇总编制企业预算年度管理费用预算。为了将管理费用各个项目落到实处，有效运用预算手段控制管理费用支出，应将管理费用表设计成分部门、分项目列示的表格。

◆完成任务

编制雅风公司2025年管理费用预算（见表7-11）。

（三）财务费用预算的编制

财务费用是指企业为筹集生产经营所需资金等而发生的筹资费用。具体内容为利息支出、汇兑损益、相关手续费、现金折扣和其他财务费用等。

表7-11　　　　　　　　　　　　　　2025年管理费用预算

预算部门：财务部　　　　　　　　2024年10月24日　　　　　　　　　　单位：元

项目		基期预计	2025年预算	2025年各部门管理费用预算										
				管理部	财务部	采购部	储运部	人力资源部	制造部	技术部	工程部	其他	甲分厂	乙分厂
约束性费用	职工薪酬	78 325	81 458	12 050	10 845	6 025	13 255	8 435	9 640	14 460	6 748	0	0	0
	保险费	1 000	1 000	0	0	0	0	0	0	0	0	1 000	0	0
	折旧费	21 000	20 000	0	0	0	0	0	0	0	0	20 000	0	0
	应交税费	8 000	8 000	0	0	0	0	0	0	0	0	8 000	0	0
	小计	108 325	110 458	12 050	10 845	6 025	13 255	8 435	9 640	14 460	6 748	29 000	0	0
酌量性费用	修理费	55 000	49 500	0	0	0	0	0	0	0	0	11 500	20 000	18 000
	办公费	24 500	22 050	4 000	6 050	1 000	1 000	2 000	1 000	3 000	4 000	0	0	0
	差旅费	19 600	17 640	1 000	2 040	4 600	2 000	3 000	1 000	3 000	1 000	0	0	0
	招待费	13 400	12 060	2 100	2 960	2 000	1 000	1 000	1 000	1 000	1 000	0	0	0
	其他	9 220	8 298	1 000	298	3 000	2 000	0	0	2 000	0	0	0	0
	小计	121 720	109 548	8 100	11 348	10 600	6 000	6 000	3 000	9 000	6 000	11 500	20 000	18 000
管理费用合计		230 045	220 006	20 150	22 193	16 625	19 255	14 435	12 640	23 460	12 748	40 500	20 000	18 000

【案例7-9】雅风公司财务费用预算的编制

雅风公司2025年财务费用预算基础资料见表7-12。

表7-12　　　　　　　　　　2025年财务费用预算基础资料

预算部门：财务部　　　　　　　　2024年10月24日

项目	第一季度	第二季度	第三季度	第四季度
银行借款平均余额/万元	150	190	200	210
借款月利率/‰	5	5	5	5
银行存款平均余额/万元	30	50	60	40
银行存款月利率/‰	0.5	0.5	0.5	0.5
承兑汇票贴现额/万元	5	5	5	5
承兑汇票贴现天数	30	30	30	30
承兑汇票月贴现率/‰	5	5	5	5
手续费/元	70	70	70	78.23

◆任务

编制雅风公司2025年财务费用预算。

◆任务分析

财务费用预算编制的基础资料包括基期费用情况、预算期费用增减变动因素、预算编制要求等信息。

◆操作步骤

（1）收集预算基础资料。

（2）测算财务费用指标。

将财务费用预算编制的基础资料收集齐全，确保其准确无误后，按照各自的计算公式就可以将财务费用测算出来。

（3）编制财务费用预算。

根据财务费用测算结果，按照费用项目、费用金额、发生时间的结构，汇总编制财务费用预算。

◆完成任务

编制雅风公司2025年财务费用预算（见表7-13）。

表7-13　　　　　　　　　　　　　　　2025年财务费用预算

预算部门：财务部　　　　　　　　　2024年10月24日　　　　　　　　　　单位：元

项　目	2025年	第一季度	第二季度	第三季度	第四季度
借款利息支出	112 500	22 500	28 500	30 000	31 500
减：利息收入	2 700	450	750	900	600
汇票贴现利息支出	1 000	250	250	250	250
手续费	288.23	70	70	70	78.23
合　计	111 088.23	22 370	28 070	29 420	31 228.23

任务三　财务预算编制

一、现金预算的编制

现金预算是预算期企业现金收支及筹措活动的预算，是对预算期企业现金收入、现金支出和现金筹措等现金收付活动的具体安排。这里所说的现金是指企业的库存现金和银行存款等货币资金。现金预算是企业按照收付实现制原则编制的，它综合反映了企业在预算期的现金流转情况及其结果。

（一）现金收入

现金收入包括计划期间的期初现金余额，加上本期预计可能发生的现金收入。一般来说，现金收入的主要来源是销售收入和应收账款的收回。该项资料可从销售收入预算（见表7-2）中获得。

（二）现金支出

现金支出包括计划期内预计可能发生的一切现金支出，如支付购料款、直接人工、制造费用及销售与管理费用等。该项资料可分别从直接材料采购预算（见表7-5）、直接人工预算（见表7-7）、制造费用预算（见表7-8）、销售费用预算（见表7-10）（为计算简便，此处省去了管理费用和财务费用预算）中获得。此外，还有缴纳所得税、购置固定资产、支付股利等事项。

（三）现金剩余或不足

将现金收入总额与现金支出总额进行轧抵，如收入大于支出即出现剩余，则可用来归还以前借款，或进行短期投资；如收入小于支出即出现短缺，则应通过向银行或其他单位举债等方式筹措。

（四）融通资金（或投放资金）

融通资金（或投放资金）是以现金余缺为出发点，包括计划期间需要在期初向银行借款的数额，以及在期末归还借款和偿付利息等事项。

在完成初步现金预算以后，企业就可以知道在计划期间需要多少经营资金，财务主管人员据以预先安排和筹措资金，来满足各个时期的资金需要。由此可见，为了有计划地安排和筹措资金，编制期间越短越好。西方国家有不少企业以星期为单位，逐周编制现金预算，但最常见的是按年度分季或按季度分月进行编制。

【案例7-10】雅风公司现金预算的编制

假设雅风公司预算期初现金余额为1万元，专门决策计划全年购置设备支出34万元，预计全年支付股利5.8万元，偿还到期借款30万元。

◆**任务**

根据相关资料编制雅风公司2025年现金预算。

◆**任务分析**

编制现金预算有利于现金收支的归口管理，有利于明确有关职能部门的现金收付责任，便于对现金收支完成情况的责任进行考核。

◆**操作步骤**

（1）审核各项预算中的现金收支项目。

财务部经过审核，认为经营预算及其他预算中的现金收支项目和数额符合公司2025年的现金政策，可以作为编制现金预算的基本依据。

（2）确认预算期需要偿还的融资债务。

通过排查，确认公司2025年需要归还银行短期借款30万元。

（3）确定预算期初、期末现金余缺。

财务部根据测算的现金最佳持有量、结合实际情况确定公司2025年预算期初现金余额为1万元，预算期末现金余额不低于1.5万元。

（4）确认预算期的现金余缺。

通过编制各项预算期现金收支汇总表，汇总、核实各项预算中的现金收支金额，结合2025年需要偿还的融资债务及期初、期末现金余额，计算出预算期的现金余缺。

◆**完成任务**

编制雅风公司2025年现金预算（见表7-14）。鉴于现金预算的编制流程较为复杂，本书不介绍其编制流程，了解现金预算的格式即可。

表7-14   2025年现金预算

预算部门：财务部   2024年11月4日   单位：元

项　目	现金收支金额	来　源
期初现金余额	10 000	已知
加：预算期现金收入	5 312 500	表7-3
现金收入合计	5 322 500	
减：预算期现金支出		
直接材料	2 665 000	表7-5
直接人工	950 000	表7-7
制造费用	270 000	表7-8
销售及管理费用	540 000	表7-10
预计所得税费用	182 500	已知
预计购置设备支出	340 000	已知
预计支付股利	58 000	已知
偿还借款	300 000	已知
现金支出合计	5 305 500	
期末现金余额	17 000	

二、预计利润表的编制

预计利润表是按照利润表的内容和格式编制的，它将预算期各项收入、费用以及构成利润的各个项目根据"收入－费用＝利润"的基本等式，依照一定的分类标准和顺序排列而成。其中，收入项目主要包括营业收入、公允价值变动净收益和营业外收入；费用项目主要包括营业成本、税金及附加、销售费用、管理费用、财务费用、资产减值损失、营业外支出和所得税费用等；利润项目主要包括营业利润、利润总额和净利润等。

【案例7-11】雅风公司预计利润表的编制

◆任务

沿用前述案例的资料，根据相关资料编制雅风公司2025年预计利润表，营业外收入和营业外支出忽略不计。

◆任务分析

预计利润表编制的主要依据是经营预算和投资预算中有关收入、成本、费用和收益的预算指标。因此，编制预计利润表必须首先将上述基础资料归集、整理到位。

◆操作步骤

参照前述案例中已编制好的销售预算、产品成本预算及期间费用预算的数据，编制预计利润表预算。

◆ 完成任务

雅风公司 2025 年度预计利润表见表 7-15。

表7-15　　　　　　　　　　　2025 年度预计利润表

预算部门：财务部　　　　　　　　2024 年 11 月 4 日　　　　　　　　　　　单位：元

项　目	2025 年度预算
一、营业收入	5 400 000
减：营业成本	4 000 000
税金及附加	40 000
销售费用	320 000
管理费用	220 000
研发费用	
财务费用	110 000
其中：利息费用	110 000
利息收入	
加：其他收益	
投资收益（损失以"－"号填列）	10 000
其中：对联营企业和合营企业的投资收益	
信用减值损失（损失以"－"号填列）	
资产减值损失（损失以"－"号填列）	
资产处置收益（损失以"－"号填列）	
二、营业利润（亏损以"－"号填列）	720 000
加：营业外收入	30 000
减：营业外支出	20 000
三、利润总额（亏损总额以"－"号填列）	730 000
减：所得税费用	182 500
四、净利润（净亏损以"－"号填列）	547 500
（一）持续经营净利润（净亏损以"－"号填列）	
（二）终止经营净利润（净亏损以"－"号填列）	

续表

项　目	2025 年度预算
五、其他综合收益的税后净额	
（一）不能重分类进损益的其他综合收益	
1. 重新计量设定受益计划变动额	
2. 权益法下不能转损益的其他综合收益	
3. 其他权益工具投资公允价值变动	
4. 企业自身信用风险公允价值变动	
……	
（二）将重分类进损益的其他综合收益	
1. 权益法下可转损益的其他综合收益	
2. 其他债权投资公允价值变动	
3. 金融资产重分类计入其他综合收益的金额	
4. 其他债权投资信用减值准备	
5. 现金流量套期储备	
6. 外币财务报表折算差额	
……	
六、综合收益总额	
七、每股收益	
（一）基本每股收益	
（二）稀释每股收益	

三、预计资产负债表的编制

预计资产负债表是按照资产负债表的内容和格式编制的，它综合反映了企业预算期初和期末各种资产、负债及所有者权益状况的变动情况。通过编制预计资产负债表，可以了解企业所拥有或控制的经济资源和承担的责任、义务，了解企业资产、负债和所有者权益各项目的构成比例是否合理，财务状况是否稳定，并以此分析企业的生产经营能力、营运能力和偿债能力。

【案例7-12】雅风公司预计资产负债表的编制

沿用前述案例的资料，假设雅风公司 2025 年经营预算及其他预算已经全部编制完毕，财务部负责编制 2025 年预计资产负债表。

◆**任务**

根据相关资料编制雅风公司2025年预计资产负债表。

◆**任务分析**

预计资产负债表是在预算期期初资产负债表的基础上，根据"资产＝负债＋所有者权益"这一会计恒等式所反映的三个会计要素之间的相互关系，依据企业编制的经营预算、投资预算、利润预算、现金预算和所有者权益预算等资料测算分析编制的。编制预计资产负债表具有控制和驾驭企业各项预算的重要作用。

◆**操作步骤**

（1）预计预算期期初数据；

（2）分析、计算预算期期末数据；

（3）确定预计资产负债表。

◆**完成任务**

雅风公司2025年预计资产负债表见表7-16。

表7-16　　　　　　　　　　　2025年预计资产负债表

预算部门：财务部　　　　　　　　　2024年11月4日　　　　　　　　　　单位：元

项　目	上年年末余额	期末余额
流动资产：		
货币资金	410 000	67 000
应收账款	250 000	337 500
其他应收款		
存货	598 310	833 360
流动资产合计	1 258 31	1 237 860
非流动资产：		
长期股权投资	550 000	550 000
固定资产	850 000	1 340 000
在建工程	2 800 000	80 000
非流动资产合计	1 680 000	1 970 000
资产总计	2 938 310	3 207 860
流动负债：		
短期借款	550 000	250 000
应付账款	180 000	189 000
应付职工薪酬	120 000	345 000
应交税费		

续表

项　目	上年年末余额	期末余额
流动负债合计	850 000	784 000
非流动负债：		
长期借款		
非流动负债合计		
负债合计	850 000	784 000
所有者权益（或股东权益）：		
实收资本（或股本）	1 700 000	1 700 000
资本公积		
盈余公积	280 000	420 000
未分配利润	108 310	303 860
所有者权益（或股东权益）合计	2 088 310	2 423 860
负债和所有者权益（或股东权益）总计	2 938 310	3 207 860

【学思践悟】新质生产力有望成为我国未来经济增长的新动能

新质生产力主要覆盖的三个方向对应体量如下：

（1）产业链供应链优化升级。根据国家统计局数据，2023年全国工业领域设备投资规模达4.4万亿元，同比增长8.7%，占全社会设备投资的70%以上。2024年4月，工业和信息化部等七部门联合印发《推动工业领域设备更新实施方案》提出，到2027年，工业领域设备投资规模较2023年增长25%以上，规模以上工业企业数字化研发设计工具普及率、关键工序数控化率分别超过90%、75%。2024年3月国家发展和改革委员会在召开的经济主题记者会上表示，将结合推进城市更新、老旧小区改造，分类推进建筑和市政基础设施领域设备更新，支持交通运输设备和老旧农业机械更新，推动教育、文旅、医疗等领域设备更新升级，带动更多先进设备的生产和应用；随着高质量发展的深入推进，设备更新的需求会不断扩大，初步估算这是一个年投资规模5万亿元以上的巨大市场。

（2）新兴产业和未来产业。新产业和新产品均保持较快培育和增长速度，2024年第一季度增长29.2%；太阳能电池增长20.1%；与光伏相关的多晶硅、单晶硅增速仍高达50%以上；服务机器人增长26.7%。2021年3月发布的《中华人民共和国国民经济和社会发展第十四个五年规划和2035年远景目标纲要》提出，要使战略性新兴产业增加值占GDP比重超过17%。2022年新一代信息技术、高端装备、新能源汽车等战略性新兴产业增加值占国内生产总值比重超过13%。2021年12月，工业和信息化部等八部门印发的《"十四五"智能制造发展规划》提出，到2025年，我国70%的规模以上制造业企业要基本实现数字化、网络化。根据赛迪研究院数据，2023年我国生成式人工智能的企业采用率已达15%，市场规模约为14.4万亿元。

（3）数字经济创新发展。2021年12月国务院印发的《"十四五"数字经济发展规划》提出，到2025年，数字经济迈向全面扩展期。2024年5月第七届数字中国建设峰会发布的《数字中国发展报告（2023年）》显示，2023年我国数字经济保持稳健增长，数字经济核心产业增加值占GDP比重达到10%。

工业和信息化部等五部门联合印发的《虚拟现实与行业应用融合发展行动计划（2022—2026年）》指出，到2026年，我国虚拟现实产业总体规模（含相关硬件、软件、应用等）超过3 500亿元，虚拟现实终端销量超过2 500万台。

随着新质生产力对产业结构的持续升级改造和应用领域的扩张，新质生产力将在未来国民经济中发挥更重要的作用，有望成为未来经济的新支柱与新动能。

资料来源：任泽平. 如何理解"新质生产力"[EB/OL].[2024-06-14]. https://finance.sina.com.cn/zl/china/2024-06-07/zl-inaxwnui5421391.shtml.

【启示】"新质生产力"代表一种生产力的跃迁。它是科技创新在其中发挥主导作用的生产力，高效能、高效率、高质量，区别于依靠大量资源投入、高度消耗资源能源的生产力发展方式，是摆脱了传统增长路径、符合高质量发展要求的生产力，是数字时代更显创新性、更具融合性、更体现新内涵的生产力。新质生产力的发展势必给企业原有业态带来较大改变，从业务到财务都会受到新质生产力发展的影响，企业全面预算管理也要顺应新质生产力的发展变化趋势，与时俱进，从而帮助企业实现战略目标。

引导案例解析

本项目"引导案例"解析如下：

◆任务分析

（1）预算编制的顺序，实质上是预算编制的程序，此处回答预算编制流程即可；

（2）根据预算编制的业务流程、编制原则和编制程序，厘清预算编制的内容。

◆操作步骤

（1）按照预算编制程序进行预算编制；

（2）按照预算编制的业务流程，遵守预算编制原则，由各预算编制部门进行科学编制。

◆完成任务

（1）在遵循下达预算目标、编制草案上报、审查预算平衡、审议批准以及下达执行的编制程序下，企业应当按照经营预算、投资预算、财务预算的顺序进行编制。

（2）首先，按照预算编制的业务流程进行，主要包括预算编制、预算执行和预算考评三大基本环节；其次，遵守预算编制的原则，主要包括目标性原则、全面性原则、真实性原则、可行性原则、人本化原则和参与制原则；最后，厘清预算编制的内容，主要包括经营预算、投资预算（资本预算）和财务预算三大部分。作为全面预算的三个组成部分，企业应当按照先编制经营预算、投资预算，后编制财务预算的顺序编制全面预算。其中，经营预算的内容主要包括销售预算、生产预算、产品成本预算、期间费用预算以及其他经营预算。财务预算的主要内容包括现金预算、预计利润表和预计资产负债表。

实训任务

实训一　澎湃公司销售收入预算的编制

澎湃公司计划本年只生产一种产品，有关资料如下：

（1）每个季度的产品销售货款有60%于当期收到现金，有40%于下个季度收到现金。预计第一季度末的应收账款为3 800万元，第二季度的销售收入为8 000万元，第三季度的销售收入为12 000万元。产品售价为1 000元/件。

（2）每个季度末的库存产品数量等于下一季度销售量的20%。单位产品材料定额耗用量为5千克，第二季度末的材料结存量为8 400千克，第二季度初的材料结存量为6 400千克，材料计划单价为10元/千克。

（3）材料采购货款在采购当期支付80%，剩余的20%在下季度支付，未支付的采购货款通过"应付账款"账户核算，第一季度末的应付账款为100万元。

◆任务

如果你是该企业的预算编制人员，请你计算下列项目：

（1）第一季度的销售收入；

（2）第二季度的销售收入；

（3）第二季度的预计生产量；

（4）第二季度的预计材料采购量；

（5）第二季度采购的现金支出合计。

◆完成任务

第一季度末的应付账款100万元，全部在第二季度支付。

（1）第一季度末的应收账款等于第一季度货款的40%，第一季度的销售收入 = 3 800 ÷ 40% = 9 500（万元）

（2）第二季度的销售现金收入合计 = 3 800 + 8 000 × 60% = 8 600（万元）

（3）第二季度的预计销售量 = 8 000 ÷ 1 000 = 8（万件）

第三季度的预计销售量 = 1 2000 ÷ 1 000 = 12（万件）

第一季度末的库存产品数量 = 8 × 20% = 1.6（万件）

第二季度末的库存产品数量 = 12 × 20% = 2.4（万件）

第二季度的预计生产量 = 第二季度的预计销售量 + 第二季度末的库存产品数量 – 第一季度末的库存产品数量 = 8 + 2.4 – 1.6 = 8.8（万件）

（4）第二季度的预计材料耗用量 = 8.8 × 10 000 × 5 = 440 000（千克）

第二季度的预计材料采购量 = 第二季度的预计材料耗用量 + 第二季度末的材料存量 – 第二季度初的材料存量 = 440 000 + 8 400 – 6 400 = 442 000（千克）

（5）第二季度采购的现金支出合计 = 100 + 442 000 × 10 × 80% ÷ 10 000 = 453.6（万元）

实训二　胜利公司销售预算表的填制

胜利公司编制销售预算的相关资料如下：

（1）胜利公司预计每季度销售收入中，有70%在本季度收到现金，30%于下一季度收到现金，不存在坏账。2024年末应收账款余额为6 000万元。假设不考虑增值税及其影响。

（2）胜利公司2025年的销售预算见表7-17。

表7-17　　　　　　　　　　　　胜利公司2025年销售预算　　　　　　　　　　金额单位：万元

项　目	第一季度	第二季度	第三季度	第四季度	全　年
预计销售量/万件	500	600	650	700	2 450
预计单价/（元/件）	30	30	30	30	30
预计销售收入	15 000	18 000	19 500	21 000	73 500
预计现金收入					
上年应收账款	*				*
第一季度	*	*			*
第二季度		B	*		*
第三季度			*	D	*
第四季度				*	*
预计现金收入合计	A	17 100	C	20 550	*

说明：*代表应收账款余额。由于同本实训项目的计算无关，所以用*号代替。

◆任务

请计算并填写表格中字母A、B、C、D所代表的数值（不需要列示计算过程）。

◆完成任务

（1）A = 15 000 × 70% + 6 000 = 16 500（万元）

B = 18 000 × 70% = 12 600（万元）

C = 19 500 × 70% + 18 000 × 30% = 19 050（万元）

D = 19 500 × 30% = 5 850（万元）

（2）2025年末预计应收账款余额 = 21 000 × 30% = 6 300（万元）

实训三　利丰公司全面预算的编制

利丰公司计划年度产销A产品，有关材料如下：

（1）2024年12月31日资产负债表（简表）见表7-18。

表7-18

资产负债表（简表）

编制单位：利丰公司   2024年12月31日   单位：元

资　产	金　额	负债和所有者权益（或股东权益）	金　额
库存现金	10 274	短期借款	50 000
应收账款	150 000	应付账款	80 000
原材料	95 600	应交税费	26 900
产成品	82 026	实收资本	528 000
固定资产	639 000	未分配利润	67 000
累计折旧	225 000		
资产合计	751 900	负债和所有者权益（或股东权益）合计	751 900

（2）计划2025年度销售及结存情况见表7-19。

表7-19

2025年度销售及结存情况

项　目	A产品/件	甲材料/千克	乙材料/千克
计划期初存量	930	9 000	4 520
预计第一季度销售量	3 000		
预计第二季度销售量	3 500		
预计第三季度销售量	3 500		
预计第四季度销售量	3 200		
预计第一季度期末存量	950	9 800	4 000
预计第二季度期末存量	960	10 000	4 500
预计第三季度期末存量	1 000	9 000	4 200
预计第四季度期末存量	900	8 500	3 800

（3）费用情况见表7-20。

表7-20

费用情况

项　目	A产品单位消耗
甲材料	6千克
乙材料	4.2千克
人工小时	2小时

A产品每件售价130元，每季度的商品销售在当季收到货款的占70%，其余部分在下季度收讫；甲材料每千克采购价5.6元，乙材料每千克采购价10元。每季度的购料款当季支付60%，其余在下季度支付。

其他资料如下：①直接人工每小时工资率5元；②全年预计折旧费120 000元，管理、保险、维护等其他固定制造费用116 700元，变动制造费用分配率为1.3元/小时；③全年预计发生固定销售费用84 700元，单位变动销售费用为1元/件。

◆任务

假设你是利丰公司的预算编制人员，请根据上述资料，编制该公司2025年度的销售预算、生产预算、材料采购预算、直接人工预算、制造费用预算、销售费用预算。以上各项预算的编制见表7-21至表7-27。

◆完成任务

表7-21　　　　　　　　　　　　　销售预算　　　　　　　　　　　金额单位：元

项　目		第一季度	第二季度	第三季度	第四季度	合　计
预计销售量/件		3 000	3 500	3 600	3 200	13 300
销售单价/（元/件）		130	130	130	130	130
预计销售额/元		390 000	455 000	468 000	416 000	1 729 000
预计现金收入	期初应收账款余额	150 000				150 000
	第一季度销售收入	273 000	117 000			390 000
	第二季度销售收入		318 500	136 500		455 000
	第三季度销售收入			327 600	140 400	468 000
	第四季度销售收入				291 200	291 200
	合　计	423 000	435 500	464 100	431 600	1 754 200
	期末应收账款余额			124 800		

表7-22　　　　　　　　　　　　　生产预算　　　　　　　　　　　　单位：件

项目	第一季度	第二季度	第三季度	第四季度	合　计
预计销售量	3 000	3 500	3 600	3 200	13 300
加：期末存货	950	960	1 000	900	900
减：期初存货	930	950	960	1 000	930
预计生产量	3 020	3 510	3 640	3 100	13 270

表7-23　　　　　　　　　　　　甲材料采购预算

项目	第一季度	第二季度	第三季度	第四季度	合　计
A产品产量/件	3 020	3 510	3 640	3 100	13 270
A产品单耗/（千克/件）	6	6	6	6	6
A产品材料耗用量/千克	18 120	21 060	21 840	18 600	79 620
加：期末存货/千克	9 800	10 000	9 000	8 500	8 500

续表

项 目	第一季度	第二季度	第三季度	第四季度	合 计
减：期初存货/千克	9 000	9 800	10 000	9 000	9 000
预计购料量/千克	18 920	21 260	20 840	18 100	79 120
计划单价/（元/千克）	5.6	5.6	5.6	5.6	5.6
预计采购金额/元	105 952	119 056	116 704	101 360	443 072

表7-24 　　　　　　　　　　　　　乙材料采购预算

项 目	第一季度	第二季度	第三季度	第四季度	合 计
A产品产量/件	3 020	3 510	3 640	3 100	13 270
A产品单耗/（千克/件）	4.2	4.2	4.2	4.2	4.2
A产品材料耗用量/千克	12 684	14 742	15 288	13 020	55 734
加：期末存货/千克	4 000	4 500	4 200	3 800	3 800
减：期初存货/千克	4 520	4 000	4 500	4 200	4 520
预计购料量/千克	12 164	15 242	14 988	12 620	55 014
计划单价/（元/千克）	10	10	10	10	10
预计采购金额/元	121 640	152 420	149 880	126 200	550 140
甲、乙材料采购金额合计/元	227 592	271 476	266 584	227 560	993 212

表7-25 　　　　　　　　　　　　　直接人工预算

项 目	第一季度	第二季度	第三季度	第四季度	合 计
预计生产量/件	3 020	3 510	3 640	3 100	13 270
标准工时/（小时/件）	2	2	2	2	2
预计工时	6 040	7 020	7 280	6 200	26 540
标准工资率/（元/小时）	5	5	5	5	5
直接人工成本总额/元	30 200	35 100	36 400	31 000	132 700

表7-26 　　　　　　　　　　　　　制造费用预算 　　　　　　　　　　　　金额单位：元

项 目		A产品
变动性制造费用	预计工时（小时）	26 540
	标准分配率/（元/小时）	1.3
	小 计	34 502

续表

项　目	A产品
固定性制造费用	116 700
合　计	151 202
减：折旧费	120 000
付现费用	31 202
制造费用预计每季度现金支出总额	31 202 ÷ 4 = 7 800.5

表7-27　　　　　　　　　　　　　销售费用预算　　　　　　　　　　金额单位：元

项　目	A产品
预计销售量/件	13 300
单位变动销售费用	1
预计变动销售费用	13 300
预计固定销售费用	84 700
合　计	98 000
预计每季度现金支出总额	98 000 ÷ 4 = 24 500

微课

东方甄选的
财务管理分析

项目八

存货控制分析

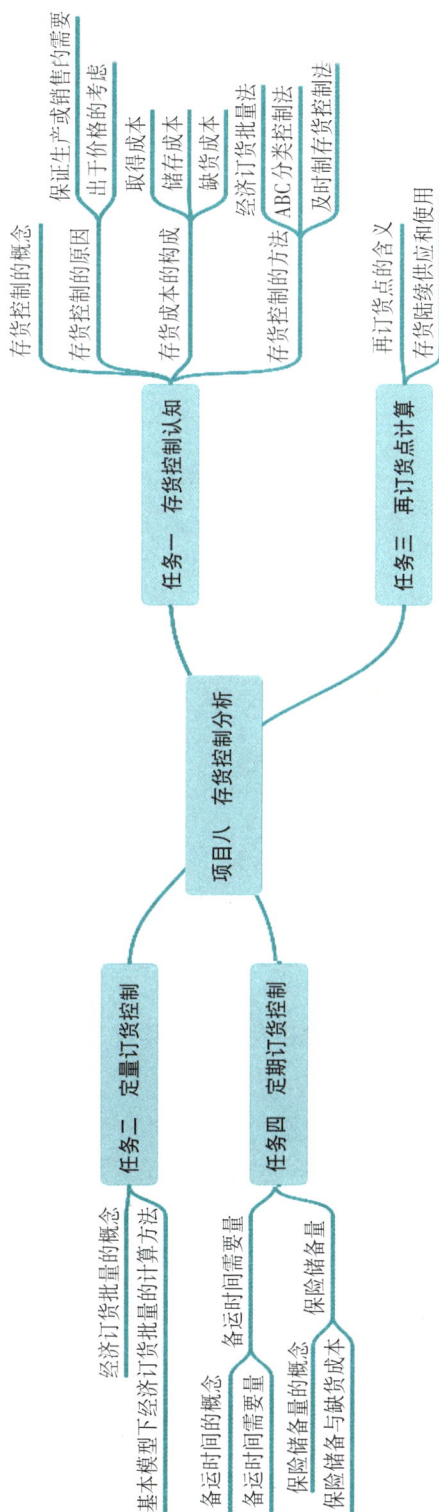

项目八思维导图

项目八 存货控制分析

任务一 存货控制认知
- 存货控制的概念
- 存货控制的原因
  - 保证生产或销售的需要
  - 出于价格的考虑
- 存货成本的构成
  - 取得成本
  - 储存成本
  - 缺货成本
- 存货控制的方法
  - 经济订货批量法
  - ABC分类存货控制法
  - 及时制存货控制法

任务三 再订货点计算
- 再订货点的含义
- 存货陆续供应和使用

任务二 定量订货控制
- 经济订货批量的概念
- 经济订货批量的计算方法
  - 基本模型下经济订货批量的概念

任务四 定期订货控制
- 备运时间的概念
- 备运时间需要量
- 保险储备量的概念
- 保险储备量
- 保险储备与缺货成本

素质目标

◆通过掌握企业存货控制，树立成本最低的经营理念，培养学生的节俭意识
◆通过运用科学的方法和标准进行存货控制，培养学生科学理性、遵规守纪、依法经营的职业操守

知识目标

◆熟悉存货控制的概念
◆熟悉存货控制的原因
◆掌握存货成本的构成
◆熟悉存货控制的三种方法
◆掌握经济订货批量的计算
◆掌握再订货点的计算方式
◆掌握备运时间与备运时间需要量的概念与计算方式
◆掌握保险储备量的建立

能力目标

◆通过认知存货控制，能熟知存货控制方法
◆通过掌握存货控制方法，能计算基本的经济订货批量、最优订货次数
◆通过了解再订货点与保险储备量原理，能运用模型计算企业存货的再订货点和保险储备量
◆通过完成存货控制任务，能提高企业存货管理能力

技能要点与重难点

技能要点	重难点
(1) 能运用存货成本的构成简单计算存货成本 (2) 能熟悉经济订货批量的概念、基本假设、原理 (3) 能掌握经济订货批量法及运用经济订货批量法计算确定最优订货次数 (4) 能够确定经济订货批量、再订货点 (5) 能够在经济订货批量法的基础上计算备运时间需要量、保险储备量 (6) 能够确定企业存货合理的保险储备量 (7) 能分析企业存货经济订货批量是否合理 (8) 能分析企业再订货点是否合理 (9) 能分析企业保险储备量是否合理	(1) 掌握存货成本计算 (2) 掌握经济订货批量法 (3) 运用经济订货批量法计算确定最优订货次数 (4) 确定经济订货批量、再订货点 (5) 计算备运时间需要量、保险储备量 (6) 确定企业存货合理的保险储备量 (7) 分析企业存货经济订货批量是否合理 (8) 分析企业再订货点是否合理 (9) 分析企业保险储备量是否合理

引导案例

B公司存货管理业务流程现状

一、产品采购环节

B公司的采购主要是完成形态的各种类型的产品,例如:PC、模块、电源、电机等。商务部门会在年初根据上一年度采购数量与合同签订的内容制订当年的采购计划,以此作为每月采购计划的基础。B公司的产品采购由销售、仓储及商务等部门联合完成。首先,销售部接收购货订单,然后与仓储部沟通,根据现有的存货数量,制订相应采购计划。最后商务部门根据经领导审批后的采购计划向德国集团进行产品采购。如有特殊需求,商务部门也会根据销售给出的客户订单,为客户单独定制采购计划。

二、存货入库环节

B公司验收入库的物资基本上都是产成品。在外购物资送达公司以后,由采购专员和仓库保管员共同进行验收,根据订单对货物信息进行核验。核准无误后,再由技术专员进行质检,质检结束后,保管员对不存在问题的货物进行入库操作,登记信息。对于存在质量问题的货物,由技术专员判断是自行修理,还是由采购专员联系德国总部进行退换货处理。

三、仓储保管环节

存货仓储保管对于公司十分重要,因此B公司管理层制定了仓储管理规定。首先,仓库管理人员对入库物资进行登记,然后对存货妥善摆放。仓库管理人员的日常工作内容包括对维持仓库正常运行,定期对存货进行清查、巡检并做好记录,保证仓储环境清洁卫生。发现存货存在问题应及时上报,根据领导反馈意见及时整改。对于领用出库申请报废的存货,要做到及时更新台账。

四、产品发出环节

对于库存商品的发出,原则上采用先进先出法。当产品需要发出时,销售人员根据销售合同填制销售审批单,由销售主管审批交由仓库管理人员。仓库管理人员检查销售审批单上的产品种类、数量的信息,与库存商品情况进行核对,填制出库单,经领导审核通过后安排库存商品出库,并更新存货台账。财务部根据出库单调整存货明细账。

五、盘点清查环节

目前,B公司的盘点清查制度相对完善,盘点清查是由财务部和仓储部主导,联合其他相关部门共同完成的。首先,盘点前,由财务部和仓储部编制盘点清查表,同时做好盘点计划和组建盘点小组等相关准备工作。其次,盘点小组在规定时间按照盘点清查表罗列项目,对存货进行盘点,并做好盘点记录。盘点完成后,盘点小组需要出具盘点报告,交由管理层审阅。最后,根据管理层的指示,对存在问题进行整改,同时做好存货账目的填制。

六、报废处置环节

首先,仓库管理人员在日常盘点和巡检中发现存货出现非人为损坏的现象之后,通知质检部门对有问题的存货进行检验,由技术部门出具检验是否报废的报告。其次,仓库管理人员根据报告结果，对存货提出报废处置申请，填制存货报废申请单，其中包括报废存货的基本信息和报废原因。连同质检报告上交管理层审批。最后，审批通过后，对报废存货进行相应处理，同时更新存货台账。

资料来源：白玉纯. B公司存货管理优化研究［D］. 上海：华东师范大学，2023（11）.

◆任务

（1）存货管理有什么意义？

（2）针对B公司存货管理业务流程现状你能发现什么问题？该如何解决？

任务一　存货控制认知

一、存货控制的概念

存货控制就是按照一定的标准和方法，对库存材料、在产品和产成品的批量进行反映和监督，报告当前存货的水平，提供进货决策相关的信息，控制存货批量和成本，使存货数量在不断变化中维持良好的状态。

二、存货控制的原因

（一）保证生产或销售的需要

实际上，企业很少能随时购入生产或者销售所需的各种物资，即使是市场供应量充足的物资也是如此。这不仅因为不时会出现某种材料的市场断档，还因为企业距供货点较远而需要必要的途中运输及可能出现运输故障。一旦生产或销售所需物资短缺，生产经营将被迫停止，这会给企业造成损失。为了避免出现停工待料、停业待货等事故，企业需要储存存货并对其实施控制。

（二）出于价格的考虑

零星购买物资的价格往往较高，整批购买物资在价格上常有优惠。如果企业出于购买价格的考虑，整批购入物资、分期分批使用，就会出现存货。此外，市场价格的波动使企业有必要在价格尚低时购入大量物资，以减少价格上涨造成的进货损失。

三、存货成本的构成

存货成本是影响存货水平的重要因素。存货控制的关键在于确定存货的最优水平，使其既能满足生产销售的需要，又能使存货耗费的总成本达到最低的水平。存货耗费的总成本包括取得成本、储存成本和缺货成本。

（一）取得成本

取得成本是指为取得某种存货而支出的成本，通常用TC_a表示，包括购置成本和订货成本。

1.购置成本

购置成本是由购买原材料而发生的买价（购买价格或者发票价格）和相关税费（包括运输费用、装卸费用和使材料达到预定可使用状态前发生的必要合理支出等，但不包括可以抵扣的增值税）构成的采购成本，其总额取决于采购数量和单位采购成本。采购的年需要量通常用 D 表示，单位采购成本（即单价）用 U 来表示，这时购置成本即为 DU。由于单位采购成本一般不随采购数量的变动而变动，因此在采购批量决策中，采购成本通常属于无关成本，但当供应商为了促进销售而采用数量折扣等优惠方法时，采购成本就是与决策相关的成本了。

2.订货成本

订货成本是指为了订购材料、货物等而发生的各种订货业务成本，包括采购人员的工资、采购部门的一般性费用（如办公费、水电费、折旧费和取暖费等）和采购业务费（如差旅费、邮电费和检验费等）。

订货成本分为固定订货成本和变动订货成本。固定订货成本是指为了维护企业一定的采购能力而发生的各期金额比较稳定的成本（如折旧费、办公费和水电费等），用 F_1 表示，这些费用各期之间相差不大，与企业订货次数和订货批量均没有关系，故一般将其作为与存货决策无关的成本，在进行存货相关决策时可不予以考虑。变动订货成本是指随着订货次数的变动而呈比例变动的成本（如差旅费、检查费等），用 K 来表示。这种成本一般与订货次数成正比例关系，属于变动性订货成本，是存货决策相关成本。如果用 Q 来表示每次订货的进货量，那么年订货次数即为 $\dfrac{D}{Q}$，此时，年变动订货成本计算如下：

$$年变动订货成本 = K \times \dfrac{D}{Q}$$

$$订货成本 = 固定订货成本 + 变动订货成本 = F_1 + K \times \dfrac{D}{Q}$$

在实际分析决策时，固定订货成本是存货决策无关成本，一般不会加以考虑，因为其属于共同成本。订货的存货相关成本公式可以简写为：

$$订货成本 = K \times \dfrac{D}{Q}$$

综上所述，订货成本加上购置成本就等于存货的取得成本，其公式可以表示为：

$$取得成本 = 购置成本 + 订货成本 = 购置成本 + 固定订货成本 + 变动订货成本$$

$$TC_a = DU + F_1 + K \times \dfrac{D}{Q}$$

（二）储存成本

储存成本是指一定时期（一般以一年为一个时期）企业为储存存货而发生的各种费用，其中包括支付给储运公司的搬运费、仓储费、保险费，以及存货占用资金所应计的利息（企业用现金购买存货，便失去了现金存放银行或投资于证券应取得的收入，为"放弃利息"；若企业借款购买存货，则要支付利息费用，为"付出利息"）、存货破损和存货变质等通常用 TC_c 来表示。

存货的储存成本分为固定储存成本和变动储存成本。固定储存成本是指企业为储存存货而发生的、与存货数量的多少无关、一直维持在一个稳定的水平上的成本，通常用 F_2 表示，如仓库的折旧、仓库固定职工的工资费用等，这些费用即使不用于储存存货上也会发生，而且金额固定；变动储存成本是指为储存存货而发生的与存货数量有关且成正比例关系的成本，如存货的破损和变质损失、存货的保险费用等，假设单位储存成本用 K_c 来表示，由于生产的需要，库存物资逐渐减少，所以通常用 $\dfrac{Q}{2}$ 表示平均存储量。其计算公式为：

$$年变动储存成本 = K_c \times \dfrac{Q}{2}$$

在实际分析决策时，固定储存成本是存货决策无关成本，一般不会加以考虑，因为其属于共同成本。储存的存货相关成本公式可以简写为：

$$储存相关成本 = K_c \times \dfrac{Q}{2}$$

综上所述，存货储存成本的计算公式可以表达为：

$$储存成本 = 固定储存成本 + 变动储存成本$$

即：

$$TC_c = F_2 + K_c \times \dfrac{Q}{2}$$

（三）缺货成本

缺货成本是指因库存存货发生短缺，无法及时满足生产经营的正常需要而造成的损失，包括停料造成的停工损失、因对客户延期交货而支付的违约金、产成品库存不足丧失的销售机会，以及为紧急购货而付出的额外购入成本（紧急情况下的额外购入开支会大于正常采购的开支）等内容。缺货成本一般是按照经验估算的，通常用 TC_s 来表示。

如果用 TC 来表示储备存货的总成本，则它的计算公式可以表述为：

$$TC = TC_a + TC_c + TC_s$$
$$= DU + F_1 + K \times \dfrac{D}{Q} + F_2 + K_c \times \dfrac{Q}{2} + TC_s$$

四、存货控制的方法

常用的存货控制方法主要包括以下几种：

（一）经济订货批量法

经济订货批量，是指通过平衡采购进货成本和保管仓储成本核算，以实现总库存成本最低的最佳订货量。在年度需要量一定的条件下，订货批量越大，储存成本就越多，订货成本就越少；反之，降低订货批量，可使存货的储存成本降低，但又会使订货成本随着订货次数的增加而增加。确定经济订货批量所要求的订货次数，即为最优订货次数。

经济订货批量法是传统存货管理的主要方法之一，通过控制采购批量、生产批量及再订货点，实现控制存货的目的。

经济订货批量法的主要缺点有：经济订货批量法的假设（如需求量、订货周期、相关成本等确切且可以提前知道）有时候是不现实而且不准确的；可能会导致过多的存货量及相应的过大存货成本；此外，经济订货批量法忽略了批量打折以及运费优惠等因素。

（二）ABC分类控制法

ABC分类控制法又称巴雷特控制法，是指将存货按其重要性进行分类，对重要程度不同的存货采取不同管理策略，即按照成本比重高低将各项成本分为A、B、C三类，对不同类别的成本采取不同控制方法。这一方法是一种比较经济合理的管理方法。

在通常情况下，A类成本占A、B、C三类成本总和的比重最大，一般应为70%以上，其实物数量不超过20%；B类成本比重为20%左右，其实物数量一般不超过30%；C类成本比重不超过10%，其实物数量不低于50%。

ABC分类控制法下成本的控制方法和使用范围见表8-1。

表8-1　　　　　　　ABC分类控制法下成本的控制方法和使用范围

类别	划分标准		控制方法	使用范围
	储存成本比重	实物数量比重		
A类	70%左右	不超过20%	重点控制	品种少、单位价值高的材料
B类	20%左右	不超过30%	一般控制	介于A类和C类之间的材料
C类	10%左右	不低于50%	简单控制	品种多、单位价值低的材料

（三）及时制存货控制法

及时制存货控制法是一种先进的存货管理方法，将"零库存"作为存货管理的理想目标，并千方百计地接近该目标。这种方法只有在有实际销售需求时才进行一系列的材料采购和生产行为，平时不备存货或尽可能少备存货。及时制存货控制法又称为牵引式存货控制系统或拉动式存货控制系统，它区别于传统的推动系统。传统的推动系统是根据销售预测进行排产，若销售预测不准则会造成存货大量积压。

及时制存货控制法基本流程：接到客户订单→及时排产→及时采购原料→及时生产→及时发货交付订单。及时制存货控制法属于精益生产的一种。

及时制存货控制法的主要优点有：可以减少存货的投资以及存货相关的一系列成本；生产更灵活，因为采用的是定制，以市场需求的变化为主导，没有存货的累赘，可以实现产品的灵活变化；缩短了生产时间，提高了质量，减少了保修成本，提高了效率和利润。

及时制存货控制法的主要缺点有：容易造成存货断档，影响生产和销售；过度依靠供应商，风险大；紧急订单可能需要经常加班，加班费增加。另外，生产运营可能过于紧张和严苛，影响员工士气和满意度等。

任务二　定量订货控制

一、经济订货批量的概念

按照存货管理的目的，需要通过合理的进货批量和进货时间，使存货相关的总成本最低，这个批量就叫作经济订货批量。

与存货总成本有关的变量（即影响总成本的因素）很多，为了解决比较复杂的问题，需要简化或者舍弃一些变量。所以，它需要建立以下的基本假设：

1.企业能够及时补充存货，即需要订货时便可立即取得存货；

2.货物能集中入库，而不是陆续入库；

3.不允许缺货，即无缺货成本，TC_s为零，这是因为良好的存货管理本来就不应该出现缺货成本；

4.货物的年需求量稳定，并且能够预测，即D为已知常量；

5.存货单价不变，即 U 为已知常量；

6.企业现金充足，不会因现金短缺而影响进货；

7.所需存货市场供应充足，不会因买不到需要的存货而影响其他方面。

在上述假设条件下，企业年采购成本为一定值，与每次采购批量无关，从而在确定最佳订货批量时，可以不考虑年采购成本。同时，存货的库存量随着时间的推移将直线下降，当降至零时新订购的一批存货将立即到货入库，存货库存量立即增至最高点。经济订货批量基本模型中库存量与时间的关系如图8-1所示。

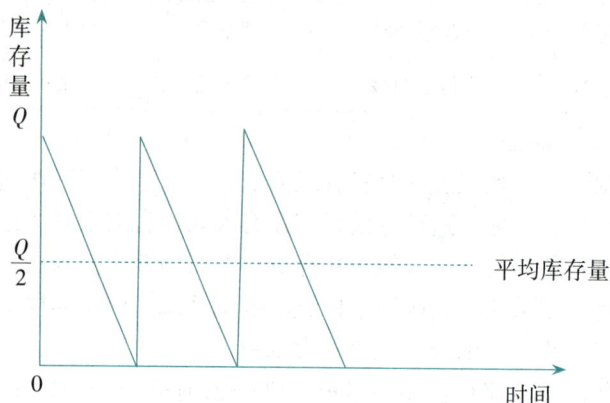

图8-1　经济订货批量基本模型中库存量与时间的关系

在上述假设条件之下，与存货决策相关的成本只有两项，一是年订货成本，二是存货的年持有成本。在订购存货时，每次订货批量越大，则每年订货次数越少，年订货成本越低。但是，每次订货批量越大，则平均库存量越多，年持有成本越高。经济订货批量基本模型如图8-2所示。

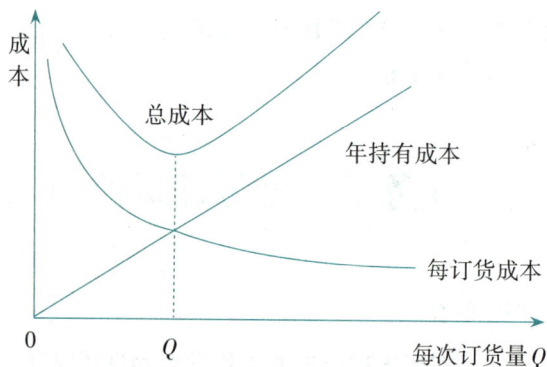

图8-2　经济订货批量基本模型

二、基本模型下经济订货批量的计算方法

我们需要定义以下变量：

Q^* 为经济订货批量；

Q 为每次订货量；

D 为年需求量；

U 为采购单价；

F_1 为订货固定成本；

K 为单位变动订货成本；

F_2 为储存固定成本；

K_c 为储存变动成本。

根据存货总成本的构成，存货总成本的计算公式如下：

$$TC = DU + F_1 + K \times \frac{D}{Q} + F_2 + K_c \times \frac{Q}{2}$$

根据经济订货批量基本模型的假设，F_1、K、D、U、F_2、K_c 为常数量，此时，TC 的大小取决于 Q。为了求得 TC 的最小值，对其进行求导，得出经济订货批量基本模型的计算公式如下：

$$Q^* = \sqrt{\frac{2KD}{K_c}}$$

求出的经济订货批量，可以使 TC 达到最小值。后续的定期订货控制和定量订货控制均是在该计算公式基础上进行的拓展。

经济订货批量基本模型的计算公式还可以演变为下列公式：

（1）每年的最佳订货次数公式：

$$N^* = \frac{D}{Q^*} = \frac{D}{\sqrt{\dfrac{2KD}{K_c}}} = \sqrt{\frac{DK_c}{2K}}$$

（2）与批量有关的存货总成本公式：

$$TC\,(Q^*) = \frac{KD}{\sqrt{\dfrac{2KD}{K_c}}} + \frac{\sqrt{\dfrac{2KD}{K_c}}}{2} \times K_c = \sqrt{2KDK_c}$$

（3）最佳订货周期公式：

$$t^* = \frac{1}{N^*} = \frac{1}{\sqrt{\dfrac{DK_c}{2K}}}$$

（4）经济订货批量占用资金：

$$I^* = \frac{Q^*}{2} \times U = \sqrt{\frac{KD}{2K_c}} \times U$$

【案例8-1】雅风公司相关经济订货批量计算

已知雅风公司只生产一种产品——A 产品，该产品所耗用的主要原材料为甲材料，每制造一件 A 产品需要消耗甲材料24千克。采购甲材料每次的变动订货成本为100元，单位材料的年储存成本为16元。假定该公司每年生产 A 产品1 200件，且年度内其需求量稳定。

◆任务

（1）计算甲材料的经济订货批量；

（2）计算存货相关的总成本；

（3）计算每年最佳订货次数。

◆任务分析

（1）甲材料的经济订货批量需要根据经济订货批量公式 $Q^* = \sqrt{\dfrac{2KD}{K_c}}$ 计算得到；

（2）存货相关的总成本需要根据公式 $TC(Q^*) = \sqrt{2KDK_c}$ 计算得到；

（3）每年最佳订货次数根据全年需求量和经济订货批量相除即可得到。

◆操作步骤

（1）根据已知条件可知，年需求量 $D = 1\,200 \times 24 = 28\,800$（千克），单位变动订货成本 $K = 100$ 元，单位储存成本 $K_c = 16$ 元，代入公式即可；

（2）将已知条件代入公式即可；

（3）全年需求量和经济订货批量相除即可得到。

◆完成任务

（1）经济订货批量 $= \sqrt{\dfrac{2 \times 28\,800 \times 100}{16}} = 600$（千克）

（2）存货相关总成本 $= \sqrt{2 \times 28\,800 \times 100 \times 16} = 9\,600$（元）

（3）每年最佳订货次数 $= \dfrac{28\,800}{600} = 48$（次）

任务三　再订货点计算

一、再订货点的含义

一般情况下，企业的存货不能做到随时补充，在需要订货时不能立即取得存货，因此，不能等存货用光再去订货。为了避免停工待料的情况发生，企业必须提前订货，订货提前期就是企业从订货到收到货所需要的天数。在提前订货的情况下，企业再次发出订货单时，尚有存货的库存量，称为再订货点，用 R 表示。它的数量等于平均交货时间（L）和每日需用量（d）的乘积。其计算公式如下：

$$R = L \times d$$

当企业库存量降至 R 时再订货，当存货全部用完时，所订材料刚好到达。再订货点时间关系图如图8-3所示。

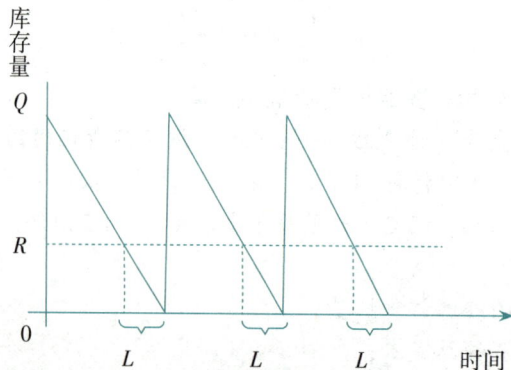

图8-3　再订货点时间关系图

二、存货陆续供应和使用

经济订货批量基本模型中假设存货一次全部入库。实际中，存货很难一次集中到货，各批存货可能陆续入库，存货陆续增加。尤其是产成品入库和在产品的转移，几乎是陆续供应和陆续耗用的，即边进货边使用。这时需要对经济订货批量基本模型进行一些简单的修改。

假设某零件年需求量为D，每日送货量为p，每日耗用量为d，单价为U，单位变动订货成本为K，单位储存变动成本为K_c。设经济订货批量为Q^*，由于每日送货量为p，故该批零件全部送达所需日数为$\dfrac{Q^*}{p}$，称为送货期。陆续供货时存货数量的变动如图8-4所示。

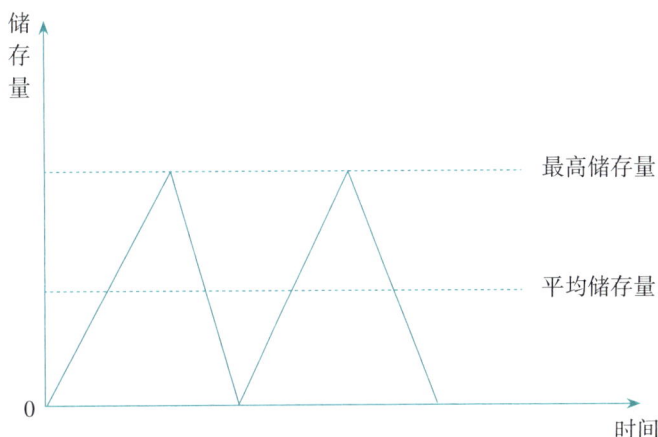

图8-4　陆续供货时存货数量的变动

这时，我们需要将存货经济订货批量基本模型进行拓展。

因为零件每日耗用量为d，故送货期内的全部耗用量为$\dfrac{Q^*}{p} \times d$。

因为零件边送边用，所以每批送完时，最高的库存量为$Q^* - \dfrac{Q^*}{p} \times d$。

平均库存量为$\dfrac{1}{2}\left(Q^* - \dfrac{Q^*}{p} \times d\right)$。

与存货批量相关的总成本为：

$$TC\left(Q^*\right) = \frac{D}{Q^*} \times K + \frac{1}{2}\left(Q^* - \frac{Q^*}{p} \times d\right) \times K_c$$

$$= \frac{D}{Q^*} \times K + \frac{Q^*}{2}\left(1 - \frac{d}{p}\right) \times K_c$$

在订货变动成本与储存变动成本相等时，$TC\left(Q^*\right)$值达到最小，此时存货陆续供应和使用的经济订货批量计算公式如下：

$$\frac{D}{Q^*} \times K = \frac{Q^*}{2}\left(1 - \frac{d}{p}\right) \times K_c$$

即：

$$Q^* = \sqrt{\frac{2KD}{K_c} \times \frac{p}{p - d}}$$

将这一经济订货批量代入上述 $TC(Q^*)$ 公式，可以得出存货陆续供应和使用的经济订货批量总成本计算公式如下：

$$TC(Q^*) = \sqrt{2KDK_c(1 - \frac{d}{p})}$$

以上即为存货经济订货批量的拓展模型。

陆续供应和使用的经济订货批量模型，还可以用于自制零件和外购零件的选择决策。自制零件与外购零件相比，自制零件是边送边用，虽然平均储存量较少，单位成本较低，但是每批零件投产的生产准备成本较高；外购零件的单位成本较高，平均储存量较高，但是每次订货成本较低。如果要在自制零件与外购零件之间作出选择，需要全面衡量它们各自的总成本，才能作出正确的结论，这就是存货陆续供应模型。

【案例8-2】雅风公司陆续供应下经济订货批量计算

已知雅风公司乙材料年需求量为6 000千克，每日送货量为30千克，每日耗用量为10千克，单价为200元。单位变动订货成本为900元，单位储存变动成本为20元。

◆任务

（1）计算乙材料的经济订货批量；

（2）计算该经济订货批量下相关的总成本。

◆任务分析

（1）乙材料的经济订货批量需要根据陆续供应经济订货批量模型，即经济订货批量公式 $Q^* = \sqrt{\frac{2KD}{K_c} \times \frac{p}{p - d}}$ 计算得到；

（2）存货相关的总成本需要根据公式 $TC(Q^*) = \sqrt{2KDK_c(1 - \frac{d}{p})}$ 计算得到。

◆操作步骤

（1）根据已知条件可知，年需求量 $D = 6\,000$ 千克，单位变动订货成本 $K = 900$ 元，单位储存变动成本 $K_c = 20$ 元，每日耗用量 $d = 10$ 千克，最大送货量 $p = 30$ 千克，代入公式即可；

（2）将已知条件代入公式即可。

◆完成任务

（1）乙材料的经济订货批量 $= \sqrt{\frac{2 \times 6\,000 \times 900}{20} \times \frac{30}{30 - 10}} = 900$（千克）

（2）该订货量下相关的总成本 $= \sqrt{2 \times 6\,000 \times 900 \times 20 \times (1 - \frac{10}{30})} = 12\,000$（元）

任务四 定期订货控制

一、备运时间需要量

(一) 备运时间的概念

备运时间是指企业从发出订购存货开始直到收到订购存货所需要的时间。具体包括：(1) 办理订购存货手续的时间；(2) 供应商供货所需要的发运时间；(3) 发运途中运送的时间；(4) 到货验收入库所需时间；(5) 使存货达到预定可使用状态前的加工整理时间。每次存货的备运时间可能不同，所以，实际上，备运时间一般会采用过去各次同类存货订货实际需要备运时间的平均值。其计算公式如下：

$$T = \frac{t_1 + t_2 + t_3 + \cdots + t_n}{n}$$

式中：n 为实际订货备运时间次数，t_1、t_2、$t_3\cdots t_n$ 为第 n 次订货的备运时间。

需要注意的是，当次订货备运时间是根据以前备运时间计算出来的平均值，等到下次订货时，需要根据当次实际的备运时间对当次备运时间进行调整，从而作为下次订货备运时间计算的基础，以此类推。

【案例8-3】雅风公司A材料订货备运时间计算

已知雅风公司2024年上半年A材料共订货3次，每次订货相关时间列表见表8-2。

表8-2　　　　　　　　　2024年上半年A材料订货相关时间列表　　　　　　　单位：天

次　数	订购手续时间	供应商发运时间	在途运送时间	验收入库时间	加工整理时间
第1次	1	1	5	1	2
第2次	2	1	5	1	2
第3次	2	3	5	2	3

◆任务

计算雅风公司第4次订货的备运时间。

◆任务分析

备运时间包括办理订购存货手续的时间、供应商供货所需要的发运时间、发运途中运送的时间、到货验收入库所需时间以及使存货达到预定可使用状态前的加工整理时间。实际上，备运时间一般会采用过去各次同类存货订货实际需要备运时间的平均值。

◆操作步骤

(1) 分别计算雅风公司前三次订购A材料的实际备运时间；

(2) 取前三次订购A材料实际备运时间的平均值作为雅风公司第四次备运时间。

◆完成任务

(1) 雅风公司第1次订购A材料实际备运时间 = 1 + 1 + 5 + 1 + 2 = 10（天）

雅风公司第2次订购A材料实际备运时间 = 2 + 1 + 5 + 1 + 2 = 11（天）

雅风公司第3次订购A材料实际备运时间＝2＋3＋5＋2＋3＝15（天）

雅风公司第4次订购A材料备运时间＝（10＋11＋15）÷3＝12（天）

（2）通过上述计算可知，雅风公司第4次订购A材料备运时间为12天。

经过第4次订货之后，假设雅风公司订购A材料的实际相关时间见表8-3。

表8-3　　　　　　　　　2024年上半年A材料订货实际相关时间列表　　　　　　　　单位：天

次　数	订购手续时间	供应商发运时间	在途运送时间	验收入库时间	加工整理时间
第1次	1	1	5	1	2
第2次	2	1	5	1	2
第3次	2	3	5	2	3
第4次	2	3	6	2	3

雅风公司第1次订购A材料实际备运时间＝1＋1＋5＋1＋2＝10（天）

雅风公司第2次订购A材料实际备运时间＝2＋1＋5＋1＋2＝11（天）

雅风公司第3次订购A材料实际备运时间＝2＋3＋5＋2＋3＝15（天）

雅风公司第4次订购A材料实际备运时间＝2＋3＋6＋2＋3＝16（天）

雅风公司第5次订购A材料备运时间＝（10＋11＋15＋16）÷4＝13（天）

通过上述计算可知，雅风公司第5次订购A材料备运时间为13天。

（二）备运时间需要量

备运时间需要量是备运时间内企业需要该存货的库存量。其计算公式如下：

备运时间需要量＝存货平均日消耗量×备运时间（天数）

需要注意的是，这里的备运时间（天数）是计算的备运时间而并非实际备运时间，因为在计划进货时，并不能完全知道整个订购过程的实际发生时间（天数）。

【案例8-4】雅风公司A材料订货备运时间需要量计算

沿用【案例8-3】的资料，已知雅风公司A材料的平均日消耗量为10千克。

◆任务

计算雅风公司第4次和第5次存货采购的备运时间需要量。

◆任务分析

根据"备运时间需要量＝存货平均日消耗量×备运时间（天数）"可知，需要根据存货平均日消耗量和备运时间（天数）计算备运时间需要量。

◆操作步骤

（1）计算求得备运时间天数；

（2）计算A材料存货的平均日消耗量；

（3）计算第4次和第5次的备运时间需要量。

◆完成任务

（1）第4次备运时间在【案例8-3】中已经得到，即12天；

在已知条件中，A材料存货的平均日消耗量为10千克；

则：第4次存货采购备运时间需要量＝12×10＝120（千克）

（2）第5次备运时间在【案例8-3】中已经得到，即13天；

在已知条件中，A材料存货的平均日消耗量为10千克；

则：第5次存货采购备运时间需要量 $= 13 \times 10 = 130$（千克）

提示：企业在准备第4次采购订货时，应该在尚有A材料120千克的时候，就应该着手准备再次订货，等到下批货到达企业时（发出订货单12天后），原有库存A材料刚好用完。此时，有关存货的每次订货批量、订货次数、订货间隔时间等并无变化，与瞬间补充时相同。这就是说，备运时间对经济订货批量并没有影响，可以按原来瞬时补充情况下的经济订货批量订货，只不过需要达到备运时间需要量120千克时即发出订货单。企业准备第5次存货采购订货的时间，应该是在A材料尚有130千克的时候。

二、保险储备量

（一）保险储备量的概念

保险储备又称为安全储备，是为了预防供货过程中出现意外情况而建立的储备，一般情况下不能动用。保险储备量的确定，取决于两个因素：一是交货误期天数，即超过平均交货间隔时间的天数；二是每日耗用量。其计算公式如下：

$$保险储备量 = 平均每日需要量 \times 保险储备天数$$

例如，A材料年需要量（D）为7 200件，已经计算出经济订货批量为240件，每年订货次数是30次。又知全年平均日需求量（d）为10件，平均备运时间（L）为20天。为了防止外部需求变化引起缺货成本，设置保险储备量（B）为100件，此时，再订货点R由此而相应提高为：

$$再订货点 = 平均备运时间 \times 平均日需求量 + 保险储备量$$
$$= L \times d + B = 20 \times 10 + 100 = 300（件）$$

在第一个订货周期，$d = 10$，不需要动用保险储备；在第二个订货周期，$d > 10$，需求量大于供货量，需要动用保险储备；在第三个订货周期，$d < 10$，不仅不需要动用保险储备，正常储备尚未用完，下次存货已经到达。

库存耗竭往往给企业带来不利的影响（如停产等待新的材料运达或者失去顾客等）。为了避免上述不利影响，企业应该建立保险储备并确定一个最佳安全库存量，从而将可能发生的额外成本降到最低。

（二）保险储备与缺货成本

建立保险储备，虽然能够在一定程度上避免缺货或者供应中断造成的损失，但是存货平均储备量加大会使储备成本升高。建立保险储备的目的是要找出合理的保险储备量，使缺货成本或供应中断损失和储备成本之和最小。确定保险储备量的方法是先计算出不同保险储备量的总成本，再对总成本进行比较，选定其中最低的总成本对应的保险储备量。

假设与此相关的总成本为TC（S、B），缺货成本为Cs，保险储备成本为C_B，则：

$$TC（S、B） = C_S + C_B$$

假设单位缺货成本为K_u，一次订货缺货量为S，年订货次数为N，保险储备量为B，单位储存变动成本为K_c，则：

$$TC（S、B） = K_u \times S \times N + B \times K_c$$

现实中，缺货量S往往具有概率性，其概率可根据历史经验估计得出；保险储备量B

可以选择而定。

【案例8-5】雅风公司保险储备量的选择

假定雅风公司某存货的年需要量 $D = 7\,200$ 件，单位缺货成本 $K_u = 2$ 元，单位储存变动成本 $K_c = 4$ 元，平均备运时间 $L = 10$ 天，单位订货成本 $K = 1$ 元。已经计算出经济订货量 $Q = 240$ 件，每年订货次数 $N = 30$ 次，备运时间内存货需求量及其概率分布见表8-4。

表8-4   备运时间内存货需要量及其概率分布

需要量（$10 \times d$）/件	140	160	180	200	220	240	260
概 率	0.01	0.04	0.2	0.5	0.2	0.04	0.01

◆ 任务

确定雅风公司在存在保险储备的情况下的再订货点。

◆ 任务分析

（1）计算再订货点：

R = 平均备运时间 × 平均日需求量 + 保险储备量

（2）计算不同保险储备下的总成本：

$TC(S、B) = K_u \times S \times N + B \times K_c$

式中：缺货量 S 需要根据概率分布计算其期望值。

（3）对总成本进行比较，选定其中最低的再订货点。

◆ 操作步骤

（1）计算不设置保险储备量的成本；

（2）计算保险储备量为20件的成本；

（3）计算保险储备量为40件的成本；

（4）计算保险储备量为60件的成本；

（5）比较不同保险储备量下的成本，选择成本最小者为再订货点。

◆ 完成任务

（1）不设置保险储备量的成本计算。

即令 $B = 0$，此时的再次订货点 = 平均备运时间 × 平均日需求量 = $10 \times 20 = 200$（件），其中平均日需求量 = $7\,200 \div 360 = 20$（件）。当需求量为200件或者小于200件时，不会发生缺货，其概率为0.75（$0.01 + 0.04 + 0.2 + 0.5$）；当需求量为220件时，缺货20件（$220 - 200$），其概率为0.2；当需求量为240件时，缺货40件（$240 - 200$），其概率是0.04；当需求量是260件时，缺货60件（$260 - 200$），其概率为0.01。因此，$B = 0$ 时缺货的期望值 S_0、总成本 $TC(S、B)$ 可计算如下：

$S_0 = (220 - 200) \times 0.20 + (240 - 200) \times 0.04 + (260 - 200) \times 0.01 = 6.2$（件）

$TC(S、B) = K_u \times S \times N + B \times K_c = 2 \times 6.2 \times 30 + 0 \times 4 = 372$（元）

（2）保险储备量为20件成本的计算。

即令 $B = 20$ 件，以220件为再订货点。当需求量为220件或者小于220件时，不会发生缺货，其概率为0.95（$0.01 + 0.04 + 0.2 + 0.5 + 0.2$）；当需求量为240件时，缺货20件（$240 - 220$），其概率为0.04；当需求量为260件时，缺货40件（$260 - 220$），其概率是0.01。因此，$B = 20$ 时缺货的期望值 S_{20}、总成本 $TC(S、B)$ 计算如下：

S_{20} =（240 – 220）× 0.04 +（260 – 220）× 0.01 = 1.2（件）

TC（S、B）= K_u × S × N + B × K_c = 2 × 1.2 × 30 + 20 × 4 = 152（元）

（3）保险储备量为40件成本的计算。

即令 B = 40件，以240件为再订货点。当需求量为240件或者小于240件时，不会发生缺货，其概率为0.99（0.01 + 0.04 + 0.2 + 0.5 + 0.2 + 0.04）；当需求量为260件时，缺货20件（260 – 240），其概率是0.01。因此，B = 40时缺货的期望值 S_{40}、总成本 TC（S、B）可计算如下：

S_{40} =（260 – 240）× 0.01 = 0.2（件）

TC（S、B）= K_u × S × N + B × K_c = 2 × 0.2 × 30 + 40 × 4 = 172（元）

（4）保险储备量为60件成本的计算。

即令 B = 60件，以260件为再订货点。当需求量为260件或者小于260件时，不会发生缺货，此种情况下可以满足最大需求，不会发生缺货，因此：

S_{60} = 0

TC（S、B）= K_u × S × N + B × K_c = 2 × 0 × 30 + 60 × 4 = 240（元）

通过上述计算可知，当 B = 20时，总成本为152元，是各总成本中最低的，故应该确定保险储备量为20件，此时再订货点为：

再订货点 = 平均备运时间 × 平均日需求量 + 保险储备量 = 10 × 20 + 20 = 220（件）

【学思践悟】京东云仓的民族自豪感

"京东云仓的仓库中每一件商品都有属于自己的货位编码，这是它们的门牌号。通过货位编码，可以更快地找到它的家，也就意味着它会更快地到达消费者的家。"

"Cloud"这个词最早出现在1994年，用以指代互联网。现在，云和仓搭配在一起，指代的正是快递业与互联网技术结合之后，仓储功能的大变革。云仓即利用云计算以及现代管理方式，依托仓储设施进行货物流通的全新物流仓储体系产品。仓库不是什么新鲜事物，加上一个"云"字，究竟会产生什么化学反应？传统仓储的管理模式主要集中于货物的安全和货品数量的稳定，就是不起火、不丢货等。而云仓，在保证货物安全和货品数量的前提下，还要有更精细化的管理。

比如，电商根据大数据分析，提前备货至仓库，可以实现就近发货、区内配送；大数据分单系统使分拣效率提高30%以上，实现配送网点地址的精确计算，使包裹不再多走冤枉路；通过订单数据的整合，可以对超过50%的快递网点提供预警预报，帮助其提前揽收快件……

对快递企业而言，云仓不仅是上游电商客户和下游消费者的黏合剂，还在跨境业务中起到重要作用。商家搞产品活动时，SKU（库存量单位）以万为单位，日均发单量过万件。这样的体量如果是普通的仓库根本无法承受，而依靠强大的智能化仓储系统，偌大的云仓有条不紊地运转，系统还能实时监测到商品在云仓中的状态。

京东云仓的出现，使以消费需求为出发点的新仓储布局模式代替了从前以产地为核心的仓储模式。商家根据系统大数据预测，提前备货到就近云仓，为客户提供了更快、更优质的服务，大大提高了客户黏性。

资料来源：编者根据网络资料修改而成。

【启示】京东是中国综合网络零售商，是中国电子商务领域受消费者欢迎和具有影响力的电子商务网站之一。近三年，京东基于物联网、大数据、人工智能等技术不断升级"智能供应链和智能物流"核心能力，正在成为像水、电、气一样的新一代基础设施。在2020年初的新冠肺炎疫情考验下，京东在智能供应链和智能物流上的投入再一次以显著的社会效益得以凸显，从重点防疫物资的输送到高效的物流配送，从保障民生用品供应到助推滞销农产品上线销售，京东智能供应链和智能物流对企业复工复产、群众生活保障发挥了积极作用。作为民族企业，京东对新技术的运用，极大地节约了经济资源；京东的爱国情怀，极大地彰显了民族自豪感。

引导案例

本项目"引导案例"解析如下：

◆ 任务分析

（1）存货管理的意义，可以从企业经营管理和工作人员的角度等进行分析；

（2）结合B公司存货管理现状、存在的问题，分析可能存在的解决方案。

◆ 操作步骤

（1）首先，从企业经营管理角度进行分析；其次，从工作人员角度进行分析；最后，从经济效益角度进行分析。

（2）分析B公司存货管理流程，根据流程中的痛点，提出有针对性的解决方案。

◆ 完成任务

（1）存货管理的意义是帮助仓库管理负责人对库存商品进行全面的控制和管理；帮助会计进行库存商品的核算；可以为企业提供库存报表和库存分析，为决策提供依据；降低库存量、减少资金占用率，避免库存的积压或短缺，保证经营活动顺利进行，最终目的是提高经济效益。

（2）存在的问题：存货管理流程不规范，出库流程尚未得到健全和完善，在大多数仓库管理人员看来，准确地发出货物代表着货物的数量和种类不存在任何问题，因此可以不用关注进货的顺序。根据实际工作情况来看，仓库管理人员在登记的过程中如果没有针对库存商品进行详细的记录，会导致发货时缺乏足够的参考依据，从而影响发货的效率和准确性。

解决方案：规范存货管理流程。首先，需要解决入库这一关键问题。当外部采购的产品到达时，仓储部门的员工应当按照公司内部的编码规则重新对这些产品进行编码。经过编码后，这些物料应当被妥善地放置在指定的库位上，以便后续的领用和盘点工作能够进行。在这个过程中，需要确保物料不会被随意堆放或混乱摆放。最好能够准备一些醒目的标识，代表不同种类的物料，以便仓库管理人员能够迅速、准确地找到所需的物料，以满足发货订单的需求。同时，仓库管理人员还应该了解存放的产品特点和储存要求，根据这些要求将产品进行分类，并将它们放置在不同的区域，以实现标准化管理。其次，需要定期检查产品的状况、数量和编码等信息，确保数据的准确性。如果发现存货的型号或编码不清晰，应当及时进行补打印或替换，以防止数据错误，以便后续的领用管理。在仓储管理过程中，如果发现存货在外观上不符合要求，应当立即对其进行标识，并将其放置在专门的区域进行物理隔离，以防止误领用。最后，对于已经丧失了利用价值的库存产品，应该由公司的产品技术部门和仓储部门共同评估其处理方式。可以考虑将这些产品用于市场部的样品展示，或者由产品技术部门、财务部门和仓储部门三方联合评估是否将其变卖。这样可以最大程度地减少存货的浪费和损失。

实训任务

实训一 经济订货批量基本模型的应用

甲企业是一个汽车挡风玻璃批发商，为5家汽车制造商提供挡风玻璃。该公司总经理为了降低与存货有关的总成本，决定采用最佳的采购批量。有关资料如下：

（1）挡风玻璃的单位进货成本为1 300元。

（2）全年需求预计为9 900块。

（3）每次订货发出与处理订单的成本为38.2元。

（4）每次订货需要支付运费68元。

（5）每次收到挡风玻璃后需要验货，验货时外聘一名工程师，验货需要6小时，每小时支付工资12元。

（6）存储挡风玻璃需要租用公共仓库。仓库租金每年2 800元，另外按平均存量加收每块挡风玻璃12元/年。

（7）挡风玻璃为易碎品，损坏成本为年平均存货价值的1%。

（8）公司的年资金成本为5%。

（9）从订货至挡风玻璃到货，需要6个工作日。

（10）在进行有关计算时，每年按300个工作日计算。

资料来源：闫华红等. 2023年注册会计师考试应试指导及全真模拟测试：财务成本管理之轻松过关一［M］. 北京：北京科学技术出版社，2023. 编者有改动.

◆任务

（1）计算每次订货的变动成本；

（2）计算每块挡风玻璃的变动储存成本；

（3）计算经济订货批量；

（4）计算与经济订货批量有关的存货总成本；

（5）计算再订货点。

◆完成任务

（1）每次订货的变动成本 = 每次处理订单成本 + 每次运费 + 每次验货费

$$= 38.2 + 68 + 6 \times 12 = 178.2（元）$$

（2）每块玻璃的变动储存成本 = 单件仓储成本 + 单件毁损成本 + 单件存货占用资金

$$= 12 + 1\ 300 \times 1\% + 1\ 300 \times 5\% = 90（元）$$

（3）经济订货批量 $= \sqrt{\dfrac{2 \times 9\ 900 \times 178.2}{90}} = 198（块）$

（4）与经济订货批量有关的存货总成本 $= \sqrt{2 \times 9\ 900 \times 178.2 \times 90} = 17\ 820（元）$

（5）再订货点 $= 6 \times \dfrac{9\,900}{300} = 198$（块）

实训二　经济订货批量拓展模型的应用

甲公司生产产品需要某材料，年需求量为720吨（一年按照360天计算）。甲公司材料采购实行供应商招标制度，年初选定供应商并确定材料价格，供应商根据甲公司的订货指令发货，运输费用由甲公司承担。目前有两个供应商方案可供选择，相关资料如下：

方案1：选择A供应商，材料价格为每吨3 000元，每吨运费100元，每次订货还需要支付过路费、过桥费等固定运费500元。材料能够集中到货，正常情况下从订货至到货需要10天，正常到货的概率为50%，延迟1天到货的概率为30%，延迟两天到货的概率为20%。当材料缺货时，每吨缺货成本为50元。如果设置保险储备，以一天的材料消耗量为最小单位。材料单位储存成本为200元/年。

方案2：选择当地B供应商，材料价格为每吨3 300元，每吨运费20元，每次订货还需支付固定运费100元。材料在甲公司指令发出当天即可送达，但每日最大送货量为10吨。材料单位储存成本为200元/年。

资料来源：闫华红等. 2023年注册会计师考试应试指导及全真模拟测试：财务成本管理之轻松过关一［M］. 北京：北京科学技术出版社，2023. 编者有改动.

◆任务

（1）计算方案1的经济订货批量；分别计算不同保险储备量的相关成本，并确定最合理的保险储备量；计算方案1的总成本。

（2）计算方案2的经济订货批量和总成本。

（3）从成本角度分析，确定甲公司应该选择的方案。

◆完成任务

（1）方案1的计算过程及计算结果如下：

①经济订货批量的计算。

根据已知条件可知，与经济订货批量相关的每次订货成本 $K = 500$ 元，单位变动储存成本 $K_c = 200$ 元，年需要量 $D = 720$ 吨，则方案1经济订货批量为：

$$Q_1 = \sqrt{\dfrac{2 \times 720 \times 500}{200}} = 60 \text{（吨）}$$

②确定合理的保险储备量。

平均日耗用量 $d = \dfrac{720}{360} = 2$（吨）

年订货次数 $N = \dfrac{720}{60} = 12$（次）

缺货概率分布见表8-5。

表8-5　　　　　　　　　　　缺货概率分布

项　目	不延迟	延迟1天	延迟2天
交货期内的总需求量／吨	$10 \times 2 = 20$	$11 \times 2 = 22$	$12 \times 2 = 24$
概　率	0.5	0.3	0.2

第一，不设置保险储备量。

$B = 0$，此时再订货点 $R = 10 \times 2 = 20$（吨）

缺货量 $S = （22 - 20）\times 30\% + （24 - 20）\times 20\% = 1.4$（吨）

相关总成本 $= 1.4 \times 12 \times 50 + 0 \times 200 = 840$（元）

第二，设置保险储备量2吨。

$B = 2$吨，此时再订货点 $R = 10 \times 2 + 2 = 22$（吨）

缺货量 $S = （24 - 22）\times 20\% = 0.4$（吨）

相关总成本 $= 0.4 \times 12 \times 50 + 2 \times 200 = 640$（元）

第三，设置保险储备量4吨。

$B = 4$吨，此时再订货点 $R = 10 \times 2 + 4 = 24$（吨）

缺货量 $S = 0$

相关总成本 $= 0 \times 12 \times 50 + 4 \times 200 = 800$（元）

综上，最合理的保险储备量为2吨。此时，方案1的总成本为：

$TC_1 = 720 \times （3\,000 + 100）+ \sqrt{2 \times 720 \times 500 \times 200} + 640 = 2\,244\,640$（元）

（2）方案2的计算过程及计算结果如下：

变动订货成本 $K = 100$元，单位变动储存成本 $K_c = 200$元，经济订货批量计算如下：

$$Q_2 = \sqrt{\dfrac{2 \times 720 \times 100}{200 \times (1 - \dfrac{2}{10})}} = 30$$（吨）

方案2的总成本为：

$$TC_2 = 720 \times （3\,300 + 20）+ \sqrt{2 \times 720 \times 100 \times 200 \times (1 - \dfrac{2}{10})} = 2\,395\,200$$（元）

（3）根据方案1和方案2的计算结果可知，方案1的总成本低，所以应该选择方案1。

注意：变动订货成本是与订货次数有关的成本，每吨运费100元，与订货次数无关，因此，不属于单位订货成本，是材料成本的直接构成，计入购置成本。

项目九
业绩评价分析

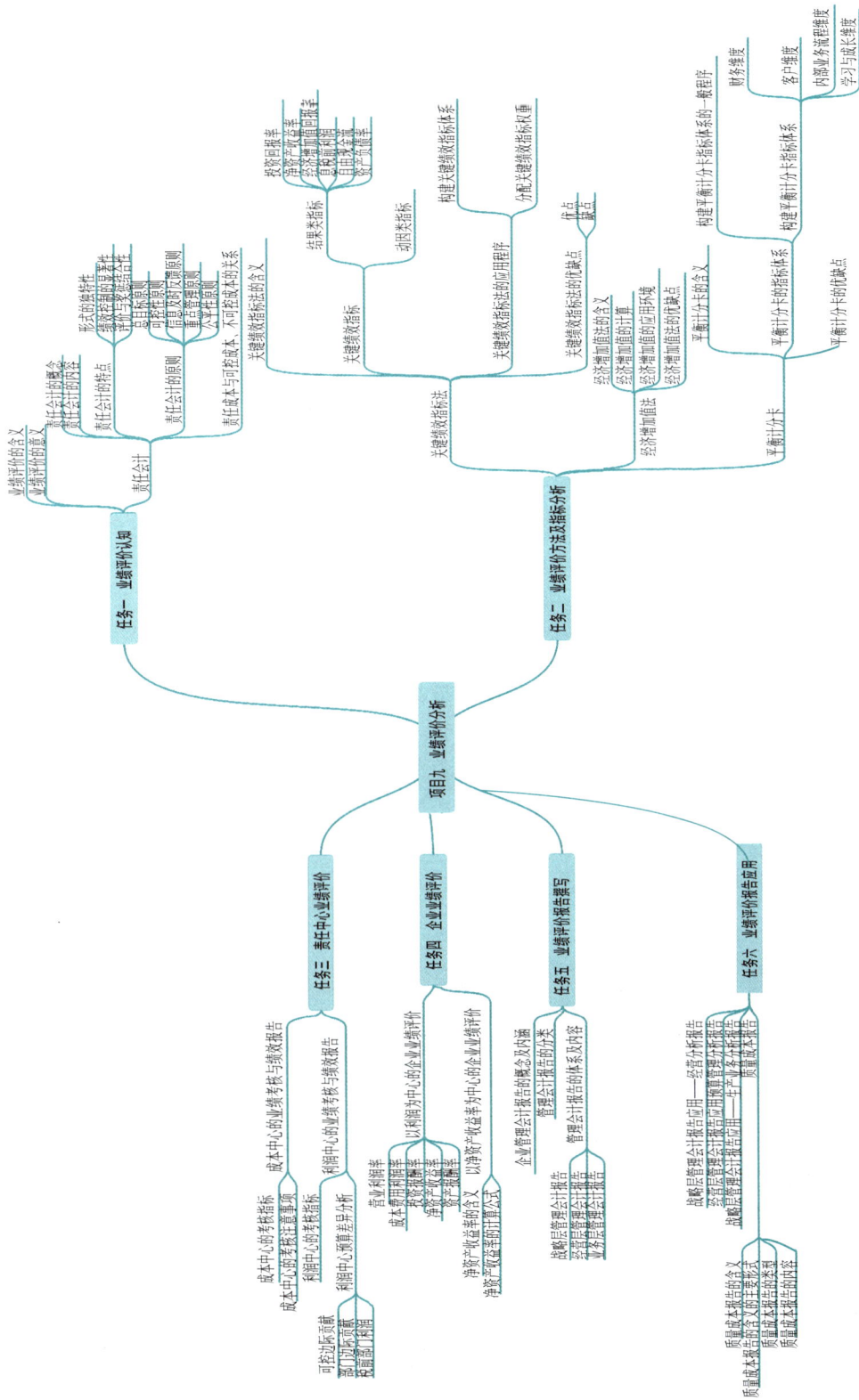

项目九思维导图

项目九 业绩评价分析

任务一 业绩评价认知
- 业绩评价的含义
- 业绩评价的意义
- 责任会计
  - 责任会计的含义
  - 责任会计的特点
  - 责任会计的内容
  - 责任会计的原则
    - 贯彻责任归属原则
    - 目标一致原则
    - 例外管理原则
    - 重点管理原则
    - 权责明确原则
    - 形式的多样性
    - 绩效考核与薪金挂钩
    - 科学合理性
    - 公平合理
    - 易掌握操作
  - 责任成本与可控成本、不可控成本的关系
- 关键绩效指标的含义

任务二 业绩评价的方法及指标分析
- 关键绩效指标
  - 关键绩效指标
    - 结果类指标
      - 投资回报率
      - 净资产收益率
      - 经济增加值回报率
      - 销售利润率
      - 自由现金流
      - 经营利润率
    - 动因类指标
  - 构建关键绩效指标体系
  - 分配关键绩效指标权重
  - 关键绩效指标法的应用程序
- 关键绩效指标法
  - 关键绩效指标法的含义
  - 关键绩效指标法的优点
    - 优点
    - 缺点
- 经济增加值法
  - 经济增加值法的含义
  - 经济增加值的计算
  - 经济增加值的应用环境
  - 经济增加值法的优缺点
- 平衡计分卡
  - 平衡计分卡的含义
  - 平衡计分卡的优点
  - 平衡计分卡的缺点
  - 构建平衡计分卡的指标体系
    - 构建平衡计分卡指标体系的一般程序
    - 构建平衡计分卡指标体系
      - 客户维度
      - 财务维度
      - 内部业务流程维度
      - 学习与成长维度

任务三 责任中心业绩评价
- 成本中心的考核指标
  - 成本中心前考核指标
  - 利润中心的考核指标
    - 可控边际贡献
    - 部门边际贡献
    - 部门营业利润
- 成本中心的业绩考核与绩效报告
  - 利润中心的业绩考核与绩效报告
  - 营业利润率
  - 净资产收益率
  - 成本费用利润率
  - 净资产收益率
  - 净资产收益率为企业业绩评价
    - 成本中心的含义
    - 以利润为中心的企业业绩评价
    - 以净资产收益率为收益率业绩评价
    - 净资产收益率的计算公式

任务四 企业业绩评价

任务五 业绩评价报告撰写
- 企业管理会计报告的概念及内涵
- 管理会计报告的分类
  - 管理会计报告的体系及内容
    - 战略层管理会计报告
    - 经营层管理会计报告
    - 业务层管理会计报告

任务六 业绩评价结果应用
- 战略层管理会计报告应用——经营分析报告
- 经营层管理会计报告应用——预算管理分析报告
- 业务层管理会计报告应用——质量成本分析报告
  - 质量成本产生的含义
  - 质量成本产生的主要表现
  - 质量成本产生的原因
  - 质量成本报告的内容

素质目标

◆通过掌握企业业绩评价方法，培养学生运用科学方法论分析实践问题的能力
◆通过掌握企业业绩评价报告编写和分析，培养学生具有科学观和大局观的意识
◆通过学习企业业绩评价，培养学生树立具有使命感和责任感的中国梦信心

知识目标

◆熟悉业绩评价的含义和意义
◆掌握责任会计
◆掌握业绩评价方法及指标
◆掌握责任中心业绩评价
◆掌握业绩评价报告编写

能力目标

◆通过认知业绩评价含义及意义，能运用业绩评价方法进行业绩评价
◆通过熟悉责任会计概念、内容、特点和原则，能掌握业绩评价指标含义及运用业绩评价方法，能评价成本中心、利润中心、投资中心的业绩，能评价基于利润、净资产收益率的企业业绩，能编写业绩评价报告
◆通过学习企业业绩评价，能分析企业销售收入，能分析企业费用结构，能分析企业经营能力，能分析企业净资产收益率

技能要点与重难点

技能要点	重难点
(1) 能掌握并熟练运用业绩评价方法	(1) 掌握业绩评价指标
(2) 能掌握并熟练评价成本中心、利润中心、投资中心的业绩	(2) 运用业绩评价方法
(3) 能掌握并熟练评价基于利润和净资产收益率的企业业绩	(3) 进行责任中心业绩评价
(4) 能掌握并熟练编写业绩评价报告	(4) 编写业绩评价报告
(5) 能分析企业销售收入	(5) 分析企业利润和净资产收益率
(6) 能分析企业费用结构	
(7) 能分析企业经营能力	
(8) 能分析企业净资产收益率	

引导案例

北京积水潭医院：健全业财融合成本体系，赋能公立医院精益管理

北京积水潭医院作为全国知名的北京市市属三甲医院，持续开拓临床科技核心创新力，积极发挥骨科、烧伤科等重点学科的带头作用，不断探索适合自身发展的、可复制的全面成本管控和运营管理模式。

随着医院收支规模的不断扩大，医教研防各类业务活动、资金资产预算成本绩效经济活动、人财物技术资源配置愈加复杂，成本管控、运营管理的压力逐渐加大，在机遇与挑战并存的关键发展期，北京积水潭医院群策群力，夯基础、建机制、促发展、强管理，上下齐心构建业财融合的成本一体化管理体系，力争加快补齐运营管理短板和弱项，向精细化管理要效益。

一、成本体系建设历程

北京积水潭医院2005年启动科室全成本核算，2009年采用作业成本法建立项目成本核算，2011年采用叠加法形成病种成本核算，2019年在北京市范围内首发启动DRG成本核算，至今已搭建形成较为成熟的一体化全成本核算体系。

2019年实施《政府会计制度——行政事业单位会计科目和报表》后，医院结合会计科目和支出经济分类规范，重新梳理设置成本项目，优化成本分摊方案，夯实了权责发生制下的全成本核算基础。

在财政部《事业单位成本核算具体指引——公立医院》的进一步规范指导下，随着医院一院三区规模的不断扩大，为进一步精细核算颗粒度，加强成本管控与应用，全院多部门联合部署，成功搭建院内统一的科室成本核算单元体系，打通各业务系统底层科室设置，并形成科室变更联动机制。截至目前，三个院区共计设置最小成本核算单元586余个，其中，临床服务类277个，医疗技术类118个，医疗辅助类90个，行政后勤类101个，为院区、科室乃至诊疗组的精准核算、精益管控奠定了良好基础。

二、财经信息化管理

北京积水潭医院聚焦统筹管理布局，明确定位"一把手工程"成本管理，有组织、有计划、有步骤、分阶段地推进医院成本核算落地实施。在成本管理信息化建设上，北京积水潭医院构建成本核算、成本分析共抓共管的顶层设计思路。

2019年，北京积水潭医院在北京市属医院范围内首次成功上线成本一体化信息系统，将科室、项目、病种、DRG成本核算系统有效整合，实现了真正的核算数据一次提取、颗粒精细、同根同源、互联互通。

近两年，在完善的成本管理体系和内控制度流程的基础上，医院稳步推进信息化建设，挖掘释放数据潜力，打破业务信息孤岛，建设医院运营管理系统平台，多样化成本管控分析，实现数据可视、问题明确、沟通扁平的精细化管理。

从被动核算到主动分析，医院借助大数据与信息化技术，不断打造升级院长驾驶舱和科室运营分析平台，组织团队自主规划设计科主任述职报告PPT，为领导科学决策提供有效支撑。

三、"走动式"管理模式

2021年年初，为落实《国务院办公厅关于推动公立医院高质量发展的意见》，以及国家卫生健康委员会和国家中医药管理局发布的《关于开展"公立医疗机构经济管理年"活动的通知》《关于加强公立医院运营管理的指导意见》《关于印发公立医院成本核算规范的通知》等政策要求，北京积水潭医院以改革创新为动力，探索精益成本管理体系建设，从思想上、行为上、组织上、资源上全面提升成本保证能力。

北京积水潭医院深化业财融合管理理念，推行"走动式"服务新模式。成本、物价、运营与绩效、医保等多个经济管理部门组合发力，将医院发展规划、运营管理相关政策文件、科室人财物资源配置、医疗服务项目及DRG成本、专科专病等数据资料带到临床科室身边，通过深入沟通调研，制定逻辑简单、针对性强的运营指标，科学运用波士顿矩阵、本量利等分析方法，综合评价科室的投入、产出及资源使用效率，聚焦解决科室弱项短板与困难问题，打通职能部门壁垒，盘活数据资源信息，实现PDCA闭环管理。

四、"人才引领"队伍建设

为贯彻落实《国家中长期人才发展规划纲要（2010—2020年）》、财政部会计司《会计行业中长期人才发展规划（2010—2020年）》（财会〔2010〕19号）和《会计行业人才发展规划（2021—2025年）》（财会〔2021〕34号）精神，进一步加快医院经济管理人才培养步伐，着力培养造就一批符合医院运营管理与经济发展要求的高素质、复合型管理会计人才，北京积水潭医院不断深耕人才创新管理模式，畅通沟通机制，拓展培训交流，持续培养集专业与管理于一身的人才队伍，为医院高质量发展提供坚强支撑。目前，医院已有多名同志入选国家级、北京市卫生健康行业经济管理领军人才培养项目，逐步实现关键引领、骨干带动的人才梯队建设。

近年来，北京积水潭医院一直致力于优化数据沟通与反馈机制，通过搭班子、带团队的人才培养方式，促进医疗业务与财务管理的有机融合，完善满足医院管理决策的多层次成本应用体系，借助财经信息化持续推动业务流程升级，实现数据驱动管理。

未来，医院将持续关注医疗动向及学科需求，进一步深化研究多院区、专科诊疗组、专病医疗中心、单台设备等更为前沿的成本核算，积极探索，以点带面，完善分析报告体系，落实成本管控举措，实现医院高质量、可持续发展。

资料来源：佚名.北京积水潭医院：健全业财融合成本体系，赋能公立医院精益管理[EB/OL].[2022-08-19]. https://kjs.mof.gov.cn/kuaijifagui/202208/t20220819_3835014.htm.

◆任务

请尝试编写北京积水潭医院的管理会计经营分析报告。

任务一　业绩评价认知

一、业绩评价的含义

企业业绩评价是现代公司制企业中一项重要的管理活动。企业业绩评价，也叫企业综合业绩评价，是指能够提供多样化的、综合性较强的业绩指标的业绩评价系统。综合业绩评价体系，是由财务性指标和非财务性指标相结合形成的体系，能够为企业管理提供具有决策价值的信息，进一步提高企业给社会带来的各种效益。企业业绩评价指标同公司战略相关，并在一定程度上反映企业价值链信息。

二、业绩评价的意义

企业业绩评价有很重要的意义，主要包括：

（1）实现了财务指标与非财务指标的有机结合，体现了业绩评价为公司战略管理服务的思想。

（2）综合业绩评价有利于树立全局观，弥补传统业绩评价重视局部、轻视全局的缺陷。

（3）业绩评价是企业内部管理的核心环节，运用科学的方法，对企业内部人员和部门的受托经济责任履行情况进行监督和控制，并通过建立健全约束激励机制提升企业综合竞争力。

（4）对人力资源和企业产生巨大贡献，可以帮助企业实施创新发展战略、规范内部管理和控制、实现可持续发展的核心驱动力。

（5）能够对管理者有重大帮助，有利于完善企业管理激励机制，有效提高对管理人员和部门的监管与约束，推动企业经营观念和发展战略的转变。

三、责任会计

责任会计是对企业内部各责任中心的经济业务进行规划与控制、以实现业绩考核与评价的一种内部会计控制制度。其与业绩评价的关系密不可分。

（一）责任会计的概念

责任会计是指为适应企业内部经济责任制的要求，对企业内部各责任中心的经济业务进行规划与控制，以实现业绩考核与评价的一种内部会计控制制度。企业组织结构与其责任会计系统有着密切的关系，理想的责任会计系统应反映并支撑企业组织结构。

（二）责任会计的内容

责任会计主要包括以下内容：

1.设立责任中心，明确权责范围

根据企业的经营特色与生产要求，按照内部管理的需要，将企业所属的各部门、各单位划分为若干责任中心，规定其职权范围。

2.编制责任预算，确定各责任中心的目标

通过编制责任预算，把企业全面预算所确定的目标和任务进行分解，落实到每个责任中心，并作为执行过程中控制和考核其业绩的依据。

3.建立各责任中心的记录和报告制度，及时反馈

企业在每个责任中心建立责任预算执行情况的反馈系统，并按规定编制责任报告，将执行数和预算数进行对比，使管理当局能够据以控制和调节各责任中心的经济活动，督促他们迅速采取有效措施，纠正执行中的问题。

4.考核实际工作业绩，实施奖惩制度

通过对各责任中心业绩报告的实际数与预算数的对比，来评价和考核各责任中心的工作成绩和经营效果，并分别揭示各责任中心的成绩和存在的问题，对责任人实施相应的奖惩。

（三）责任会计的特点

1.形式的独特性

会计与企业内部组织机构相结合，构成责任会计的独特形式。责任会计具有严密的结构和明确的责任归属，所以能调动广大员工及各级管理人员的主观能动性。

2.绩效控制的显著性

以责任中心的形式，准确地反映控制绩效。因为责任中心任务具体、责任明确，便于控制，所以只要各项标准制定得当、差异分析及考核公正合理，责任中心对加强企业管理就会起到巨大的作用。

3.评价与奖惩相结合

责任会计能够正确处理责、权、利的关系，恰当奖惩，这是其他会计工具所做不到的。

（四）责任会计的原则

1.总目标原则

这里包含两层含义。一是企业在确定各责任中心的权利、任务时，要符合总体目标，并以此激励员工为企业的总目标努力工作。二是企业建立的各个责任中心，必须以实现企业的总目标为行动纲领。各责任中心应顾全大局，不能以牺牲整体利益为代价去追求局部利益。

2.可控性原则

每个责任中心只能对其可控的成本、收入、利润等负责，在责任预算和责任报告中，应该只对该责任中心可以控制的因素制定目标，进行核算与考核。

3.信息及时反馈原则

为使企业运转顺利，建立的责任会计必须形成一个信息网络，使责任中心和责任者及时了解各单位的工作情况，发现问题及时处理，真正起到控制和调节作用。企业下属各单位在预算执行中发现偏差要迅速反馈给各级管理者，以便及时采取措施，控制实际活动或修正预算。

4.重点管理原则

这一原则要求各责任中心对其生产经营过程中发生的重点差异进行分析和控制。通过对这一差异的分析和控制，管理者能够花费较少的精力解决较大的问题，达到事半功倍的效果。

5.公平性原则

根据这一原则，在编制责任中心预算时，应注意预算水平的协调性，避免出现诸如由于内部转移价格制定不当而导致不能"等价交换"等情况。公平性原则有利于各责任中心开展劳动竞赛，从而更好地实现企业总体目标。

（五）责任成本与可控成本、不可控成本的关系

成本按控制范围分为可控成本和不可控成本。可控成本是指在特定时间内，特定责任单位可以预计、计量、施加影响和落实责任的那部分成本。也就是说，各责任中心可以通过一定的方式了解这些成本是否发生以及在何时发生，并且能够对这些成本进行精确的计量，责任中心能够采取一定的措施对这些成本进行调节和控制，落实相应的责任人。

凡是不能同时满足上述条件的成本就是不可控成本。一项成本对于某个责任中心来说是可控的，对另外一个责任中心来说可能是不可控的。

责任成本就是以具体的责任单位为对象，以其承担的责任为范围所归集的成本，也就是特定责任中心的全部可控成本。

【案例9-1】雅风公司变速器责任成本归属确认

雅风公司发现最近手动变速器的售后退货率较以前年份有所提高，主要原因是五挡和六挡挂不上挡，只有低速挡而没有高速挡。因为汽车维修需要经过维修工具挑选、拆装零部件、加足润滑油和冷却水、变速器置于空挡等程序，所以需要查找产生问题的责任部门，进行整改以降低手动变速器的售后退货率。

◆ 任务

（1）找出导致手动变速器的售后退货率较以前年份有所提高的原因。

（2）谁该对这件事情负责？

◆ 任务分析

按照汽车安全维修工作流程，从手动变速器购入至维修结束，需要经过采购部门、维修部门等环节，要根据问题产生的原因，落实相关的责任部门。

◆ 操作步骤

（1）查找问题出现的环节；

（2）查找在此环节出现问题的原因；

（3）提出解决问题的方法；

（4）根据问题出现的原因对责任承担方进行业绩评价奖惩。

◆ 完成任务

雅风公司经过对门店负责人进行约谈，责令其对该项事件进行调查。经过负责人调查发现：这款手动变速器售后退货率高的原因，主要是因为采购部门在采购时没有查验生产商的资质和产品质量合格证明，该生产商的生产质量达不到要求，所以，应该由采购部门来承担责任，并进行相关责任人员的处罚，强化对手动变速器采购的审查。

任务二　业绩评价方法及指标分析

一、关键绩效指标法

（一）关键绩效指标法的含义

关键绩效指标法是指基于企业战略目标，通过建立关键绩效指标（简称KPI）体系，将价值创造活动与战略规划目标有效联系，并据此进行业绩评价和绩效管理的方法。关键绩效指标，是对企业绩效产生关键影响力的指标，是通过对企业战略目标、关键成果领域的绩效特征分析，识别和提炼出的最能有效驱动企业价值创造的指标。

关键绩效指标法可单独使用，也可与经济增加值法、平衡计分卡等其他方法结合使用。关键绩效指标法的应用对象为企业及其所属单位（部门）和员工。

（二）关键绩效指标

企业的关键绩效指标一般分为结果类指标和动因类指标。结果类指标是反映企业绩效的价值指标，主要包括投资回报率、净资产收益率、经济增加值回报率、息税前利润、自由现金流和资产负债率等综合指标；动因类指标是反映企业价值关键驱动因素的指标，主要包括资本性支出、产量、销量、单位生产成本、客户满意度和员工满意度等。

1.结果类指标

（1）投资回报率，是指企业在一定会计期间取得的息前税后利润占其所使用的全部投资资本的比例，反映企业在一定会计期间有效利用投资资本创造回报的能力。一般计算公式如下：

$$投资回报率 = \frac{税前利润 \times (1 - 所得税税率) + 利息支出}{投资资本平均余额} \times 100\%$$

$$投资资本平均余额 = \frac{期初投资资本 + 期末投资资本}{2}$$

$$投资资本 = 有息债务 + 所有者权益（或股东权益）$$

（2）净资产收益率（也称权益净利率），是指企业在一定会计期间取得的净利润占其所使用的净资产平均数的比例，反映企业全部资产的获利能力。一般计算公式如下：

$$净资产收益率 = \frac{净利润}{平均净资产} \times 100\%$$

（3）经济增加值回报率，是指企业在一定会计期间经济增加值与平均资本占用的比值。一般计算公式如下：

$$经济增加值回报率 = \frac{经济增加值}{平均资本占用} \times 100\%$$

（4）息税前利润，是指企业当年实现税前利润与利息支出的合计数。一般计算公式如下：

$$息税前利润 = 税前利润 + 利息支出$$

（5）自由现金流是指企业在一定会计期间经营活动产生的净现金流超过付现资本性支出的金额，反映企业可动用的现金。一般计算公式如下：

$$自由现金流 = 经营活动净现金流 - 付现资本性支出$$

（6）资产负债率是指企业负债总额与资产总额的比值，反映企业整体财务风险程度。一般计算公式如下：

$$资产负债率 = \frac{负债总额}{资产总额} \times 100\%$$

【案例9-2】奥琦集团关键绩效指标结果类指标确定

2023年和2024年，奥琦集团资产负债表、利润表和现金流量表分别见表9-1、表9-2和表9-3。

表9-1　　　　　　　　　　　　奥琦集团资产负债表　　　　　　　　　　单位：元

项　目	2024 年	2023 年
流动资产：		
货币资金	4 472 317 590.75	4 841 058 243.20
应收票据	5 259 406 922.25	7 877 333 769.65

续表

项 目	2024年	2023年
应收账款	836 576 066.13	870 151 434.92
应收款项融资	3 666 611 715.48	
预付款项	1 892 877 352.59	2 532 274 356.71
其他应收款	15 541 219.96	39 829 376.18
存货	6 593 865 645.47	5 192 790 897.33
其他流动资产	339 065 468.02	589 119 538.20
流动资产合计	23 076 261 980.65	21 942 557 616.19
非流动资产：		
其他债权投资		3 863 245 277.97
长期股权投资	2 948 516 531.72	2 878 517 166.72
其他权益工具投资	4 357 517 927.34	
固定资产	82 861 544 532.17	81 726 018 549.33
在建工程	25 310 588 638.42	22 037 846 981.69
无形资产	2 762 518 616.98	2 581 451 681.00
递延所得税资产	53 977 183.07	76 640 776.93
其他非流动资产		
非流动资产合计	118 294 663 429.70	113 163 720 433.64
资产总计	141 370 925 410.35	135 106 278 049.83
流动负债：		
短期借款	30 267 213 915.42	31 155 720 000.00
应付票据	3 741 832 295.34	5 285 571 700.58
应付账款	23 963 485 983.39	23 684 774 325.63
预付款项	3 422 750 982.43	2 392 478 818.81
应付职工薪酬	369 433 476.30	319 572 506.94
应交税费	101 508 634.93	174 990 193.04
其他应付款	1 639 040 708.48	2 045 638 173.44
其中：应付利息		32 952 838.32
一年内到期的非流动负债	9 400 574 401.68	4 030 000 000.00

续表

项　目	2024 年	2023 年
其他流动负债		
流动负债合计	72 905 840 397.97	69 088 745 718.44
非流动负债：		
长期借款	19 101 100 000.00	15 965 040 000.00
应付债券	4 026 866 666.72	7 000 000 000.00
长期应付款	2 100 000.00	2 100 000.00
递延收益	323 835 943.48	285 274 558.77
递延所得税负债	600 631 873.94	803 629 503.02
其他非流动负债	4 711 490 199.06	5 588 813 436.69
非流动负债合计	28 766 024 683.20	29 644 857 498.48
负债合计	101 671 865 081.17	98 733 603 216.92
所有者权益（或股东权益）：		
实收资本（或股本）	5 289 389 600.00	5 289 389 600.00
资本公积	20 093 311 344.62	20 091 435 081.71
减：库存股		
其他综合收益	1 952 319 928.42	1 532 188 176.47
专项储备	15 749 165.64	7 975 932.61
盈余公积	1 729 509 055.66	1 687 827 448.18
一般风险准备		
未分配利润	（2 051 598 102.14）	（3 260 964 367.74）
归属于母公司所有者权益合计	27 028 680 992.20	25 347 851 871.23
少数股东权益	12 670 379 336.98	11 024 822 961.68
所有者权益（或股东权益）合计	39 699 060 329.18	36 372 674 832.91
负债和所有者权益（或股东权益）总计	141 370 925 410.35	135 106 278 049.83

表9-2　　　　　　　　　　　　　　　奥琦集团利润表　　　　　　　　　　　　单位：元

项　目	2024年	2023年
一、营业收入	69 151 432 692.45	65 776 660 538.90
减：营业成本	62 130 221 592.53	57 244 198 825.99
利息支出	5 269 277 130.84	5 487 750 612.75
税金及附加	669 781 059.59	599 314 101.55
销售费用	1 275 449 457.91	1 218 816 464.68
管理费用	862 556 312.13	976 548 380.69
研发费用	385 796 835.08	394 763 809.58
财务费用	2 075 693 466.13	2 298 307 856.25
其中：利息费用	2 201 423 690.97	2 428 614 048.63
利息收入	73 361 281.32	97 858 563.96
加：其他收益	42 432 105.34	31 376 175.07
投资收益（损失以"－"号填列）	301 541 629.41	275 204 848.54
其中：对联营企业和合营企业的投资收益	91 320 418.12	165 758 806.86
信用减值损失（损失以"－"号填列）	26 237 978.64	
资产减值损失（损失以"－"号填列）	－98 182 828.73	－207 101 140.82
资产处置收益（损失以"－"号填列）	498 422.97	25 530.32
二、营业利润（亏损以"－"号填列）	2 024 461 276.71	3 144 216 513.27
加：营业外收入	1 335 781.31	24 202 420.59
减：营业外支出	28 522 230.35	9 240 887.74
三、利润总额（亏损总额以"－"号填列）	1 997 274 827.67	3 159 178 046.12
减：所得税费用	243 208 210.95	－172 203 005.14
四、净利润（净亏损以"－"号填列）	1 754 066 616.72	3 331 381 051.26
（一）按经营持续性分类		
1. 持续经营净利润（净亏损以"－"号填列）	1 754 066 616.72	3 331 381 051.26
2. 终止经营净利润（净亏损以"－"号填列）		
（二）按所有权归属分类		
1. 归属于母公司所有者的净利润	1 251 047 873.08	2 403 750 672.16
2. 少数股东损益	503 018 743.64	927 630 379.10

续表

项　目	2024 年	2023 年
五、其他综合收益的税后净额	336 938 022.41	– 3 476 944 220.85
（一）归属母公司所有者的其他综合收益的税后净额	336 938 022.41	– 3 476 944 220.85
1. 不能重分类进损益的其他综合收益	336 938 022.41	
（1）重新计量设定受益计划变动额		
（2）权益法下不能转损益的其他综合收益		
（3）其他权益工具投资公允价值变动	336 938 022.41	
（4）企业自身信用风险公允价值变动		
……		
2. 将重分类进损益的其他综合收益		– 3 476 944 220.85
（1）权益法下可转损益的其他综合收益		
（2）其他债权投资公允价值变动		– 3 476 944 220.85
（3）金融资产重分类计入其他综合收益的金额		
（4）其他债权投资信用减值准备		
（5）现金流量套期储备		
（6）外币财务报表折算差额		
……		
（二）归属于少数股东的其他综合收益的税后净额		
六、综合收益总额	2 091 004 639.13	– 145 563 169.59
（一）归属于母公司所有者的综合收益总额	1 587 985 895.49	– 1 073 193 548.69
（二）归属于少数股东的综合收益总额	503 018 743.64	927 630 379.10
七、每股收益：		
（一）基本每股收益	0.2365	0.4544
（二）稀释每股收益	0.2365	0.4544

表9-3   奥琦集团现金流量表   单位：元

项 目	2024 年	2023 年
一、经营活动产生的现金流量		
销售商品、提供劳务收到的现金	30 624 051 342.91	29 722 040 939.86
收到的税费返还	653 138 150.21	2 520 145.61
收到其他与经营活动有关的现金	399 320 755.82	183 481 591.05
经营活动现金流入小计	31 676 510 248.94	29 908 042 676.52
购买商品、接受劳务支付的现金	21 323 834 750.14	9 680 662 487.86
支付给职工以及为职工支付的现金	3 510 797 145.34	3 374 010 868.24
支付的各项税费	1 875 245 785.24	2 309 583 656.22
支付其他与经营活动有关的现金	1 648 003 629.69	2 084 396 079.03
经营活动现金流出小计	28 357 881 310.41	17 448 653 091.35
经营活动产生的现金流量净额	3 318 628 938.53	12 459 389 585.17
二、投资活动产生的现金流量		
收回投资收到的现金		
取得投资收益收到的现金	235 221 211.29	124 446 041.68
处置固定资产、无形资产和其他长期资产收回的现金净额	3 341 389.88	281 587.24
处置子公司及其他营业单位收到的现金净额		
收到其他与投资活动有关的现金	73 361 281.32	97 858 563.96
投资活动现金流入小计	311 923 882.49	222 586 192.88
购建固定资产、无形资产和其他长期资产支付的现金	5 469 993 637.58	9 746 566 090.06
投资支付的现金	64 760 000.00	117 074 607.99
投资活动现金流出小计	5 534 753 637.58	9 863 640 698.05
投资活动产生的现金流量净额	− 5 222 829 755.09	− 9 641 054 505.17
三、筹资活动产生的现金流量		
吸收投资收到的现金	150 000 000.00	
其中：子公司吸收少数股东投资收到的现金	150 000 000.00	
取得借款收到的现金	45 224 280 000.00	31 024 870 000.00

项 目	2024 年	2023 年
收到其他与筹资活动有关的现金	690 938 155.85	
筹资活动现金流入小计	46 065 218 155.85	31 024 870 000.00
偿还债务支付的现金	40 659 720 000.00	27 612 470 000.00
分配股利、利润或偿付利息支付的现金	2 561 017 399.95	2 486 056 638.83
其中：子公司支付给少数股东的股利、利润		
支付其他与筹资活动有关的现金	992 029 107.33	3 322 631 019.56
筹资活动现金流出小计	44 212 766 507.28	33 421 157 658.39
筹资活动产生的现金流量净额	1 852 451 648.57	− 2 396 287 658.39
四、汇率变动对现金及现金等价物的影响		
五、现金及现金等价物净增加额	− 51 749 167.99	422 047 421.61
加：期初现金及现金等价物余额	3 969 718 548.91	3 547 671 127.30
六、期末现金及现金等价物余额	3 917 969 380.92	3 969 718 548.91

注：为表示数据的真实性，此处使用的数字均来源于公开网络资源可以查询到的企业财务报告数字，经更名后使用。如果有侵权，请告知编者。

◆任务

（1）计算2024年奥琦集团的投资回报率；

（2）计算2024年奥琦集团的净资产收益率；

（3）计算2024年奥琦集团的经济增加值回报率；

（4）计算2024年奥琦集团的息税前利润；

（5）计算2024年奥琦集团的自由现金流；

（6）计算2024年奥琦集团的资产负债率。

◆任务分析

按照前述对于上述6个结果类指标的含义表述及公式介绍，从奥琦集团2024年的资产负债表、利润表和现金流量表着手，找到指标计算所需的指标值，按照公式进行计算，从而可以计算出奥琦集团2024年的关键绩效指标。

◆操作步骤

（1）计算投资回报率。首先，查找投资资本平均余额，此处查找资产负债表中的短期借款（有息债务）、应付票据（有息债务）、长期借款（有息债务）、应付债券（有息债务）、归属于母公司所有者权益（或股东权益）合计的2024年期初数和2023年期末数；其次，计算其平均值；最后，按照计算公式进行计算。

（2）计算净资产收益率。首先，查找净利润，此处查找利润表中的净利润；其次，查找平均净资产，此处查找资产负债表中的2023年和2024年归属于母公司所有者权益合计，计算其平均值；最后，按照公式进行计算。

（3）计算经济增加值回报率。首先，查找经济增加值，此处查找利润表中利润总额和利息支出，然后进行所得税扣除；其次，查找资产负债表中的2023年和2024年归属于母公司所有者权益合计，计算其平均值；最后，按照公式进行计算。

（4）计算息税前利润。首先，查找税前利润，此处查找利润表中的利润总额；其次，查找利息支出，此处查找利润表中的利息支出；最后，按照公式进行计算。

（5）计算自由现金流。首先，查找经营活动现金流，此处查找现金流量表中的经营活动产生的现金流量净额；其次，查找付现资本性支出，此处查找现金流量表中的购建固定资产、无形资产和其他长期资产支付的现金，查找投资支付的现金；最后，按照公式进行计算。

（6）计算资产负债率。首先，查找负债总额，此处查找资产负债表中的负债合计；其次，查找资产总额，此处查找负债和所有者权益总计；最后，按照公式进行计算。

◆ 完成任务

（1）投资回报率 =（1 997 274 827.67 + 2 201 423 690.97）÷ {［（30 267 213 915.42 + 3 741 832 295.34 + 19 101 100 000.00 + 4 026 866 666.72 + 27 028 680 992.20）+（31 155 720 000.00 + 5 285 571 700.58 + 15 965 040 000.00 + 7 000 000 000.00 + 25 347 851 871.23）］÷ 2} = 4.97%

（2）净资产收益率 = 1 754 066 616.72 ÷［（27 028 680 992.20 + 25 347 851 871.23）÷ 2］
= 6.70%

（3）经济增加值回报率 =（1 997 274 827.67 + 2 201 423 690.97）×（1 − 25%）÷［（27 028 680 992.20 + 25 347 851 871.23）÷ 2］= 12.02%

（4）息税前利润 = 1 997 274 827.67 + 2 201 423 690.97 = 4 198 698 518.64（元）

（5）自由现金流 = 3 318 628 938.53 − 5 469 993 637.58 − 64 760 000.00
= − 2 216 124 699.05（元）

（6）资产负债率 = 101 671 865 081.17 ÷ 141 370 925 410.35 = 71.92%

2.动因类指标

（1）资本性支出是指企业发生的、其效益涉及两个或两个以上会计年度的各项支出。

（2）产量是指企业在一定时期生产出来的产品的数量。

（3）销量是指企业在一定时期销售商品的数量。

（4）单位生产成本是指生产单位产品而平均耗费的成本。

（5）客户满意度是指客户期望值与客户体验的匹配程度，即客户通过对某项产品或服务的实际感知与其期望值相比较后得出的指数。客户满意度收集渠道主要包括问卷调查、客户投诉、与客户的直接沟通、消费者组织的报告、各种媒体的报告和行业研究的结果等。

（6）员工满意度是指员工对企业的实际感知与其期望值相比较后得出的指数。主要通过问卷调查、访谈调查等方式，从工作环境、工作关系、工作内容、薪酬福利和职业发展等方面进行衡量。

（三）关键绩效指标法的应用程序

1.构建关键绩效指标体系

企业构建关键绩效指标体系，一般按照以下程序进行：

（1）制定企业级关键绩效指标。企业应根据战略目标，结合价值创造模式，综合考虑内外部环境等因素，设定企业级关键绩效指标。

（2）制定所属单位（部门）级关键绩效指标。根据企业级关键绩效指标，结合所属单位（部门）关键业务流程，按照上下结合、分级编制、逐级分解的程序，在沟通反馈的基础上，设定所属单位（部门）级关键绩效指标。

（3）制定岗位（员工）级关键绩效指标。根据所属单位（部门）级关键绩效指标，结合员工岗位职责和关键工作价值贡献，设定岗位（员工）级关键绩效指标。

2.分配关键绩效指标权重

（1）确定指标权重的方法。

第一种方法：德尔菲法（也称专家调查法），是指邀请专家对各项指标进行权重设置，将汇总平均后的结果反馈给专家，再次征询意见，经过多次反复，逐步取得比较一致结果的方法。

第二种方法：层次分析法，是指将绩效指标分解成多个层次，通过下层元素对上层元素相对重要性的两两比较，构成两两比较的判断矩阵，求出判断矩阵最大特征值所对应的特征向量作为指标权重值的方法。

第三种方法：主成分分析法，是指将多个变量重新组合成一组新的相互无关的综合变量，根据实际需要从中挑选出尽可能多地反映原来变量信息的少数综合变量，进一步求出各变量的方差贡献率，以确定指标权重的方法。

第四种方法：均方差法，是指将各项指标定为随机变量，指标在不同方案下的数值为该随机变量的取值。首先求出这些随机变量（各指标）的均方差，然后根据不同随机变量的离散程度确定指标权重的方法。

（2）设定指标权重。

关键绩效指标的权重分配应以企业战略目标为导向，反映被评价对象对企业价值贡献或支持的程度，以及各指标之间的重要性水平。

单项关键绩效指标权重一般设定在5%~30%之间，对特别重要的指标可适当提高权重。对特别关键、影响企业整体价值的指标可设立"一票否决"制度，即如果某项关键绩效指标未完成，无论其他指标是否完成，均视为未完成绩效目标。

（3）确定指标权重目标值。

企业确定关键绩效指标目标值，一般参考以下标准：

① 依据国家有关部门或权威机构发布的行业标准或参考竞争对手标准。

② 参照企业内部标准，包括企业战略目标、年度生产经营计划目标、年度预算目标和历年指标水平等。

③ 不能按前两项方法确定的，可根据企业历史经验值确定。

关键绩效指标的目标值确定后，应规定当内外部环境发生重大变化、自然灾害等不可抗力因素对绩效完成结果产生重大影响时，对目标值进行调整的办法和程序。一般情况下，由被评价对象或评价主体测算确定影响额度，向相应的绩效管理工作机构提出调整申请，报薪酬与考核委员会或类似机构审批。

(四) 关键绩效指标法的优缺点

1.优点

（1）企业业绩评价与企业战略目标密切相关，有利于企业战略目标的实施；

（2）通过识别价值创造模式把握关键价值驱动因素，能够更有效地实现企业价值增值目标；

（3）评价指标数量相对较少，易于理解和使用，实施成本相对较低，有利于推广实施。

微课

关键绩效
指标法

2.缺点

关键绩效指标法应用要求较高。关键绩效指标的选取需要透彻理解企业价值创造模式和战略目标，有效识别企业核心业务流程和关键价值驱动因素。指标体系设计不当将导致错误的价值导向和管理缺失。

二、经济增加值法

(一) 经济增加值法的含义

经济增加值法是指以经济增加值（Economic Value Added，EVA）为核心，建立绩效指标体系，引导企业注重价值创造，并据此进行绩效管理的方法。

微课

经济增加值法
EVA

经济增加值是指税后净营业利润扣除全部投入资本的成本后的剩余收益。经济增加值及其改善值是全面评价经营者有效使用资本和为企业创造价值的重要指标。经济增加值为正，表明经营者在为企业创造价值；经济增加值为负，表明经营者在损毁企业价值。

经济增加值法较少单独应用，一般与关键绩效指标法、平衡计分卡等其他方法结合使用。

企业应用经济增加值法进行绩效管理的对象，可为企业及其所属单位或部门（可单独计算经济增加值）和高级管理人员。

(二) 经济增加值的计算

1.经济增加值的计算公式

经济增加值 = 税后净营业利润 − 平均资本占用 × 加权平均资本成本

运用上述公式计算时注意以下事项：

（1）税后净营业利润衡量的是企业的经营盈利情况，等于会计上的税后净利润加上利息支出等会计调整项目后得到的税后利润。

（2）平均资本占用反映的是企业持续投入的各种债务资本和股权资本，是所有投资者投入企业经营的全部资本，包括债务资本和股权资本。其中：债务资本包括融资活动产生的各类有息负债，不包括经营活动产生的无息流动负债；股权资本中包含少数股东权益。资本占用除根据经济业务实质相应调整资产减值损失、递延所得税之外，还可以根据管理需要调整研发支出、在建工程等项目，引导企业注重长期价值创造。

（3）加权平均资本成本反映的是企业各种资本的平均成本率，是债务资本成本和股权资本成本的加权平均，反映了投资者所要求的必要报酬率。通常情况下，企业对所属单位或部门所投入资本即股权资本的成本率是相同的，为简化资本成本的计算，所属单位或部门的加权平均资本成本一般与企业保持一致。加权平均资本成本的计算公式如下：

$$KWACC = KD \times \frac{DC}{TC} \times (1 - T) + KS \times \frac{EC}{TC}$$

式中：TC 为资本占用，EC 为股权资本，DC 为债务资本，T 为所得税税率，$KWACC$ 为加权平均资本成本，KD 为债务资本成本，KS 为股权资本成本。

债务资本成本是企业实际支付给债权人的税前利率，反映的是企业在资本市场中债务融资的成本率。如果企业存在不同利率的融资来源，债务资本成本应使用加权平均值。

股权资本成本是在不同风险下，所有者对投资者要求的最低回报率，通常根据资本资产定价模型确定。其计算公式如下：

$$KS = R_f + \beta (R_m - R_f)$$

式中：R_f 为无风险收益率，R_m 为市场预期回报率，$R_m - R_f$ 为市场风险溢价。β 是企业股票相对于整个市场的风险指数。上市企业的 β 值，可采用回归分析法或单独使用最小二乘法等方法测算确定，也可以直接采用证券机构等提供或发布的 β 值；非上市企业的 β 值，可采用类比法，参考同类上市企业的 β 值确定。

2. 计算经济增加值的常用调整项目

计算经济增加值时，需要进行相应的会计项目调整，以消除财务报表中不能准确反映企业价值创造的部分。会计调整项目的选择应遵循价值导向性、重要性、可控性、可操作性和行业可比性等原则，根据企业实际情况确定。常用的调整项目有：

（1）研究开发费、大型广告费等一次性支出但收益期较长的费用，应予以资本化处理，不计入当期费用；

（2）反映付息债务成本的利息支出，不作为期间费用扣除，计算税后净营业利润时扣除所得税影响后予以加回；

（3）营业外收入、营业外支出具有偶发性，将当期发生的营业外收支从税后净营业利润中扣除；

（4）将当期减值损失扣除所得税影响后予以加回，并在计算资本占用时相应调整资产减值准备发生额；

（5）递延税金不反映实际支付的税款情况，将递延所得税资产及递延所得税负债变动影响的企业所得税从税后净营业利润中扣除，相应调整资本占用；

（6）其他非经常性损益调整项目，如股权转让收益等。

（三）经济增加值的应用环境

经济增加值法指标体系通常包括经济增加值、经济增加值改善值、经济增加值回报率、资本周转率、产量、销量和单位生产成本等。

应用经济增加值法建立的绩效评价体系，应赋予经济增加值指标较高的权重。

经济增加值目标值根据经济增加值基准值（简称 EVA 基准值）和期望的经济增加值改善值（简称期望的 ΔEVA）确定。

$$EVA\ 目标值 = EVA\ 基准值 + 期望的\ \Delta EVA$$

企业在确定 EVA 基准值和期望的 ΔEVA 值时，要充分考虑企业规模、发展阶段、行业特点等因素。其中，*EVA* 基准值可参照上年实际完成值、上年实际完成值与目标值的平均值、近几年（比如前3年）实际完成值的平均值等确定。期望的 ΔEVA 值，根据企业战略目标、年度生产经营计划、年度预算安排、投资者期望等因素，结合价值创造能力改善等要求综合确定。

（四）经济增加值法的优缺点

1.优点

（1）经济增加值法考虑了所有资本的成本，更真实地反映了企业的价值创造能力。

（2）实现了企业利益、经营者利益和员工利益的统一，激励经营者和所有员工为企业创造更多价值。

（3）能有效遏制企业盲目扩张规模以追求利润总量和增长率的倾向，引导企业注重长期价值创造。

2.缺点

（1）仅对企业当期或未来1～3年价值创造情况进行衡量和预判，无法衡量企业长远发展战略的价值创造情况。

（2）计算主要基于财务指标，无法对企业的营运效率与效果进行综合评价。

（3）不同行业、不同发展阶段和不同规模的企业，其会计调整项和加权平均资本成本各不相同，计算比较复杂，影响指标的可比性。

【案例9-3】奥琦集团经济增加值的确定

2023年和2024年，奥琦集团资产负债表、利润表和现金流量表见表9-1、表9-2和表9-3。

◆ 任务

计算2024年奥琦集团的经济增加值（此处为计算方便，省去很多调整项目，并且计算的结果是为了对经济增加值的概念有所了解，不具有实践应用性，更不具备向学习者提供投资的依据）。

◆ 任务分析

按照前述对于经济增加值的一般算法，从奥琦集团2024年的资产负债表、利润表和现金流量表着手，找到指标计算所需的指标值，按照公式进行计算，从而可以计算出奥琦集团2024年的经济增加值。

◆ 操作步骤

（1）查找税后净营业利润。此处查找利润表中净利润。

（2）查找税后净利润的调整项目。此处查找利润表中的可调整项目。例如，利息支出扣除所得税后加回，减值损失（信用减值损失＋资产减值损失）扣除所得税后加回，营业外收入扣除所得税后扣除，营业外支出扣除所得税后加回。

（3）查找平均资本占用。此处查找资产负债表中的短期借款、长期借款、应付债券和长期应付款等债务资本，查找资产负债表中的实收资本（或股本）、资本公积、盈余公积、未分配利润和少数股东权益等股权资本。

（4）查找加权平均资本成本。为计算方便，此处假设加权平均资本成本为11%。

（5）按照公式进行计算。

◆ 完成任务

（1）税后净营业利润 = 1 754 066 616.72元

调整后的税后净营业利润 = 1 754 066 616.72 + （2 201 423 690.97 + 26 237 978.64 − 98 182 828.73 − 1 335 781.31 + 28 522 230.35）×（1 − 25%）= 3 371 565 584.16（元）

（2）平均资本占用有两种计算方法。

①一般计算：

资产平均余额 − 负债平均余额 = 141 370 925 410.35 − 101 671 865 081.17

= 39 699 060 329.18（元）

②调整计算：略。

三、平衡计分卡

（一）平衡计分卡的含义

平衡计分卡是指基于企业战略，从财务、客户、内部业务流程、学习与成长四个维度，将战略目标逐层分解转化为具体的、相互平衡的绩效指标体系，并据此进行绩效管理的方法。平衡计分卡通常与战略地图等其他工具结合使用。平衡计分卡适用于战略目标明确、管理制度比较完善、管理水平相对较高的企业。平衡计分卡的应用对象可为企业、所属单位（部门）和员工。

平衡计分卡打破了传统的只注重财务指标的业绩评价模式，认为传统的财务指标属于滞后性指标，对于指导和评价企业如何通过投资于客户、供应商、雇员、生产程序、技术和创新等来创造未来的价值是不够的。因而，需要在传统财务指标的基础上，增加用于评估企业未来投资价值好坏的具有前瞻性的先行指标。

值得注意的是，平衡计分卡的产生，主要是因为企业战略没有被有效执行。美国《财富》杂志曾指出，事实上只有不到10%的企业战略被有效执行，真正的问题不是战略不好，而是执行能力不够，至少70%的原因是战略执行的失败，而非战略本身的错误。战略执行失败的原因是由沟通障碍、管理障碍、资源障碍和人员障碍造成的。

（二）平衡计分卡的指标体系

平衡计分卡指标体系的构建应围绕战略地图，针对财务、客户、内部业务流程和学习与成长四个维度的战略目标，确定相应的评价指标。

微课

平衡计分卡
BSC

1.构建平衡计分卡指标体系的一般程序

（1）制定企业级指标体系。根据企业层面的战略地图，为每个战略主题的目标设定指标，每个目标至少应有1个指标。

（2）制定所属单位（部门）级指标体系。依据企业级战略地图和指标体系，制定所属单位（部门）的战略地图，确定相应的指标体系，协同各所属单位（部门）的行动与战略目标保持一致。

（3）制定岗位（员工）级指标体系。根据企业、所属单位（部门）级指标体系，按照岗位职责逐级形成岗位（员工）级指标体系。

2.构建平衡计分卡指标体系

企业在构建平衡计分卡指标体系时，应以财务维度为核心，其他维度的指标都与核心维度的一个或多个指标相联系。通过梳理核心维度目标的实现过程，确定每个维度的关键驱动因素，结合战略主题，选取关键绩效指标。

企业在构建平衡计分卡指标体系时，应注重短期目标与长期目标的平衡、财务指标与非财务指标的平衡、结果性指标与动因性指标的平衡、企业内部利益与外部利益的平衡。平衡计分卡每个维度的指标通常为4~7个，总数量一般不超过25个（见表9-4）。

表9-4　　　　　　　　　　　平衡计分卡指标体系示例

维　度	战略目标	关键因素	指　标	计分规则
财务45%	提高单位资产获利水平	增加收入	经济增加值	按大小计分，增加值大得分多
		控制风险	加权风险资产收益率	按偏离标准值程度计分，偏离小得分多
		提高资产质量	不良贷款率	按比例大小计分，比例大得分少
客户30%	提高客户综合贡献率和客户忠诚度，挖掘市场潜力	客户满意	客户综合贡献率	达到标准得基本分，超标者加分
		客户忠诚	客户存贷款市场份额	达到标准得基本分，超标者加分
		客户拓展	新增市场占有率	按计划完成率计分，完成率高得分多
内部业务流程15%	规范业务流程降低成本，提高管理水平和创新力	成本控制	成本收入比	在标准范围内不得分，低于下限加分，高于上限扣分
		流程化管理	业绩差错率	标准以下不得分，高于标准扣分
		发展创新	新产品业绩	按业绩大小计分，业绩大得分多
学习与成长10%	为员工提供发展和成长机会	工作业绩	业绩指标完成率	达到标准得基本分，超标者加分
		升值潜力	学习创新能力	按综合评定得分排名，前几名加分
		员工满意	员工流失率	部门该比率越高得分越少

（1）财务维度。

财务维度以财务术语描述了战略目标的有形成果，这一维度的目标是解决"股东如何看待我们"这一类问题。表明企业的努力是否最终对企业的经济收益产生了积极的作用。因此，财务维度成为企业价值最大化的重要价值目标体现。企业常用指标有投资回报率、净资产收益率、经济增加值、息税前利润、自由现金流、资产负债率和总资产周转率等。平衡计分卡模型的基本框架如图9-1所示。

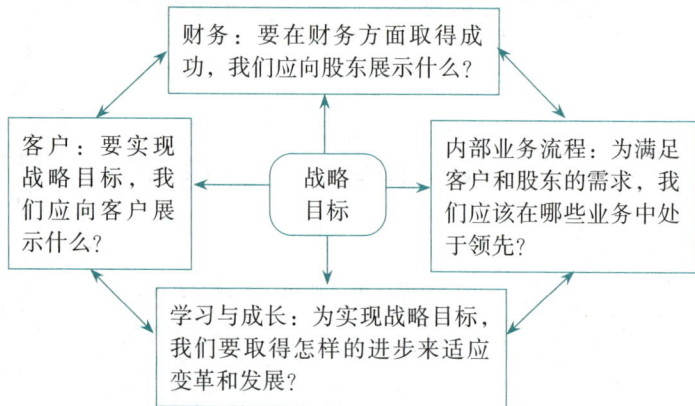

图9-1　平衡计分卡模型的基本框架

①投资回报率是指企业在一定会计期间取得的息前税后利润占其所使用的全部投资资本的比例，反映企业在会计期间有效利用投资资本创造回报的能力。一般计算公式如下：

$$投资回报率 = \frac{税前利润 \times (1 - 所得税税率) + 利息支出}{投资资本平均余额} \times 100\%$$

$$投资资本平均余额 = （期初投资资本 + 期末投资资本）\div 2$$

$$投资资本 = 有息债务 + 所有者权益（或股东权益）$$

②净资产收益率（也称权益净利率）是指企业在一定会计期间取得的净利润占其所使用的净资产平均数的比例，反映企业全部资产的获利能力。一般计算公式如下：

$$净资产收益率 = 净利润 \div 平均净资产 \times 100\%$$

③经济增加值回报率是指企业在一定会计期间经济增加值与平均资本占用的比值。一般计算公式如下：

$$经济增加值回报率 = 经济增加值 \div 平均资本占用 \times 100\%$$

④息税前利润是指企业当年实现税前利润与利息支出的合计数。一般计算公式如下：

$$息税前利润 = 税前利润 + 利息支出$$

⑤自由现金流是指企业在一定会计期间经营活动产生的净现金流超过付现资本性支出的金额，反映企业可动用的现金。一般计算公式如下：

$$自由现金流 = 经营活动净现金流 - 付现资本性支出$$

⑥资产负债率是指企业负债总额与资产总额的比值，反映企业整体财务风险程度。一般计算公式如下：

$$资产负债率 = 负债总额 \div 资产总额 \times 100\%$$

⑦总资产周转率是指营业收入与总资产平均余额的比值，反映总资产在一定会计期间周转的次数。一般计算公式如下：

$$总资产周转率 = 营业收入 ÷ 总资产平均余额$$

⑧资本周转率是指企业在一定会计期间营业收入与平均资本占用的比值。一般计算公式如下：

$$资本周转率 = 营业收入 ÷ 平均资本占用 × 100\%$$

（2）客户维度。

客户维度界定了目标客户的价值主张，这一维度的目标是回答"客户如何看待我们"的问题。表明客户是现代企业的利润来源，客户的感受应该成为企业关注的焦点。企业常用指标有市场份额、客户获得率、客户保持率、客户获利率和战略客户数量等。

①市场份额是指一个企业的销售量（或销售额）在市场同类产品中所占的比重。

②客户获得率是指企业在争取新客户时获得成功部分的比例。该指标可用客户数量增长率或客户交易额增长率来描述，一般计算公式如下：

$$客户数量增长率 = （本期客户数量 - 上期客户数量）÷ 上期客户数量 × 100\%$$

$$客户交易额增长率 = （本期客户交易额 - 上期客户交易额）÷ 上期客户交易额 × 100\%$$

③客户保持率，是指企业继续保持与老客户交易关系的比例。该指标可用老客户交易增长率来描述，一般计算公式如下：

$$老客户交易增长率 = （老客户本期交易额 - 老客户上期交易额）÷ 老客户上期交易额 × 100\%$$

④客户获利率是指企业从单一客户得到的净利润与付出的总成本的比率。一般计算公式如下：

$$单一客户获利率 = 单一客户净利润 ÷ 单一客户总成本 × 100\%$$

⑤战略客户数量是指对企业战略目标实现有重要作用的客户的数量。

（3）内部业务流程维度。

内部业务流程维度确定了对战略目标产生影响的关键流程，这一维度的目标是解决"我们的优势是什么"的问题，表明企业必须优化自己内部的业务流程，才能按时向顾客交货，满足现在和未来顾客的需要。企业常用指标有交货及时率、生产负荷率、产品合格率和存货周转率等。

①交货及时率是指企业在一定会计期间及时交货的次数占其总交货次数比例。一般计算公式如下：

$$交货及时率 = 及时交货的订单个数 ÷ 总订单个数 × 100\%$$

②生产负荷率是指投产项目在一定会计期间的产品产量与设计生产能力的比例。一般计算公式如下：

$$生产负荷率 = 实际产量 ÷ 设计生产能力 × 100\%$$

③产品合格率是指合格产品数量占总产品数量的比例。一般计算公式如下：

$$产品合格率 = 合格产品数量 ÷ 总产品数量 × 100\%$$

④存货周转率是指企业营业收入与存货平均余额的比值，反映存货在一定会计期间周转的次数。一般计算公式如下：

$$存货周转率 = 营业收入 ÷ 存货平均余额$$

（4）学习与成长维度。

学习与成长维度确定了对战略最重要的无形资产，这一维度的目标是解决"我们是否能继续提高并创造价值"的问题。表明企业为能打入新的市场，赢得顾客的信任，增加股东价值，必须持续不断开发新产品，为客户创造更多价值并提高经营效率。企业常用的指标有员工流失率、员工生产率、培训计划完成率等。

①员工流失率，是指企业在一定会计期间离职员工占员工平均人数的比例。一般计算公式如下：

$$员工流失率 = 本期离职员工人数 \div 员工平均人数 \times 100\%$$

$$员工保持率 = 1 - 员工流失率$$

②员工生产率，是指员工在一定会计期间创造的劳动成果与其相应员工数量的比值。该指标可用人均产品生产数量或人均营业收入进行衡量。一般计算公式如下：

$$人均产品生产数量 = 本期产品生产总量 \div 生产人数$$

$$人均营业收入 = 本期营业收入 \div 员工人数$$

③培训计划完成率，是指培训计划实际执行的总时数占培训计划总时数的比例。一般计算公式如下：

$$培训计划完成率 = 培训计划实际执行的总时数 \div 培训计划总时数 \times 100\%$$

（三）平衡计分卡的优缺点

1.平衡计分卡的主要优点

（1）战略目标逐层分解并转化为被评价对象的绩效指标和行动方案，使整个组织行动协调一致。

（2）从财务、客户、内部业务流程、学习与成长四个维度确定绩效指标，使绩效评价更为全面完整。

（3）将学习与成长作为一个维度，注重员工的发展要求和组织资本、信息资本等无形资产的开发利用，有利于增强企业可持续发展的动力。

2.平衡计分卡的主要缺点

（1）专业技术要求高，工作量比较大，操作难度也较大，需要持续地沟通和反馈，实施过程比较复杂，实施成本高。

（2）各指标权重在不同层级及各层级不同指标之间的分配比较困难，且部分非财务指标的量化工作难以落实。

（3）系统性强、涉及面广，需要专业人员的指导、企业全员的参与和长期持续地修正与完善，对信息系统、管理能力有较高的要求。

【案例9-4】万科集团平衡计分卡指标确定

为了避免企业一味追求短期利润而忽略可持续发展，万科集团从2001年引进平衡计分卡，两年后该体系逐渐成熟。

（1）财务维度。财务报表是公司经营的结果，但平衡计分卡的财务维度不仅如此，万科集团用净利润、集团资源回报率考核各一线公司，这只是其中一个方面；同时，各一线公司还要证明在上述财务指标之外，公司实现了价值增值，这些价值不以实际利润的形式存在，但能影响一段时期的收益。如土地储备周转期，周转期越短，该资产带来利润的能力就越强。

（2）客户维度。"客户是我们永远的伙伴"被列在万科集团价值观里的第一条，是对万科集团平衡计分卡客户维度的总结性阐释。有研究表明，如果客户忠诚度提升5%，那么公司利润提升25%~85%。万科集团2002年开始聘请独立第三方进行客户满意度和忠诚度调查，并且从2003年开始对客户忠诚度高的一线公司给予奖励，可见对客户忠诚度的重视。

（3）内部业务流程维度。内部业务流程维度需要回答的问题是：为支持客户维度和财务维度，万科集团需要塑造产品与服务的哪些独特属性。以项目经营计划关键节点完成率为例，万科集团共分了14个节点：①取得国土使用权证；②交地；③完成方案设计；④完成初步设计；⑤完成施工图设计；⑥取得施工许可证；⑦项目开工；⑧售楼处、样板区开放；⑨取得预售许可证；⑩开盘；⑪景观施工进场；⑫竣工备案；⑬交房；⑭交房完成率95%。

（4）学习与成长维度。万科集团的运作与管理系统、职业经理人和企业文化构成了万科集团平衡计分卡的这一维度。人力投入产出是指单位人力成本带来的净利润，表示了人力投入产生的回报，可衡量组织部门效率；骨干人员流失率则从相反的角度，表现骨干人员离职造成的人员培养损失，从造成损失的大小衡量公司骨干人员的保有能力。

◆任务

（1）简述万科集团使用平衡计分卡的背景。

（2）简述万科集团平衡计分卡的具体做法，以图示作答。

◆任务分析

（1）关于平衡计分卡的使用背景，需要查阅万科集团的生产及销售背景。

（2）关于平衡计分卡的具体做法，首先，需要按照定义战略目标、确定衡量指标、定义衡量指标和目标值，以及编制行动方案的程序进行；其次，需要作出平衡计分卡的运行管理保障措施；最后，检验四个维度的成效。

◆操作步骤

（1）略。

（2）首先，阅读已给资料；其次，提炼已给资料；最后，运用平衡计分卡的使用程序进行图示作答。

◆完成任务

（1）万科集团使用平衡计分卡的背景。

万科集团使用平衡计分卡的原因主要有两个：一是万科集团很早就投入大量精力进行企业制度建设，而平衡计分卡所倡导的管理思想正好弥补了万科集团自身业务和管理上的缺陷，为万科集团积极引进并应用提供了可能；二是平衡计分卡作为一种管理工具，必须要与企业本身的价值与理念互相契合，才能够被平稳地嵌入，平衡计分卡在强调可持续性发展方面，非常适合万科集团。

（2）万科集团平衡计分卡的具体做法。

万科集团平衡计分卡指标如图9-2所示。

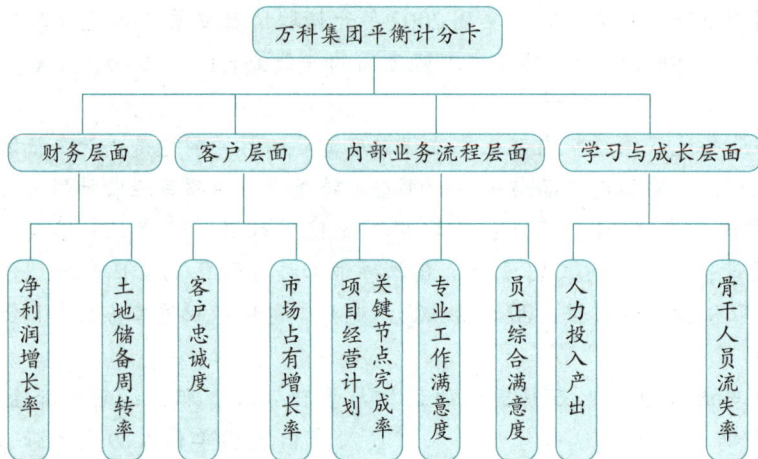

图9-2 万科集团平衡计分卡指标

万科集团平衡计分卡各指标所占比重如图9-3所示。

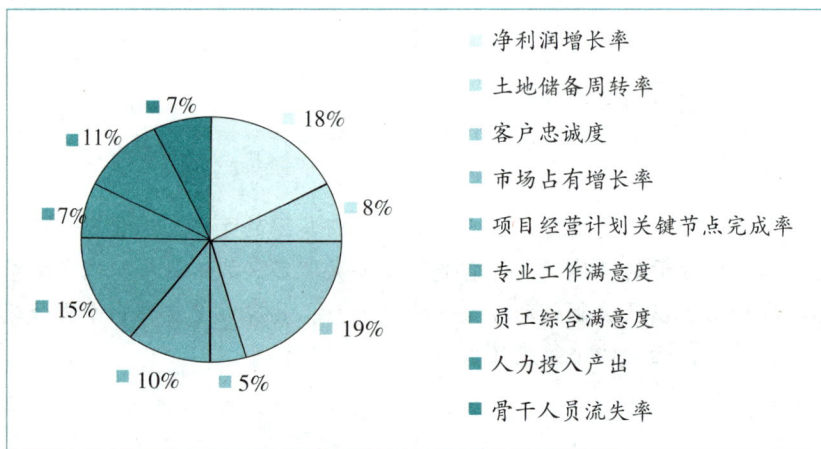

图9-3 万科集团平衡计分卡各指标所占比重

资料来源：雷巧，林莹婷，路家豪等．万科平衡计分卡案例分析［D］．厦门：厦门大学，［2024-06-03］．https://wenku.baidu.com/view/8071ce918beb172ded630b1c59eef8c75fbf95e0.html.

任务三　责任中心业绩评价

根据承担的规定责任和行使的相应职权，企业内部会设立相应的责任中心。责任中心根据控制范围的大小及业务活动特点，一般可分为成本中心、利润中心和投资中心。

一、成本中心的业绩考核与绩效报告

（一）成本中心的考核指标

按照预算管理主体即预算责任中心的工作职责要求，成本中心只对成本负责分析，重点在于分析成本差异。成本中心的考核指标主要包括目标成本降低额和目标成本降低率，其计算公式如下：

$$目标成本降低额 = 目标（或预算）成本 - 实际成本$$

$$目标成本降低率 = \frac{目标成本降低额}{目标成本} \times 100\%$$

（二）成本中心的考核注意事项

在对成本中心进行考核时，应注意区分可控成本和不可控成本，不可控成本不应计入其责任成本。还需注意的是，如果预算产量与实际产量不一致，则应先按弹性预算的方法调整预算指标，再进行考核。

【案例9-5】雅风公司生产成本绩效报告编制

雅风公司一车间生产A产品，预算产量为7 000件，其成本预算资料见表9-5。

表9-5　　　　　　　　　　　A产品成本预算

成本项目	预算单价	预算用量	预算单位成本
直接材料	10元/千克	7千克/件	70元/件
直接人工	10元/小时	5小时/件	50元/件
合　计	—	—	120元/件

当年实际生产A产品8 000件，实际发生的成本资料见表9-6。

表9-6　　　　　　　　　　　A产品实际成本

成本项目	实际单价	实际用量	实际单位成本	实际总成本
直接材料	10元/千克	6.5千克/件	65元/件	520 000元
直接人工	10元/小时	4.6小时/件	46元/件	368 000元
合　计	—	—	111元/件	888 000元

◆**任务**

编制一车间生产成本绩效报告。

◆**任务分析**

已知预算成本和实际成本，正确编制一车间生产成本绩效报告。

◆**操作步骤**

（1）分析预算成本和实际成本；

（2）针对不可控成本，运用预算单价进行调整；

（3）针对调整后预算成本和实际发生成本进行比较，分析目标成本降低额和降低率。

◆**完成任务**

从上述资料可知，一车间A产品的预算总成本为840 000元（120×7 000），实际总成本为888 000元，实际成本超支48 000元。然而，对一车间来说，由于材料单价和人工单价是不可控成本，因此，应该按预算单位成本和实际用量计算确定一车间的责任成本，作为其考核业绩的依据。在评价该成本中心的业绩时，还应按弹性预算的方法，根据实际产量对预算成本进行调整，从而作出合理的评价。

　　调整后的预算成本 = 70 × 8 000 + 50 × 8 000 = 960 000（元）

　　目标成本降低额 = 960 000 – 888 000 = 72 000（元）

　　目标成本降低率 = 7 2000 ÷ 960 000 × 100% = 7.5%

　　一车间生产成本绩效报告见表9-7。

表9-7　　　　　　　　　　　　　一车间生产成本绩效报告　　　　　　　　　　　　　单位：元

成本项目	预算总成本	调整后的预算成本	实际总成本	差　异
直接材料	490 000	560 000	520 000	– 40 000
直接人工	350 000	400 000	368 000	– 32 000
合　计	840 000	960 000	888 000	– 72 000

【案例9-6】雅风公司总成本绩效报告编制

　　2024年，雅风公司对2023年总成本预算执行结果与预算标准进行了分析，计算结果见表9-8。

表9-8　　　　　　　　　　　　　2023年总成本预算执行情况分析

产品名称	预　算			实　际		
	产量/吨	单位成本/ （元/吨）	总成本/元	产量/吨	单位成本/ （元/吨）	总成本/元
计算关系	①	②	③ = ① × ②	④	⑤	⑥ = ④ × ⑤
D产品	200	3 800	760 000	205	3 679	754 195
E产品	170	7 700	1 309 000	189	7 800	1 474 200
F产品	500	4 500	2 250 000	510	4 398	2 242 980
合　计	—	—	4 319 000	—	—	4 471 375

◆**任务**

编制雅风公司2023年总成本绩效报告。

◆**任务分析**

已知预算成本和实际成本，正确编制雅风公司2023年总成本绩效报告。

◆**操作步骤**

（1）分析预算成本和实际成本；

（2）针对实际成本和预算成本之间的差异进行原因分析；

（3）针对出现的有利差异（节约）和不利差异（超支）进行原因分析，进而编制成本绩效报告。

◆**完成任务**

（1）预算执行差异见表9-9（沿用表9-8的数据）。

表9-9   预算执行差异

产品名称	预算	实际	差异分析		
	总成本/元	总成本/元	产量差异/元	成本差异/元	合计/元
计算关系	③	⑥	⑦＝（④－①）×②	⑧＝（⑤－②）×④	⑨＝⑦＋⑧
D产品	760 000	754 195	19 000	－24 805	－5 805
E产品	1 309 000	1 474 200	146 300	18 900	165 200
F产品	2 250 000	2 242 980	45 000	－52 020	－7 020
合计	4 319 000	4 471 375	210 300	－57 925	152 375

（2）预算差异分析。

①产量差异 ＝ $\sum$（实际产量－预算产量）× 预算单位成本

$$= （205 - 200）\times 3\,800 + （189 - 170）\times 7\,700 + （510 - 500）\times 4\,500$$

$$= 19\,000 + 146\,300 + 45\,000$$

$$= 210\,300（元）$$

②成本差异 ＝ $\sum$（实际单位成本－预算单位成本）× 实际产量

$$= （3\,679 - 3\,800）\times 205 + （7\,800 - 7\,700）\times 189 + （4\,398 - 4\,500）\times 510$$

$$= （-248\,050）+ 18\,900 + （-52\,020）$$

$$= -57\,925（元）$$

③总成本差异 ＝ 产量差异 ＋ 成本差异

$$= 210\,300 + （-57\,925）$$

$$= 152\,375（元）$$

（3）雅风公司2023年总成本绩效报告。

通过上述分析，可以看出总成本差异由各种产品产量变动导致的预算差异和由于产品单位成本变动而产生的预算差异。至于各种产品成本降低或提高的具体原因，则有待于对各种产品制造成本的构成项目进行翔实分析。

二、利润中心的业绩考核与绩效报告

（一）利润中心的考核指标

利润中心是指拥有产品或劳务的生产经营决策权，是既对成本负责又对收入和利润负责的责任中心，它有独立或相对独立的收入和生产经营决策权。从战略和组织角度，利润中心被称为战略经营单位（Strategic Business Unit，简称SBU）在人事管理、流动资金使用等经营上享有很高的独立性和自主权，能够编制独立的利润表，并以其盈亏金额来评估其经营绩效的事业部。

利润中心的考核指标包括以下两个：

微课

利润中心的业绩考核与绩效报告

（1）当利润中心不计算共同成本或不可控成本时，其考核指标是利润中心边际贡献总额，该指标等于利润中心销售收入总额与可控成本总额（或变动成本总额）的差额。

（2）当利润中心计算共同成本或不可控成本，并采取变动成本法计算成本时，其考核指标包括：①利润中心边际贡献总额；②利润中心负责人可控利润总额；③利润中心可控利润总额。

（二）利润中心预算差异分析

利润中心预算差异分析的主要指标是责任利润，利润中心的评价指标见表9-10。

表9-10　　　　　　　　　　　　　利润中心的评价指标　　　　　　　　　　单位：万元

项　目	金　额
销售收入	6 000
减：变动成本	2 900
边际贡献	3 100
减：可控固定成本	1 900
部门可控边际贡献	1 200
减：不可控固定成本	264
部门边际贡献	936
减：分配的企业共同成本	500
税前部门利润	436

1. 可控边际贡献

可控边际贡献也称部门经理可控边际贡献，是部门经理在其权责范围内有能力控制、符合责任利润概念的指标。可控边际贡献通常是考核利润中心业绩最主要的指标。其计算公式如下：

可控边际贡献＝营业收入总额－变动成本总额－部门经理可控的可追溯固定成本

　　　　　　＝边际贡献－部门经理可控的可追溯固定成本

可控边际贡献指标主要用于评价利润中心（分部）负责人的经营业绩，因而必须对部门经理的可控成本进行评价、考核。为此，必须在各部门追溯性固定成本基础上，进一步将之区分为部门经理可控成本和不可控成本，并就部门经理的可控成本进行业绩评价、考核。这是因为有些成本尽管可追溯到部门，但不为部门经理所控制，如广告费、保险费等。

2. 部门边际贡献

部门边际贡献又称部门毛利，该指标反映利润中心为整个企业实际作出的贡献，对评价其在企业中所具有的重要性，确定其应有的客观地位具有重要意义。其计算公式如下：

部门边际贡献＝营业收入总额－变动成本总额－部门经理可控的可追溯固定成本－

　　　　　　部门经理不可控但高层管理部门可控的可追溯固定成本

　　　　　　＝部门经理毛益－部门经理不可控但高层管理部门可控的可追溯固定成本

部门边际贡献指标主要用于对利润中心（分部）的业绩评价和考核，因而仅将为部门所控制的可追溯固定成本从边际贡献中扣除，其反映的是部门为补偿共同性固定成本及提供企业利润所做的贡献。

3.税前部门利润

税前部门利润是将部门边际贡献调整到与整个企业税前利润相一致的指标，其意义在于提醒部门经理：企业还有共同成本的存在，只有当各个利润中心都产生了足够的边际贡献来弥补这些共同成本时，整个企业才有可能获利。以税前部门利润指标评价利润中心的业绩，能够促使各个利润中心自觉地为实现企业整体目标而努力。其计算公式如下：

税前部门利润 = 部门边际贡献 – 分摊的企业共同成本

总之，采取责任利润指标评价利润中心有两点缺陷：一是利润只是一个概括性的指标，它只能概括地反映该利润中心对企业所做的贡献，但无法直接让员工了解如何才能提高本部门的业绩；二是利润是一个短期指标，而且容易被操纵，从而导致部门管理人员注重部门的眼前利益而牺牲企业的长期利益。

企业可以编制利润中心的预算反馈报告（见表9-11），了解利润中心的销售、成本等情况，分析影响利润中心目标完成的主要原因，并据以对利润中心的工作业绩进行评价。

表9-11　　　　　　　　　　利润中心预算执行反馈　　　　　　　　金额单位：元

项　目	本期预算	本期实际	差异额	预算完成率/%
销售收入				
减：变动成本				
边际贡献				
减：可控固定成本				
部门可控边际贡献				
减：不可控固定成本				
部门边际贡献				
减：分配的企业共同成本				
税前部门利润				

【案例9-7】雅风公司利润中心绩效报告编制

2024年雅风公司利润中心预算情况和预算执行情况见表9-12。

表9-12　　　　　　　　　　2024年利润中心预算及执行情况　　　　　　　　金额单位：元

项　目	本期预算	本期实际	差异额	预算完成率/%
销售收入	900 000	950 000		
减：变动成本	300 000	320 000		
边际贡献	600 000	630 000		
减：可控固定成本	150 000	130 000		

续表

项　目	本期预算	本期实际	差异额	预算完成率/%
部门可控边际贡献	450 000	500 000		
减：不可控固定成本	50 000	50 000		
部门边际贡献	400 000	450 000		
减：分配的企业共同成本	0	0		
税前部门利润	400 000	450 000		

◆任务

（1）计算该利润中心的预算执行差异额；

（2）计算该利润中心的预算完成率；

（3）用文字表述该利润中心预算差异形成的主要原因。

◆任务分析

已知预算成本和实际成本，正确编制雅风公司2024年成本绩效报告。

◆操作步骤

（1）分析预算成本和实际成本；

（2）针对实际成本和预算成本之间的差异进行原因分析；

（3）针对出现的有利差异（节约）和不利差异（超支）进行原因分析，进而编制成本绩效报告。

◆完成任务

具体完成情况见表9-13。

表9-13　　　　　　　　2024年利润中心预算及执行情况一览表　　　　　　　　金额单位：元

项　目	本期预算	本期实际	差异额	预算完成率/%
销售收入	900 000	950 000	50 000	5.56
减：变动成本	300 000	320 000	20 000	6.67
边际贡献	600 000	630 000	30 000	5
减：可控固定成本	150 000	130 000	−20 000	−13.3333
部门可控边际贡献	450 000	500 000	50 000	11.11
减：不可控固定成本	50 000	50 000	0	0
部门边际贡献	400 000	450 000	50 000	12.5
减：分配的企业共同成本	0	0	—	—
税前部门利润	400 000	450 000	50 000	12.5

文字表述：略。

任务四　企业业绩评价

基于委托代理理论和激励理论，企业的所有者要对企业进行业绩考评。在企业的业绩考评中，企业的所有者和最高管理层往往比较关注企业的利润。

一、以利润为中心的企业业绩评价

非上市公司的业绩评价指标主要包括营业利润率、成本费用利润率、投资报酬率、净资产收益率和资产报酬率等；上市公司的业绩评价指标经常采用每股收益、每股股利等。

（一）营业利润率

营业利润率越高，表明企业的市场竞争力越强，发展潜力越大，盈利能力越强。在实务中，经常使用销售毛利率、销售净利润率等指标替代营业利润率来分析企业经营业务的获利水平。有关计算公式如下：

$$营业利润率 = 营业利润 \div 营业收入 \times 100\%$$

$$销售毛利率 = 销售毛利 \div 销售收入 \times 100\%$$

$$销售净利润率 = 销售净利润 \div 销售收入 \times 100\%$$

（二）成本费用利润率

成本费用利润率是企业一定时期利润总额与成本费用总额的比率，其计算公式如下：

$$成本费用利润率 = 利润总额 \div 成本费用总额 \times 100\%$$

成本费用利润率越高，表明企业为取得利润而付出的代价越小，资源利用效率越高，盈利能力越强。

（三）投资报酬率

投资报酬率是企业某投资项目年平均利润与项目投资总额的比率，表明企业项目投资的综合收益效果。其计算公式如下：

$$投资报酬率 = 年平均利润 \div 项目投资总额 \times 100\%$$

一般情况下，投资报酬率越高，表明企业项目的投资效益越好。

（四）净资产收益率

净资产收益率是企业一定时期净利润与平均净资产的比率，反映企业投资者的投资收益水平。其计算公式如下：

$$净资产收益率 = 净利润 \div 平均净资产 \times 100\%$$

一般认为，净资产收益率越高，企业投资者获取收益的能力就越强，运营效益就越好，对企业投资人、债权人利益的保证程度就越高。

（五）资产报酬率

资产报酬率是一定时期企业利润总额与平均资产总额之间的比率，反映企业总资产的综合利用水平和综合收益水平，其计算公式如下：

$$资产报酬率 = 利润总额 \div 平均资产总额 \times 100\%$$

在市场经济条件下，各企业间竞争比较激烈，企业的资产报酬率越高，说明企业的总资产利用效果越好；反之越差。

【案例9-8】奥琦集团的利润考核

2024年奥琦集团的资产负债表、利润表和现金流量表分别见表9-1、表9-2和表9-3。

◆任务

（1）计算奥琦集团的营业利润率；

（2）计算奥琦集团的资产报酬率。

◆任务分析

由于营业利润率和资产报酬率属于基于利润的业绩考评指标，因此，首先需要在利润表中找到上述两项指标的计算依据，然后根据公式进行计算。

◆操作步骤

（1）计算营业利润率。首先，在利润表中找到营业利润；然后，在利润表中找到营业收入；最后，运用公式进行计算。

（2）计算资产报酬率。首先，在利润表中找到利润总额；然后，在资产负债表中找到平均资产总额；最后，运用公式进行计算。

◆完成任务

（1）计算营业利润率。

营业利润率 = 营业利润 ÷ 营业收入 × 100%

2024年营业利润率 = 2 024 461 276.71 ÷ 69 151 432 692.45 × 100% = 2.93%

2023年营业利润率 = 3 144 216 513.27 ÷ 65 776 660 538.90 × 100% = 4.78%

（2）计算资产报酬率。

资产报酬率 = 利润总额 ÷ 平均资产总额 × 100%

2024年资产报酬率 = 1 997 274 827.67 ÷ 138 238 601 730.09 × 100% = 1.44%

二、以净资产收益率为中心的企业业绩评价

（一）净资产收益率的含义

净资产收益率（Return on Equity，*ROE*），又称股东权益报酬率、净值报酬率、权益报酬率、权益利润率、净资产利润率，是净利润与平均股东权益的百分比，是公司税后利润与净资产的百分比，该指标反映股东权益的收益水平，用以衡量公司运用自有资本的效率。指标值越高，说明投资带来的收益越高。该指标体现了自有资本获得净收益的能力。

一般来说，负债增加会导致净资产收益率上升。

企业资产包括两个部分：一部分是股东的投资，即所有者权益（它是股东投入的股本，企业公积金和留存收益等的总和），另一部分是企业借入和暂时占用的资金。企业适当地运用财务杠杆可以提高资金的使用效率，借入的资金过多会增大企业的财务风险，但一般可以提高盈利，借入的资金过少会降低资金的使用效率。净资产收益率是衡量股东资金使用效率的重要财务指标。

（二）净资产收益率的计算公式

净资产收益率 = 净利润 ÷ 净资产 × 100%

净利润 = 税后利润 + 利润分配

净资产 = 所有者权益 + 少数股东权益

当不分配利润或者不存在企业合并时，净利润＝税后利润，净资产＝所有者权益，净资产收益率＝税后利润÷所有者权益×100%。

在杜邦分析中会将净资产收益率的计算逐级分解得到一些系列指标，因此通过其他指标公式反过来计算净资产收益率。

第一级：

$$净资产收益率 = 总资产净利率 × 财务杠杆比例$$

$$财务杠杆比例 = 资产总额 ÷ 净资产 × 100\%$$

如果净资产＝所有者权益，则：

$$净资产收益率 = 总资产净利率 × 权益乘数$$

$$= 总资产净利率 × （产权比率 + 1）$$

$$= 总资产净利率 ÷ （1 - 资产负债率）$$

第二级：

将总资产净利率拆分为销售利润率和总资产周转率。

$$净资产收益率 = 销售利润率 × 总资产周转率 × 财务杠杆比例$$

【案例9-9】奥琦集团的利润考核

2024年奥琦集团的资产负债表、利润表和现金流量表分别见表9-1、表9-2和表9-3。

◆任务

计算奥琦集团的净资产收益率。

◆任务分析

由于净资产收益率＝净利润÷净资产×100%，是净利润与平均股东权益的百分比，是公司税后利润与净资产的百分比，该指标反映股东权益的收益水平。因此，首先需要在利润表中找到上述两项指标的计算依据，然后根据公式进行计算。

◆操作步骤

（1）在利润表中找到净利润。

（2）在资产负债表中找到所有者权益、少数股东权益，计算净资产；如果不存在企业合并，则不需要查找少数股东权益。

（3）运用公式进行计算。

◆完成任务

$$净资产收益率 = 净利润 ÷ 净资产 × 100\% = 1\,754\,066\,616.72 ÷ 39\,699\,060\,329.18 × 100\%$$

$$= 4.42\%$$

任务五　业绩评价报告撰写

一、企业管理会计报告的概念及内涵

（一）管理会计报告的概念

《管理会计应用指引第801号——企业管理会计报告》中指出，企业管理会计报告，是指企业运用管理会计方法，根据财务和业务的基础信息加工整理形成的，满足企业价值管理和决策支持需要的内部报告。其目标是为企业各层级进行规划、决策、控制和评价等管理活动提供有用信息。

（二）管理会计报告的内涵

1.组织体系

企业应建立管理会计报告组织体系，根据需要设置管理会计报告相关岗位，明确岗位职责。企业各部门都应履行提供管理会计报告所需信息的责任。

2.形式要件

企业管理会计报告的形式要件包括报告的名称、报告期间或时间、报告对象、报告内容及报告人等。

3.报告对象

企业管理会计报告的对象是对管理会计信息有需求的各个层级、各个环节的管理者。

4.报告期间

企业可根据管理的需要和管理会计活动的性质设定报告期间。一般应以日历期间（月度、季度、年度）作为企业管理会计报告期间，也可根据特定需要设定企业管理会计报告期间。

5.报告内容

企业管理会计报告的内容应根据管理需要和报告目标而定，易于理解并具有一定灵活性。

6.编制流程

企业管理会计报告的编制、审批、报送、使用等应与企业组织架构相适应。

7.报告体系

企业管理会计报告体系应根据管理活动全过程进行设计，在管理活动各环节形成基于因果关系链的结果报告和原因报告。

二、管理会计报告的分类

企业管理会计报告体系可按照多种标准进行分类，包括但不限于：

（一）按照企业管理会计报告使用者所处的管理层级分类

按照企业管理会计报告使用者所处的管理层级分类，可分为战略层管理会计报告、经营层管理会计报告和业务层管理会计报告。

（二）按照企业管理会计报告内容分类

按照企业管理会计报告内容分类，可分为综合企业管理会计报告和专项企业管理会计报告。

（三）按照管理会计功能分类

按照管理会计功能分类，可分为管理规划报告、管理决策报告、管理控制报告和管理评价报告。

（四）按照责任中心分类

按照责任中心分类，可分为投资中心报告、利润中心报告和成本中心报告。

（五）按照报告主体整体性程度分类

按照报告主体整体性程度分类，可分为整体报告和分部报告。

三、管理会计报告的体系及内容

（一）战略层管理会计报告

战略层管理会计报告是为战略层开展战略规划、决策、控制和评价以及其他方面的管理活动提供相关信息的对内报告。战略层管理会计报告的对象是企业的战略层，包括股东大会、董事会和监事会等，其内容一般包括内外部环境分析、战略选择与目标设定、战略执行及其结果，以及战略评价等。

战略层管理会计报告的内容包括但不仅限于战略管理报告、综合业绩报告、价值创造报告、经营分析报告、风险分析报告、重大事项报告和例外事项报告等，这些报告既可以独立提交，也可以根据不同需要整合后提交。战略层管理会计报告的内容见表9-14。

表9-14　　　　　　　　　　战略层管理会计报告的内容

分　类	内　容
战略管理报告	一般包括战略规划、战略制定、战略执行、战略评价及其他方面的管理活动等
综合业绩报告	一般包括关键绩效指标预算及其执行结果、差异分析及其他重大绩效事项等
价值创造报告	一般包括价值创造目标、价值驱动的财务因素与非财务因素、内部各业务单元的资源占用与价值贡献，以及提升公司价值的措施等
经营分析报告	一般包括过去经营决策执行情况回顾、本期经营目标执行的差异及其原因、影响未来经营状况的内外部环境与主要风险分析、下一期的经营目标及管理措施等
风险分析报告	一般包括企业全面风险管理工作回顾、内外部风险因素分析、主要风险识别与评估、风险管理工作计划等
重大事项报告	针对企业的重大投资项目、重大资本运作、重大融资、重大担保事项、关联交易等事项进行的报告
例外事项报告	针对企业发生的管理层变更、股权变更、安全事故、自然灾害等偶发性事项进行的报告

（二）经营层管理会计报告

经营层管理会计报告是为经营层开展与经营管理目标相关的管理活动提供相关信息的对内报告。经营层管理会计报告的对象是企业的经营层。经营层管理会计报告应做到内容完整、分析深入。

经营层管理会计报告的内容主要包括全面预算管理报告、投资分析报告、项目可行性报告、融资分析报告、盈利分析报告、资金管理报告、成本管理报告和绩效评价报告等。经营层管理会计报告的内容见表9-15。

表9-15　　　　　　　　　　经营层管理会计报告的内容

分　类	内　容
全面预算管理报告	一般包括预算目标制定与分解、预算执行差异分析以及预算考评等
投资分析报告	一般包括投资对象、投资额度、投资结构、投资进度、投资效益、投资风险和投资管理建议等

续表

分 类	内 容
项目可行性报告	一般包括项目概况、市场预测、产品方案与生产规模、厂址选择、工艺与组织方案设计、财务评价、项目风险分析，以及项目可行性研究结论与建议等
融资分析报告	一般包括融资需求测算、融资渠道与融资方式分析及选择、资本成本、融资程序、融资风险及其应对措施和融资管理建议等
盈利分析报告	一般包括盈利目标及其实现程度、利润的构成及其变动趋势、影响利润的主要因素及其变化情况，以及提高盈利能力的具体措施等。企业还应对收入和成本进行深入分析。盈利分析报告可基于企业集团、单个企业，也可基于责任中心、产品、区域、客户等进行
资金管理报告	一般包括资金管理目标、主要流动资金项目（如库存现金、应收票据、应收账款和存货）的管理状况、资金管理存在的问题，以及解决措施等。企业集团资金管理报告的内容一般还包括资金管理模式（集中管理还是分散管理）、资金集中方式、资金集中程度和内部资金往来等
成本管理报告	一般包括成本预算、实际成本及其差异分析、成本差异形成的原因，以及改进措施等
绩效评价报告	一般包括绩效目标、关键绩效指标、实际执行结果、差异分析、考评结果，以及相关建议等

（三）业务层管理会计报告

业务层管理会计报告是为企业开展日常业务或作业活动提供相关信息的对内报告。业务层管理会计报告的对象是企业的业务部门、职能部门，以及车间、班组等。业务层管理会计报告应做到内容具体、数据充分。

业务层管理会计报告应根据企业内部各部门、车间或班组的核心职能或经营目标进行设计，其主要内容包括研究开发报告、采购业务报告、生产业务报告、配送业务报告、销售业务报告、售后服务业务报告和人力资源报告等。业务层管理会计报告的内容见表9-16。

表9-16　　　　　　　　　　业务层管理会计报告的内容

分 类	内 容
研究开发报告	一般包括研发背景、主要研发内容、技术方案、研发进度、项目预算等
采购业务报告	一般包括采购业务预算、采购业务执行结果、差异分析及改善建议等。采购业务报告要重点反映采购质量、数量，以及时间、价格等
生产业务报告	一般包括生产业务预算、生产业务执行结果、差异分析及改善建议等。生产业务报告要重点反映生产成本、生产数量，以及产品质量、生产时间等

分　类	内　容
配送业务报告	一般包括配送业务预算、配送业务执行结果、差异分析及改善建议等。配送业务报告要重点反映配送的及时性、准确性，以及配送损耗等
销售业务报告	一般包括销售业务预算、销售业务执行结果、差异分析及改善建议等。销售业务报告要重点反映销售的数量结构和质量结构等
售后服务业务报告	一般包括售后服务业务预算、售后服务业务执行结果、差异分析及改善建议等。售后服务业务报告重点反映售后服务的客户满意度等
人力资源报告	一般包括人力资源预算、人力资源执行结果、差异分析及改善建议等。人力资源报告重点反映人力资源使用及考核等

任务六　业绩评价报告应用

完成业绩评价任务，主要是运用管理会计方法，根据财务和业务的基础信息加工整理，形成各责任中心和企业总体业绩的管理会计报告，参与单位规划、决策、控制和评价活动并为之提供有用的信息，进而满足企业价值管理和决策支持需要，推动单位实现战略规划。因此，撰写管理会计报告就成为完成业绩评价任务的重要节点。

由于管理会计报告没有统一的格式，通常只根据需要解决的问题进行管理会计报告的撰写。在此，本书仅对战略层、经营层和业务层的管理会计报告进行简单介绍。由于上述三个层次的管理会计报告涉及战略层6个报告、经营层8个报告、业务层7个报告，为了方便说明问题，仅选择其中个别的报告进行撰写介绍。其中，各内部责任中心（如成本中心、利润中心、投资中心）业绩报告在前面的任务中已经介绍，这里仅挑选经营分析报告、预算管理分析报告、生产业务分析报告和质量成本报告等进行介绍。

一、战略层管理会计报告应用——经营分析报告

经营分析报告一般包括过去经营决策执行情况回顾、本期经营目标执行的差异及其原因、影响未来经营状况的内外部环境与主要风险分析、下一期的经营目标及管理措施等。但是，在编写经营分析报告时，如果能够把问题说清楚，达到满足企业内部管理者需要的目的，可以在保持上述基本内容的基础上，作出适宜的内容调整。

二、经营层管理会计报告应用——预算管理分析报告

预算管理分析报告一般包括预算目标制定与分解、预算执行差异分析和预算考

评等。

【案例9-10】奥琦集团预算管理分析报告①

请阅读奥琦集团财务报表，并对该集团的各责任中心进行调研。

◆ 任务

请尝试编写奥琦集团预算管理分析报告。

◆ 任务分析

首先分析奥琦集团整体经营情况，以及主要产品供销情况及预算偏差，然后根据预算偏差寻找偏差原因，进而撰写对集团有作用的预算管理分析报告。

◆ 操作步骤

（1）客观分析整体经营情况；

（2）翔实分析产供销情况及预算偏差，并找到偏差的原因；

（3）撰写具有价值的预算管理分析报告。

◆ 完成任务

预算管理分析报告

2023年，企业集团年度项目经费预算总额为＿＿＿＿＿＿万元，同比下降＿＿＿＿%，实现净利润＿＿＿＿＿＿万元，同比下降＿＿＿＿%。同历年经营情况相比，经济发展形势不容乐观。主要表现在纺织厂市场增长乏力，产业用纺织品需求下降，棉纺厂市场开拓不力。其中，产业用新增建筑用纺织品新老客户下降较快，影响本期建筑用纺织品销售收入。同时，未来产业用纺织品销售增长率预期下降。产业用纺织品营销方式重大调整，影响销售。重点应关注：建筑用纺织品的涂层织物销量（同比下降＿＿＿＿＿＿%）。

受市场竞争结构影响，本期企业集团汇总毛利率＿＿＿＿＿＿%，比同期略有增长，产品盈利能力增强。母公司资产负债率＿＿＿＿＿＿%，长期偿债能力依然有保障。

本期，集团执行滚动预算后，经预算调整，主要汇总财务指标均在预算控制范围内，但生产涂层织物的棉纺一厂利润率偏差依然较大。集团汇总利润预算偏差率＿＿＿＿＿＿＿＿＿＿＿＿%。其中，棉纺一厂＿＿＿＿＿＿%，棉纺二厂＿＿＿＿＿＿%，棉纺三厂＿＿＿＿＿＿＿＿＿＿＿＿%。

一、集团整体经营情况

集团汇总收入、成本、费用等主要财务预算指标呈现负偏差，同比下降。其中，建筑用涂层织物收入降幅较大，汇总利润总额同比降幅较大，达＿＿＿＿＿＿%。

（一）产品销售收入

建筑用涂层织物本期累计销售收入＿＿＿＿＿＿万元，预算偏差＿＿＿＿＿＿万元，同比增长＿＿＿＿＿＿%，完成去年预算指标的＿＿＿＿＿＿%；建筑用纤维增强材料本期累计销售收入＿＿＿＿＿＿万元，预算偏差＿＿＿＿＿＿万元，同比增长＿＿＿＿＿＿%，完成去年预算指标的＿＿＿＿＿＿%；建筑用屋面防水材料本期累计销售收入＿＿＿＿＿＿万元，预算偏差＿＿＿＿＿＿万元，同比增长＿＿＿＿＿＿%，完成去年预算指标的＿＿＿＿＿＿%。

---

① 注：本案例隐去了奥琦集团的财务数据，所有财务数据均为空白。

（二）总收入

本期累计销售收入_____万元，预算偏差_____万元，同比增长_____%，完成去年预算指标的_____%。

（三）成本

本期累计业务成本_____万元，预算偏差_____万元，同比增长_____%，完成去年预算指标的_____%。

（四）毛利

本期累计毛利_____万元，预算偏差_____万元，同比增长_____%，完成去年预算指标的_____%。

（五）期间费用

本期累计期间费用_____万元，较预算增加_____万元，差异率为_____%，同比下降_____%，销售费用率同比增加_____%，累计费用执行进度_____%。

（六）利润

本期累计实现利润_____万元，较预算增加_____万元，偏差率_____%，同比下降_____%，完成全年利润指标的_____%。销售利润率同比增加_____%。财务预算执行情况汇总见表9-17。

表9-17　　　　　　　　　　　　财务预算执行情况汇总　　　　　　　　　　金额单位：万元

项　目	实　际	预　算	偏差额	偏差率/%	上年同期	同比差额	同比增长	全年预算	进度/%
一、销售收入									
二、销售成本									
三、销售毛利									
减：税金及附加									
销售费用									
管理费用									
财务费用									
四、营业利润									
减：营业外支出									
加：营业外收入									
五、利润总额									
减：所得税费用									
六、净利润									
销售毛利率/%									
销售费用率/%									
销售利润率/%									
销售净利率/%									

二、主要产品供销情况及预算偏差

（一）建筑用涂层织物价格稳定，但其原材料之一的聚酯和尼龙66织物涂PVC购进价格偏高，涂层织物的销售量又呈下降趋势。

本期，集团购进聚酯和尼龙66织物涂PVC的价格为_____万元，预算偏差_____％。

本期，集团销售建筑用涂层织物为_____万元，预算偏差_____％。

（二）建筑用纤维增强材料价格波动，但其原材料之一的碳纤维购进价格持平，纤维增强材料销量大幅增加。

本期，集团购进碳纤维的价格为_____万元，预算偏差_____％。

本期，集团销售建筑用纤维增强材料为_____万元，预算偏差_____％。

（三）建筑用屋面防水材料价格波动平稳，其主要原材料并未发生较大幅度预算变动。

本期，集团购进生产该产品的主要原材料聚乙烯丙纶价格为_____万元，预算几乎无偏差。

本期，集团销售建筑用屋面防水材料为_____万元，预算几乎无偏差。

本期累计销售收入_____万元，预算偏差_____万元，同比增长_____％。

材料采购中心本期产品购进情况见表9-18，建筑用涂层织物等的销售情况见表9-19。

表9-18　　　　　　　　　　　材料采购中心本期产品购进情况　　　　　　　　　　单位：万元

项　目	2023年			2022年		
	实　际	预　算	偏差额	实　际	预　算	偏差额
一、购入量						
聚酯和尼龙66织物涂PVC						
碳纤维						
聚乙烯丙纶						
二、出库量						
聚酯和尼龙66织物涂PVC						
碳纤维						
聚乙烯丙纶						
三、库存量						
聚酯和尼龙66织物涂PVC						
碳纤维						
聚乙烯丙纶						

表 9-19		建筑用涂层织物等的销售情况					单位：万元	

项　目	2023 年				2022 年		
	实　际	预　算	差异额	与 2022 年相比增长率	实　际	预　算	差异额
建筑用涂层织物							
建筑用纤维增强材料							
建筑用屋面防水材料							

三、各业务部门财务预算执行情况

（一）棉纺一厂

1.营业收入预算执行情况

（1）收入

建筑用涂层织物累计收入＿＿＿＿＿万元，较预算增加＿＿＿＿＿万元，预算偏差率＿＿＿＿％，同比增长＿＿＿＿＿％。

（2）成本

聚酯和尼龙 66 织物涂 PVC 累计成本较预算高出＿＿＿＿＿万元，预算偏差率＿＿＿＿＿＿＿％，同比增长＿＿＿＿＿％。

（3）毛利率

综合毛利率＿＿＿＿＿％，预算偏差率＿＿＿＿＿％，同比增长＿＿＿＿＿％。

（4）利润

本期累计利润＿＿＿＿＿万元，较预算增加＿＿＿＿＿万元，预算偏差率＿＿＿＿＿％，同比增长＿＿＿＿＿％。

……

（二）棉纺二厂

……

（三）棉纺三厂

……

四、预算差异的分析及改进措施

针对 2023 年预算执行情况，各部门基本能够按照预算项目执行，但存在不足之处，需要注意以下几点：

（一）体系与部门控制

生产和销售预算分体系制定与控制，按照项目工作职责分为成本中心、收入中心、投资中心；集团公司和各棉纺厂根据部门职责分别编制预算。

（二）负责人牵头实施

各部门负责人牵头实施预算，并作为预算管理的第一责任人，对预算编制、执行的效益性、全面性、真实性、准确性、及时性承担责任，否则会影响企业集团的现金总流量。

（三）遵守管理细则

严格按照《全面预算管理实施细则》中的预算责任执行，并主动与财务对账。对没有预算和超预算的项目应严格执行预算外审批手续，严格控制预算内项目的调剂使用。

（四）撰写预算执行差异分析报告

根据各类预算的特点，各类预算责任落实到具体部门后，请严格按照预算项目的责任划分，及时编制预算及定期撰写预算执行差异分析报告，并进行总结，确定下期工作重点。

（五）月度考评与过程控制的责任承包联动制

与集团管理部门联动，结合责任承包制，控制预算发生的合理性并进行原因分析，提出改进措施。

三、战略层管理会计报告应用——生产业务分析报告

一般包括生产业务预算、生产业务执行结果、差异分析及改善建议等。生产业务报告要重点反映生产成本、生产数量以及产品质量、生产时间等方面的内容。

【案例9-11】雅风公司直接材料成本预算差异应用分析报告

已知雅风公司2024年预算生产D产品200件，实际生产205件，直接材料成本预算及执行结果见表9-20。

表9-20　　　　　2024年D产品直接材料成本预算及执行情况　　　　　金额单位：元

材料名称	计量单位	预算				实际			
		单耗	单价	单位成本/（元/吨）	总成本	单耗	单价	单位成本/（元/吨）	总成本
计算关系	—	①	②	③=①×②	④=③×200	⑤	⑥	⑦=⑤×⑥	⑧=⑦×205
X材料	吨	2	500	1 000	200 000	2	500	1 000	205 000
Y材料	千克	4	250	1 000	200 000	4	200	800	164 000
Z材料	件	3	200	600	120 000	5	150	750	153 750
工艺电	千瓦时	31	1	31	6 200	67	1	67	13 735
合　计	—	—	—	2 631	526 200	—	—	2 617	536 485

◆任务

编制雅风公司直接材料成本差异绩效报告。

◆任务分析

已知预算成本和实际成本，正确编制雅风公司直接材料绩效报告。

◆操作步骤

（1）计算预算成本和实际成本；

（2）针对预算成本和实际成本的差异，分别从数量差异、价格差异和产量差异的角度

进行差异计算；

（3）分析产生差异的主要原因，并在工作中加以运用。

◆ 完成任务

（1）计算预算成本和实际成本。

在表9-20中，直接材料预算成本和实际成本计算如下：

直接材料预算总成本 $= \sum$ 预算单位成本 $\times$ 预算产量

$$= 2\,631 \times 200$$

$$= 526\,200（元）$$

直接材料实际总成本 $= \sum$ 实际单位成本 $\times$ 实际产量

$$= 2\,617 \times 205$$

$$= 536\,485（元）$$

成本差异 = 实际总成本 - 预算总成本 $= 536\,485 - 526\,200 = 10\,285（元）$

（2）计算数量差异、价格差异和产量差异。

沿用表9-20的资料，采用因素分析法对直接材料成本预算完成情况进行分析。分析结果见表9-21。

表9-21　　　　　　　　　　　D产品直接材料成本预算执行分析　　　　　　　　　金额单位：元

材料名称	计量单位	数量分析		价格分析		产量分析		材料总差异
		单耗差异	成本差异	单价差异/元	成本差异	产量差异/吨	成本差异	
计算关系	—	⑨=⑤-①	⑩=⑨×②×205	⑪=⑥-②	⑫=⑪×⑤×205	⑬=205-200	⑭=⑬×③	⑮=⑩+⑫+⑭
X材料	吨	0	0	0	0	5	5 000	5 000
Y材料	千克	0	0	-50	-41 000	5	5 000	-36 000
Z材料	件	2	82 000	-50	-51 250	5	3 000	33 750
工艺电	千瓦时	36	7 380	0	0	5	155	7 535
合计	—	—	89 380		-92 250	—	13 155	10 285

在表9-21中，直接材料成本预算执行差异如下：

材料数量差异 $= \sum$ 单位耗量差异 $\times$ 预算价格 $\times$ 实际产量

$$= （2 \times 200 \times 205）+ （36 \times 1 \times 205）$$

$$= 82\,000 + 7\,380$$

$$= 89\,380（元）$$

材料价格差异 $= \sum$ 单位价格差异 $\times$ 实际单位消耗量 $\times$ 实际产量

$$= （-50 \times 4 \times 205）+ （-50 \times 5 \times 205）$$

$$= （-41\,000）+ （-51\,250）$$

$$= -92\,250（元）$$

$$材料产量差异 = \sum 产量差异 \times 预算单位材料成本$$
$$= 5 \times 1\,000 + 5 \times 1\,000 + 5 \times 600 + 5 \times 31$$
$$= 13\,155（元）$$

成本差异 = 数量差异 + 价格差异 + 产量差异 = 89\,380 - 92\,250 + 13\,155 = 10\,285（元）

（3）分析产生差异的原因。

通过上述分析，可以看出：

A 产品直接材料预算总成本 526\,200 元，实际总成本为 536\,485 元，实际总成本比预算总成本多 10\,285 元。导致实际总成本比预算总成本多 10\,285 元的原因如下：

①由于 D 产品的材料单耗变化（其中 Z 材料和工艺电单耗提高）增加材料成本 89\,380 元；

②由于 D 产品耗用材料单价变化（其中 Y 材料和 Z 材料单价降低）降低材料成本 92\,250 元；

③由于 D 产品产量实际比预算增加 5 吨（205 - 200），增加材料成本 13\,155 元。

通过上述材料成本分析，将导致直接材料实际成本与预算成本之间差异的数量、价格、产量三个因素搞清楚后，还需要分别分析造成材料消耗数量变化、材料价格变化及产品产量变化的原因。

造成材料消耗数量变化的原因主要有人工操作因素、机器设备因素、技术工艺因素、产品质量因素、材料质量因素、生产数量因素等；造成材料价格变化的原因主要有材料市场价格的变动、材料采购数量的变动、运费和损耗的变动、耗用材料的变动等；造成产品产量变化的原因主要有产品供求因素、机器设备因素、材料供应因素、生产效率因素、产品质量因素、资金因素、成本因素等。总之，导致材料成本升降的原因非常多，因此，需要进行具体的调查研究后才能明确责任归属。

四、质量成本报告

（一）质量成本报告的含义

质量成本报告是指根据质量成本分析的结果，向领导及有关部门汇报时所作的书面陈述，它可以作为制定质量方针目标、评价质量体系的有效性和进行质量改进的依据。它也是企业质量管理部门和财会部门对质量成本管理活动或某一典型事件进行调查、分析和建议的总结性文件。

（二）质量成本报告的主要形式

质量成本报告一般采取以下四种主要形式：报表式、图表式、陈述式和综合式。至于运用哪些形式应根据各自的实际情况具体选择。

质量成本报告按质量成本的分类详细列示实际质量成本，并向企业组织的经理人提供下列两个方面的重要信息：一是显示各类质量成本的支出情况以及财务影响；二是显示各类质量成本的分布情况，以便企业组织的经理人判断各类质量成本的重要性。

（三）质量成本报告的类型

质量成本报告一般有短期质量成本报告、多期趋势质量成本报告和长期质量成本报告三种类型。

（1）短期质量成本报告用来反映当期标准或目标的进展情况。

（2）多期趋势质量成本报告用来反映从质量改进项目实施起的进展情况。

（3）长期质量成本报告用来反映长期标准或目标的进展情况。

不论企业采用何种类型编制质量成本报告，其内容不外乎强调各成本要素的比重关系（如预防成本与鉴定成本占质量成本的比率）及其衡量基础（如质量成本占销售收入或销售成本的比率）。

（四）质量成本报告的内容

质量成本报告包括以下内容：

1.提出全部质量成本总额及其构成的主要项目、费用情况；提出由于质量缺陷而造成损失的项目与有关比较基数的比率；各企业根据自己情况的不同可自行确定比较基数，但通过比较找出的比率应具有强有力的说服力。一般常用的基数有：纯销售收入、利润、产值（包括净产值与总产值）、产量和总成本等。

2.依据上述数据和比率，进行质量成本水平分析和质量成本对比分析，作出分析结论。

3.提出影响质量成本中有关问题的关键因素，确定对应的改进措施。

4.对一些典型事例写出具体分析结果。

5.预测下一报告期的质量成本控制目标等。

【案例9-12】奥琦集团质量成本分析报告

奥琦集团对质量成本分别按不同的质量作业设成本库归集分配的资料（见表9-22）。假设奥琦集团本期的销售收入为80 000 000元。

表9-22　　　奥琦集团质量成本分别按不同的质量作业设成本库归集分配

质量成本类别	成本动因	数量	分配率
预防成本			
设计工程	工程小时	3 000小时	80元/小时
操作规程	工程小时	4 000小时	80元/小时
鉴定成本			
检验	检测时间	15 000小时	40元/小时
测试	检测时间	10 000小时	50元/小时
内部故障成本			
返工	返工产品数量	2 800台	400元
外部故障成本			
客户服务	修复产品的数量	5 000台	20元/台
退货运费	修复产品的数量	5 000台	25元/台
维修保证	修复产品的数量	5 000台	400元/台

◆任务

编写奥琦集团质量成本报告。

◆任务分析

由于质量成本报告可以帮助企业的经营管理人员判断各类质量成本的比重以及重要性，进而可以更有针对性地控制质量成本，优化成本结构。因此，需要按各类质量成本项目分别列示。在列示时，可以采用绘制统计图（如饼状图、柱形图）或文字陈述的方式编制质量成本报告。

◆操作步骤

（1）根据表9-22的资料，计算各质量成本项目占质量成本总额即销售收入的比例；

（2）分析各成本项目的比例，试图找出能够提高企业销售收入和销售利润的途径。

◆完成任务

若奥琦集团本期的销售收入为80 000 000元，则质量成本报告见表9-23。

表9-23　　　　　　　　　　　奥琦集团质量成本报告

质量成本类别	成本动因		分配成本/元	占销售收入百分比/%
	数　量	分配率		
预防成本				
设计工程	3 000小时	80元/小时	240 000	0.3
操作规程	4 000小时	80元/小时	320 000	0.4
预防成本合计	—	—	560 000	0.7
鉴定成本				
检验	15 000小时	40元/小时	600 000	0.75
测试	10 000小时	50元/小时	500 000	0.625
鉴定成本合计	—	—	1 100 000	1.375
内部故障成本				
返工	2 800台	400元	1 120 000	
内部故障成本合计	—	—	1 120 000	1.4
外部故障成本				
客户服务	5 000台	20元/台	100 000	0.125
退货运费	5 000台	25元/台	125 000	0.15625
维修保证	5 000台	400元/台	2 000 000	2.5
外部故障成本合计	—	—	2 225 000	2.78125
质量成本总额			5 005 000	6.25625

通过上述分析，奥琦集团外部故障成本占销售收入的比例为2.78125%，质量成本总额占销售收入的比例为6.25625%。按照行业标准看，奥琦集团的质量控制成本属于行业平均值范畴。

【学思践悟】海尔集团的管理会计"赢"之道

为了适应互联网时代和支持网络化战略，海尔集团探索了"人单合一"的管理模式。所谓"人"，就是具有创业创新精神的员工；所谓"单"，就是用户价值，每个人都要为用户创造价值，实现价值双赢。在这种战略和组织创新的基础上，管理会计的定位就从传统的会计变成参与企业的战略创新与智慧创造的过程。同时，海尔集团实行"三无"模式，即企业无边界、管理无领导、供应链无尺度。在内外部环境发生变化时，海尔集团把会计人员从传统财务工作中解放出来，去做更多创造价值的工作。海尔集团从2006年开始进行财务组织转型，将财务分成业务财务、专业财务和财务共享中心三大块。业务财务主要负责管理会计，专业财务主要负责财务管理，财务共享中心主要负责财务会计。

为了更好地提供增值服务和支持，海尔集团把财务组织和人力、战略、法务、信息化进行整合，形成支持单元，作为一个整体提供支持。所有业务只要找到一个团队，就能得到非常好的支持，这样就提高了管理会计的效率。这是由于管理会计的绩效管理需要人力的机制创新、信息决策支持。

海尔集团的管理会计创新主要体现在"三表""三预""三赢"。首先是"三表"，即战略损益表、日清表和人单酬表；其次是"三预"，即预算、预案和预酬；最后是"三赢"，即事前算赢、事中调赢、事后双赢。在绩效评价方面，海尔集团提出不仅评价企业价值和战略绩效，还要评估客户市场。

海尔集团的管理会计创新，激发了员工的工作活力，提升了管理会计的参与度，极大地提升了海尔集团价值创造力。

【启示】管理会计在我国起步及应用得比较晚，约开始于21世纪70年代末、80年代初。短短20年时间，管理会计无论在理论上还是在实践上都取得了较大的发展。我国管理会计已逐步从数量、定额管理过渡到成本、价值管理，从项目、部门管理演变为全面管理、战略管理。随着理论研究的拓展和实践经验的积累，人们的目光已从过去转向现在和未来，开始用全局的观点、战略的眼光进行财务活动管理。类似海尔集团这样的民族企业，在进行企业财务活动时，既发挥了具有中国特色的管理会计的作用，又提升了会计强国之梦的民族自信心和民族自豪感。

引导案例解析

本项目"引导案例"解析如下：

◆ 任务分析

分析北京积水潭医院经营的基本情况，对于成本管控、财经信息化管理、"走动式"管理模式等几个方面进行深入分析，运用营运管理等管理会计工具进行具有政策建议性的经营分析报告撰写。

◆操作步骤

（1）分析成本管控发生变化的原因及状态；

（2）分析财经信息化管理的原因及状态；

（3）运用管理会计工具进行分析，并撰写具有政策建议性的经营分析报告。

◆完成任务

北京积水潭医院管理会计经营分析报告

一、北京积水潭医院基本情况

（一）成本管控发生变化的原因及状态

……

（二）财经信息化管理的原因及状态

……

二、管理会计应用情况及建议

（一）应用管理会计，挖掘自身潜力

1.预算管理

全面预算管理是内部管理控制的主要方法，在日常经营管理中起着目标激励、过程控制及有效奖惩的重要作用。通过全面预算管理的目标预测、滚动预算、预算分析三个管理活动，实现对管理层经营决策支持，促使企业快速应对突发事件，减少经营风险。

2.成本管理

成本管理是财务管理的重要组成部分，对促进成本降低、加强经济核算、改进管理效率、提高企业整体管理水平具有重大意义。多样化成本管理，将科室、项目、病种、DRG成本核算系统有效整合，实现了真正的核算数据一次提取、颗粒精细、同根同源、互联互通。

3.绩效管理

绩效管理是企业创造价值、评估价值、分配价值的组织管理体系，是以实现战略目标和提高企业业绩为驱动力，以关键绩效指标和工作目标设定为载体，各级管理者和员工共同参与的绩效计划制订、绩效辅导、绩效考核评价、绩效结果应用与反馈的持续循环过程。社会环境带来的诸多改变，医院绩效管理面临着既定目标或难以实现、未来目标难以确定、绩效评价难度增加、沟通方式灵活变化等挑战。医院及时调整绩效管理策略，将有助于应对社会环境变化带来的外部冲击，有利于管理层创新评价机制，精准评估绩效表现。

（二）加强战略管理，科学实施战略转型

1.信息化建设方面

北京积水潭医院除了建设基础业财系统支持日常的经营活动外，未来应更多地向智能化的财务、业务系统转型，发挥信息系统在管理支持、决策中的应用，实现系统对医院的全过程管理。

2.数字化应用方面

通过完善的成本管理系统和内控制度流程，北京积水潭医院稳步推进信息化建设，挖掘释放数据潜力，打破业务信息孤岛，实现数据可视、问题明确、沟通扁平的精细化管理，加速形成财经信息化管理。

三、政策建议

（一）加大业财融合支持力度

……

（二）强化成本与价格管理

……

（三）盘活数据资源信息，解决科室弱项短板问题

……

（四）帮助公立医院提升运营管理能力

……

实训任务

实训一 王永庆的利润中心管理模式

台塑集团董事长王永庆创造出一套科学用人之道，一个利润中心管理模式，其中最为精辟的是"压力管理"和"奖励管理"两套方法。

台塑集团在1968年就成立了专业管理机构，具体包括总经理室、采购部、财务部、营建部、法律事务室、秘书室和电脑处。总经理室下设营业、生产、财务、人事、资材、工程、经营分析和电脑等8个组。这犹如一个金刚石的分子结构，只要在顶端施加一种压力，自上而下的各个层次就会有压迫感。

在各事业部内，以厂别或产品别再划分为若干个利润中心，独立核算其损益，衡量其经营绩效，以便于各单位甄别各自的责任归属。随着利润中心过大的产销范围不利于计算并降低成本，王永庆又将利润中心再调整细分为针对直接生产部门的成本中心，以及针对非直接生产部门的费用中心。台塑集团有上千个利润中心、上万个成本中心。

这种管理模式的效果体现在企业有能力连续降低生产成本，向下游客户提供价廉物美的石化产品，以获取合理利润。特别要强调的两点内容：一是竭力自行减少成本结构中的不合理部分，避免浪费；二是减少不合理成本的过程是永无止境的，不可能一蹴而就，只能积少成多，日复一日方能尽其全功。

台塑集团的各成本中心因其职责所在，能够积极主动地深入发掘各成本项目变动的根源。一般外购的先进技术与设备，经过数月的改善和革新，其生产效率之高，常常使原生产厂家惊叹不已。甚至更让人惊奇的是，台塑集团没多久就可以自行生产成套设备，根本无须向外购买，其建厂成本之低实非一般企业能比。

王永庆要求台塑集团的成本管理体系，务必为管理者提供以下功能：一是采用单元成本分析法直接探寻成本发生的本源；二是通过电脑提高各工序间所需成本信息传送的及时性和有效性；三是及时而有效的信息使得管理者对例行决策、特殊决策及资本预算等，能迅速作出分析并提供方案选择。特别是成本分析的决策支持功能，是台塑集团的核心管理

能力。

资料来源：广州和英企业管理咨询有限公司. 中国式阿米巴经营：王永庆利润中心管理模式［EB/OL］.［2024-06-04］. http://www.consulting-china.cn/detail_wz/2015-11-4/7572.html.

◆任务

（1）请说出台塑集团各种责任中心分别是指什么？

（2）请回答台塑集团如何进行有效的利润中心管理？

◆完成任务

（1）台塑集团各种责任中心包括利润中心和成本中心等；

（2）一个利润中心管理模式，其中最为精辟的是"压力管理"和"奖励管理"两套方法。具体答案：略。

实训二　徐工机械的关键性绩效指标

管理会计工具在企业中应用广泛，企业普遍开展预算管理和风险管理，建立全面成本管理体系，成立风险控制部门。为应对疫情，多数企业及时调整经营预算，制订业务和支出收缩计划。多数企业建立了完善的核算自动化、远程办公、信息共享、成本管理和全面预算管理信息系统，新冠肺炎疫情冲击增强了企业数字化转型的信心。

徐工机械的资产负债表、利润表、现金流量表分别见表9-24至表9-26（注：表中合计数取整）。

表9-24　　　　　　　　　　　　资产负债表（简表）

编制单位：徐工机械　　　　　　　　　　　　　　　　　　　　　　单位：亿元

项　目	2023年	2022年
货币资金	234	278
交易性金融资产	0.3922	66.531
应收票据	36.600	60.212
应收账款	400	405
应收款项融资	14.078	11.556
预付款项	16.768	24.706
应收股利	1.480	1.068
其他应收款	19.235	18.057
存货	324	351
一年内到期的非流动资产	26.650	29.235
其他流动资产	37.349	45.925
流动资产合计	1111	1291
发放贷款及垫款	13.293	19.715

续表

项　目	2023年	2022年
长期股权投资	45.100	23.728
长期应收款	43.794	41.497
其他权益工具投资	35.210	35.011
其他非流动金融资产	1.810	10.480
固定资产	225	190
在建工程	29.231	28.940
合同资产	0.577	0.636
使用权资产	1.989	2.674
无形资产	73.737	64.434
开发支出	6.208	8.137
长期待摊费用	0.448	0.293
递延所得税资产	27.106	26.366
其他非流动资产	6.274	9.526
非流动资产合计	509	460
资产总计	1620	1752
短期借款	135	176
拆入资金	4.460	3.003
衍生金融负债	0.647	1.132
应付票据	209	247
应付账款	210	257
合同负债	47.080	49.673
应付职工薪酬	4.367	4.646
应交税费	6.730	5.738
应付股利	0.129	0.122
其他应付款	70.228	52.429
一年内到期的非流动负债	156	102
其他流动负债	20.308	67.146
流动负债合计	864	965

续表

项　目	2023年	2022年
长期借款	125	155
应付债券	19.981	27.152
租赁负债	0.961	1.963
长期应付款	13.378	30.606
预计非流动负债	3.954	4.165
长期递延收益	5.191	5.088
递延所得税负债	5.952	11.987
其他非流动负债	6.846	3.455
非流动负债合计	181	239
负债合计	1 045	1 205
所有者权益（或股东权益）：		
实收资本（或股本）	118	118
资本公积	164	168
减：库存股	3.641	—
专项储备	1.179	1.017
盈余公积	24.259	20.900
未分配利润	258	226
归属于母公司股东权益合计	561	533
少数股东权益	13.423	14.023
所有者权益（或股东权益）合计	575	547
负债和所有者权益（或股东权益）总计	1 620	1 752

9-25　　　　　　　　　　　利润表（简表）

编制单位：徐工机械　　　　　　　　　　　　　　　　　　　　　　单位：亿元

项　目	2023年	2022年
一、营业收入	928	938
减：营业成本	721	749
税金及附加	4.415	4.063
销售费用	67.025	67.655

续表

项 目	2023年	2022年
管理费用	27.058	22.846
研发费用	39.996	40.823
财务费用	7.260	-2.106
其中：利息费用	16.535	15.325
加：其他收益	7.237	4.617
投资收益（损失以"-"号填列）	-0.377	1.944
其中：对联营企业和合营企业的投资收益	2.460	2.163
以摊余成本计量的金融资产终止确认收益	-4.871	-2.179
公允价值变动收益（损失以"-"号填列）	1.786	-0.703
资产处置收益（损失以"-"号填列）	0.499	-0.633
二、营业利润（亏损以"-"号填列）	56.405	50.828
加：营业外收入	0.961	1.055
减：营业外支出	0.590	1.756
三、利润总额（亏损总额以"-"号填列）	56.776	50.127
减：所得税费用	4.415	7.111
四、净利润（净亏损以"-"号填列）	52.361	43.017

表9-26　　　　　　　　　　　　　现金流量表（简表）

编制单位：徐工机械　　　　　　　　　　　　　　　　　　　　　　单位：亿元

项 目	2023年	2022年
一、经营活动产生的现金流量：		
销售商品、提供劳务收到的现金	1037	1046
客户存款和同业存放款项净增加额	21.182	1.280
向其他金融机构拆入资金净增加额	1.457	3.003
收取利息、手续费及佣金的现金	4.577	3.350
收到的税费返还	25.871	26.924
收到其他与经营活动有关的现金	128	82.527
经营活动现金流入小计	1219	1163
购买商品、接受劳务支付的现金	992	894

续表

项　目	2023年	2022年
支付利息、手续费及佣金的现金	0.789	0.331
支付给职工以及为职工支付的现金	66.164	68.438
支付的各项税费	35.759	30.741
支付其他与经营活动有关的现金	88.274	154
经营活动现金流出小计	1183	1148
经营活动产生的现金流量净额	35.709	15.829
二、投资活动产生的现金流量：		
收回投资收到的现金	160	121
取得投资收益收到的现金	5.333	6.609
处置固定资产、无形资产和其他长期资产收回的现金净额	0.640	1.009
收到其他与投资活动有关的现金	15.091	34.464
投资活动现金流入小计	182	163
购建固定资产、无形资产和其他长期资产支付的现金	59.668	79.856
投资支付的现金	108	139
取得子公司及其他营业单位支付的现金净额	—	0.598
支付其他与投资活动有关的现金	—	0.003
投资活动现金流出小计	167	219
投资活动产生的现金流量净额	14.114	−56.549
三、筹资活动产生的现金流量：		
吸收投资收到的现金	4.410	3.349
子公司吸收少数股东投资收到的现金	–	3.349
取得借款收到的现金	362	363
发行债券收到的现金	20	—
收到其他与筹资活动有关的现金	8.067	16.251
筹资活动现金流入小计	395	383
偿还债务支付的现金	419	308
分配股利、利润或偿付利息支付的现金	32.659	37.664
子公司支付给少数股东的股利、利润	0.975	1.153

续表

项　目	2023年	2022年
支付其他与筹资活动有关的现金	21.308	6.824
筹资活动现金流出小计	473	352
筹资活动产生的现金流量净额	−77.784	30.887
四、汇率变动对现金及现金等价物的影响	−1.774	2.703
五、现金及现金等价物净增加额	−29.735	−7.130
加：期初现金及现金等价物余额	214	221
六、期末现金及现金等价物余额	184	214

资料来源：新浪财经．徐工机械［EB/OL］．［2024−06−17］．https：//vip.stock.finance.sina.com.cn/corp/go.php/vFD_FinanceSummary/stockid/000425/displaytype/4.phtml？source=gjzb.

◆任务

（1）计算徐工机械投资回报率；

（2）计算徐工机械净资产收益率；

（3）计算徐工机械经济增加值回报率；

（4）计算徐工机械息税前利润；

（5）计算徐工机械自由现金流；

（6）计算徐工机械资产负债率。

◆完成任务

（1）投资回报率 ＝ ［56.776×（1−25%）＋16.535］÷｛［（135＋209＋125＋19.981＋561）＋（176＋247＋155＋27.152＋533）］÷2｝×100% ＝ 5.40%

（2）净资产收益率 ＝ 52.361÷［（561＋533）÷2］×100% ＝ 9.57%

（3）经济增加值回报率 ＝ ［56.776×（1−25%）＋16.535］÷［（561＋533）÷2］×100% ＝ 10.81%

（4）息税前利润 ＝ 56.776＋16.535 ＝ 73.311（亿元）

（5）自由现金流 ＝ 35.709−59.668−108 ＝ −131.959（亿元）

（6）资产负债率 ＝ 1 045÷1 620×100% ＝ 64.51%

附 录

附表一　　　　　　　　　　　　　复利终值系数表

期数	1%	2%	3%	4%	5%	6%	7%	8%	9%	10%	11%
1	1.0100	1.0200	1.0300	1.0400	1.0500	1.0600	1.0700	1.0800	1.0900	1.1000	1.1100
2	1.0201	1.0404	1.0609	1.0816	1.1025	1.1236	1.1449	1.1664	1.1881	1.2100	1.2321
3	1.0303	1.0612	1.0927	1.1249	1.1576	1.1910	1.2250	1.2597	1.2950	1.3310	1.3676
4	1.0406	1.0824	1.1255	1.1699	1.2155	1.2625	1.3108	1.3605	1.4116	1.4641	1.5181
5	1.0510	1.1041	1.1593	1.2167	1.2763	1.3382	1.4026	1.4693	1.5386	1.6105	1.6851
6	1.0615	1.1262	1.1941	1.2653	1.3401	1.4185	1.5007	1.5869	1.6771	1.7716	1.8704
7	1.0721	1.1487	1.2299	1.3159	1.4071	1.5036	1.6058	1.7138	1.8280	1.9487	2.0762
8	1.0829	1.1717	1.2668	1.3686	1.4775	1.5938	1.7182	1.8509	1.9926	2.1436	2.3045
9	1.0937	1.1951	1.3048	1.4233	1.5513	1.6895	1.8385	1.9990	2.1719	2.3579	2.5580
10	1.1046	1.2190	1.3439	1.4802	1.6289	1.7908	1.9672	2.1589	2.3674	2.5937	2.8394
11	1.1157	1.2434	1.3842	1.5395	1.7103	1.8983	2.1049	2.3316	2.5804	2.8531	3.1518
12	1.1268	1.2682	1.4258	1.6010	1.7959	2.0122	2.2572	2.5182	2.8127	3.1384	3.4985
13	1.1381	1.2936	1.4685	1.6651	1.8856	2.1329	2.4098	2.7196	3.0658	3.4523	3.8833
14	1.1495	1.3159	1.5126	1.7317	1.9799	2.2609	2.5785	2.9372	3.3417	3.7975	4.3104
15	1.1610	1.3459	1.5580	1.8009	2.0789	2.3966	2.7590	3.1722	3.6425	4.1772	4.7846
16	1.1726	1.3728	1.6047	1.8730	2.1929	2.5404	2.9522	3.4259	3.9703	4.5950	5.3109
17	1.1843	1.4002	1.6528	1.9479	2.2920	2.6928	3.1588	3.7000	4.3276	5.0545	5.8951
18	1.1961	1.4282	1.7024	2.0258	2.4066	2.8543	3.3799	3.9960	4.7171	5.5599	6.5436
19	1.2081	1.4568	1.7535	2.1068	2.5270	3.0256	3.6165	4.3157	5.1417	6.1159	7.2633
20	1.2202	1.4859	1.8061	2.1910	2.6533	3.2071	3.8697	4.6610	5.6044	6.7275	8.0623
21	1.2324	1.5157	1.8603	2.2788	2.7860	3.3996	4.1406	5.0338	6.1088	7.4020	8.9492
22	1.2447	1.5460	1.9161	2.3699	2.9253	3.6035	4.4304	5.4365	6.6586	8.1403	9.9336
23	1.2572	1.5769	1.9736	2.4647	3.0715	3.8197	4.7405	5.8715	7.2579	8.9543	11.0263
24	1.2697	1.6084	2.0328	2.5633	3.2251	4.0489	5.0724	6.3412	7.9111	9.8497	12.2392
25	1.2824	1.6406	2.0938	2.6658	3.3864	4.2919	5.4274	6.8485	8.6231	10.8347	13.5855
26	1.2953	1.6734	2.1566	2.7725	3.5557	4.5494	5.8074	7.3964	9.3992	11.9182	15.0799
27	1.3082	1.7069	2.2213	2.8834	3.7335	4.8223	6.2139	7.9881	10.2451	13.1100	16.7386
28	1.3213	1.7410	2.2879	2.9987	3.9201	5.1117	6.6488	8.6271	11.1671	14.4210	18.5799
29	1.3345	1.7758	2.3566	3.1187	4.1161	5.4184	7.1143	9.3173	12.1722	15.8631	20.6237
30	1.3478	1.8114	2.4273	3.2434	4.3219	5.7435	7.6132	0.0627	13.2677	17.4494	22.8923

期数	12%	13%	14%	15%	16%	18%	20%	25%	30%
1	1.1200	1.1300	1.1400	1.1500	1.1600	1.1800	1.2000	1.2500	1.3000
2	1.2544	1.2769	1.2996	1.3225	1.3456	1.3924	1.4400	1.5625	1.6900
3	1.4049	1.4429	1.4815	1.5209	1.5609	1.6430	1.7280	1.9531	2.1970
4	1.5735	1.6305	1.6890	1.7490	1.8106	1.9388	2.0736	2.4414	2.8561
5	1.7623	1.8424	1.9254	2.0114	2.1003	2.2878	2.4883	3.0518	3.7129
6	1.9738	2.0820	2.1950	2.3131	2.4364	2.6996	2.9860	3.8147	4.8268
7	2.2107	2.3526	2.5023	2.6600	2.8262	3.1855	3.5832	4.7684	6.2749
8	2.4760	2.6584	2.8526	3.0590	3.2784	3.7589	4.2998	5.9605	8.1573
9	2.7731	3.0040	3.2519	3.5179	3.8030	4.4355	5.1598	7.4506	10.6045
10	3.1058	3.3946	3.7072	4.0456	4.4114	5.2338	6.1917	9.3132	13.7858
11	3.4785	3.8359	4.2262	4.6524	5.1173	6.1759	7.4301	11.6415	17.9216
12	3.8960	4.3345	4.8179	5.3505	5.9360	7.2876	8.9161	14.5519	23.2981
13	4.3635	4.8980	5.4924	6.1528	6.8858	8.5994	10.6993	18.1899	30.2875
14	4.8871	5.5348	6.2613	7.0757	7.9875	10.1472	12.8392	22.7374	39.3738
15	5.4736	6.2543	7.1379	8.1371	9.2655	11.9737	15.4070	28.4217	51.1859
16	6.1304	7.0673	8.1372	9.3576	10.7480	14.1290	18.4884	35.5271	66.5417
17	6.8660	7.9861	9.2765	10.7613	12.4677	16.6722	22.1861	44.4089	86.5042
18	7.6900	9.0243	10.5752	12.3755	14.4625	19.6733	26.6233	55.5112	112.4554
19	8.6128	10.1974	12.0557	14.2318	16.7765	23.2144	31.9480	69.3889	146.1900
20	9.6463	11.5231	13.7435	16.3665	19.4608	27.3930	38.3376	86.7362	190.0496
21	10.8038	13.0211	15.6676	18.8215	22.5745	32.3238	46.0051	108.4202	247.0645
22	12.1003	14.7138	17.8610	21.6447	26.1864	38.1421	55.2061	135.5253	321.1839
23	13.5523	16.6266	20.3616	24.8915	30.3762	45.0076	66.2474	169.4066	417.5391
24	15.1786	18.7881	23.2122	28.6252	35.2364	53.1090	79.4968	211.7582	542.8008
25	17.0001	21.2305	26.4619	32.9190	40.8742	62.6686	95.3962	264.6978	705.6410
26	19.0401	23.9905	30.1666	37.8568	47.4141	73.9490	114.4755	330.8722	917.3333
27	21.3249	27.1093	34.3899	43.5353	55.0004	87.2598	137.3706	413.5903	1 192.5333
28	23.8839	30.6335	39.2045	50.0656	63.8004	102.9666	164.8447	516.9879	1 550.2933
29	26.7499	34.6158	44.6931	57.5755	74.0085	121.5005	197.8136	646.2349	2 015.3813
30	29.9599	39.1159	50.9502	66.2118	85.8499	145.3706	237.3763	807.7936	2 619.9956

附表二　　　　　　　　　　　　　　　　　复利现值系数表

期数	1%	2%	3%	4%	5%	6%	7%	8%	9%	10%
1	0.9901	0.9804	0.9709	0.9615	0.9524	0.9434	0.9346	0.9259	0.9174	0.9091
2	0.9803	0.9612	0.9426	0.9246	0.9070	0.8900	0.8734	0.8573	0.8417	0.8264
3	0.9706	0.9423	0.9151	0.8890	0.8638	0.8396	0.8163	0.7938	0.7722	0.7513
4	0.9610	0.9238	0.8885	0.8548	0.8227	0.7921	0.7629	0.7350	0.7084	0.6830
5	0.9515	0.9057	0.8626	0.8219	0.7835	0.7473	0.7130	0.6806	0.6499	0.6209
6	0.9420	0.8880	0.8375	0.7903	0.7462	0.7050	0.6663	0.6302	0.5963	0.5645
7	0.9327	0.8706	0.8131	0.7599	0.7107	0.6651	0.6227	0.5835	0.5470	0.5132
8	0.9235	0.8535	0.7894	0.7307	0.6768	0.6274	0.5820	0.5403	0.5019	0.4665
9	0.9143	0.8368	0.7664	0.7026	0.6446	0.5919	0.5439	0.5002	0.4604	0.4241
10	0.9053	0.8203	0.7441	0.6756	0.6139	0.5584	0.5083	0.4632	0.4224	0.3855
11	0.8963	0.8043	0.7224	0.6496	0.5847	0.5268	0.4751	0.4289	0.3875	0.3505
12	0.8874	0.7885	0.7014	0.6246	0.5568	0.4970	0.4440	0.3971	0.3555	0.3186
13	0.8787	0.7730	0.6810	0.6006	0.5303	0.4688	0.4150	0.3677	0.3262	0.2897
14	0.8700	0.7579	0.6611	0.5775	0.5051	0.4423	0.3837	0.3405	0.2992	0.2633
15	0.8613	0.7430	0.6419	0.5553	0.4810	0.4173	0.3624	0.3152	0.2745	0.2394
16	0.8528	0.7284	0.6232	0.5339	0.4581	0.3936	0.3387	0.2919	0.2519	0.2176
17	0.8444	0.7142	0.6050	0.5134	0.4363	0.3714	0.3166	0.2703	0.2311	0.1978
18	0.8360	0.7002	0.5874	0.4936	0.4155	0.3503	0.2959	0.2502	0.2120	0.1799
19	0.8277	0.6864	0.5703	0.4746	0.3957	0.3305	0.2765	0.2317	0.1945	0.1635
20	0.8195	0.6730	0.5537	0.4564	0.3769	0.3118	0.2584	0.2145	0.1784	0.1486
21	0.8114	0.6598	0.5375	0.4388	0.3589	0.9420	0.2415	0.1987	0.1637	0.1351
22	0.8034	0.6468	0.5219	0.4220	0.3418	0.2775	0.2257	0.1839	0.1502	0.1228
23	0.7954	0.6342	0.5067	0.4057	0.3256	0.2618	0.2109	0.1703	0.1378	0.1117
24	0.7876	0.6217	0.4919	0.3901	0.3101	0.2470	0.1971	0.1577	0.1264	0.1015
25	0.7798	0.6095	0.4776	0.3751	0.2953	0.2330	0.1820	0.1460	0.1160	0.0923
26	0.7720	0.5976	0.4637	0.3604	0.2812	0.2198	0.1722	0.1352	0.1064	0.0839
27	0.7644	0.5859	0.4502	0.3468	0.2678	0.2074	0.1609	0.1252	0.0976	0.0763
28	0.7568	0.5744	0.4371	0.3335	0.2551	0.1956	0.1504	0.1159	0.0895	0.0693
29	0.7493	0.5631	0.4243	0.3207	0.2429	0.1846	0.1406	0.1073	0.0822	0.0630
30	0.7419	0.5521	0.4120	0.3083	0.2314	0.1741	0.1314	0.0994	0.0754	0.0573

期数	11%	12%	13%	14%	15%	16%	18%	20%	25%	30%
1	0.9009	0.8929	0.8850	0.8772	0.8696	0.8621	0.8475	0.8333	0.8000	0.7692
2	0.8116	0.7972	0.7831	0.7695	0.7561	0.7432	0.7182	0.6944	0.6400	0.5917
3	0.7312	0.7118	0.6931	0.6750	0.6575	0.6407	0.6086	0.5787	0.5120	0.4552
4	0.6587	0.6355	0.6133	0.5921	0.5718	0.5523	0.5158	0.4823	0.4096	0.3501
5	0.5935	0.5674	0.5428	0.5194	0.4972	0.4761	0.4371	0.4019	0.3277	0.2693
6	0.5346	0.5066	0.4803	0.4556	0.4323	0.4104	0.3704	0.3399	0.2621	0.2072
7	0.4817	0.4523	0.4251	0.3996	0.3759	0.3538	0.3139	0.2791	0.2097	0.1594
8	0.4339	0.4039	0.3762	0.3506	0.3269	0.3050	0.2660	0.2326	0.1678	0.1226
9	0.3909	0.3606	0.3329	0.3075	0.2843	0.2630	0.2255	0.1938	0.1342	0.0943
10	0.3522	0.3220	0.2946	0.2697	0.2472	0.2267	0.1911	0.1615	0.1074	0.0725
11	0.3173	0.2875	0.2607	0.2366	0.2149	0.1954	0.1619	0.1346	0.0859	0.0580
12	0.2858	0.2567	0.2307	0.2076	0.1869	0.1685	0.1372	0.1122	0.0687	0.0429
13	0.2575	0.2292	0.2042	0.1821	0.1625	0.1452	0.1163	0.0935	0.0550	0.0330
14	0.2320	0.2046	0.1807	0.1597	0.1413	0.1252	0.0935	0.0779	0.0440	0.0254
15	0.2090	0.1827	0.1599	0.1401	0.1229	0.1079	0.0835	0.0649	0.0352	0.0195
16	0.1883	0.1613	0.1415	0.1229	0.1069	0.0980	0.0708	0.0541	0.0281	0.0150
17	0.1696	0.1456	0.1252	0.1078	0.0929	0.0802	0.0600	0.0451	0.0225	0.0116
18	0.1523	0.1300	0.1108	0.0946	0.0808	0.0691	0.0508	0.0376	0.0180	0.0089
19	0.1377	0.1161	0.0981	0.0829	0.0703	0.0596	0.0431	0.0313	0.0144	0.0068
20	0.1240	0.1037	0.0868	0.0728	0.0611	0.0514	0.0365	0.0261	0.0115	0.0053
21	0.1117	0.0926	0.0768	0.0638	0.0531	0.0443	0.0309	0.0217	0.0092	0.0040
22	0.1007	0.0826	0.0680	0.0560	0.0462	0.0382	0.0262	0.0181	0.0074	0.0031
23	0.0907	0.0738	0.0601	0.0491	0.0402	0.0329	0.0222	0.0151	0.0059	0.0024
24	0.0817	0.0659	0.0532	0.0431	0.0349	0.0284	0.0188	0.0126	0.0047	0.0018
25	0.0736	0.0588	0.0471	0.0378	0.0304	0.0245	0.0160	0.0105	0.0038	0.0014
26	0.0663	0.0525	0.0417	0.0331	0.0264	0.0211	0.0135	0.0087	0.0030	0.0011
27	0.0597	0.0469	0.0369	0.0291	0.0230	0.0182	0.0115	0.0073	0.0024	0.0008
28	0.0538	0.0419	0.0326	0.0255	0.0200	0.0157	0.0097	0.0061	0.0019	0.0006
29	0.0485	0.0374	0.0289	0.0224	0.0170	0.0135	0.0082	0.0051	0.0015	0.0005
30	0.0437	0.0334	0.0256	0.0196	0.0151	0.0116	0.0070	0.0042	0.0012	0.0004

附表三　　　　　　　　　　　　　　　　年金终值系数表

期数	1%	2%	3%	4%	5%	6%	7%	8%	9%	10%	11%
1	1.0000	1.0000	1.0000	1.0000	1.0000	1.0000	1.0000	1.0000	1.0000	1.0000	1.0000
2	2.0100	2.0200	2.0300	2.0400	2.0500	2.0600	2.0700	2.0800	2.0900	2.1000	2.1100
3	3.0301	3.0604	3.0909	3.1216	3.1525	3.1836	3.2149	3.2464	3.2781	3.3100	3.3421
4	4.0604	4.1216	4.1836	4.2465	4.3101	4.3746	4.4399	4.5061	4.5731	4.6410	4.7097
5	5.1010	5.2040	5.3091	5.4163	5.5256	5.6371	5.7507	5.8666	5.9847	6.1051	6.2278
6	6.1520	6.3081	6.4684	6.6330	6.8019	6.9753	7.1533	7.3359	7.5233	7.7156	7.9129
7	7.2135	7.4343	7.6625	7.8983	8.1420	8.3938	8.6540	8.9228	9.2004	9.4872	9.7833
8	8.2857	8.5830	8.8923	9.2142	9.5491	9.8975	10.2598	10.6366	11.0285	11.4350	11.8594
9	9.3685	9.7546	10.1591	10.5828	11.0266	11.4913	11.9780	12.4876	13.0210	13.5790	14.1640
10	10.4620	10.9497	11.4639	12.0061	12.5779	13.1808	13.8164	14.4866	15.1929	15.9374	16.7220
11	11.5668	12.1687	12.8078	13.4864	14.2068	14.9716	15.7836	16.6455	17.5603	18.5312	19.5614
12	12.6825	13.4121	14.1920	15.0258	15.9171	16.8699	17.8885	18.9771	20.1407	21.3843	22.7132
13	13.8093	14.6803	15.6178	16.6268	17.7130	18.8821	20.1406	21.4953	22.9534	24.5227	26.2116
14	14.9474	15.9739	17.0863	18.2919	19.5986	21.0151	22.5505	24.2149	26.0192	27.9750	30.0949
15	16.0969	17.2934	18.5989	20.0236	21.5786	23.2760	25.1290	27.1521	29.3609	31.7725	34.4904
16	17.2579	18.6393	20.1569	21.8245	23.6575	25.6725	27.8881	30.3243	33.0034	35.9497	39.1899
17	18.4304	20.0121	21.7616	23.6975	25.8404	28.2129	30.8402	33.7502	36.9737	40.5447	44.5008
18	19.6147	21.4123	23.4144	25.6454	28.1324	30.9057	33.9990	37.4502	41.3013	45.5992	50.3959
19	20.8109	22.8406	25.1169	27.6712	30.5390	33.7600	37.3790	41.4463	46.0185	51.1591	56.9395
20	22.0190	24.2974	26.8704	29.7781	33.0660	36.7856	40.9955	45.7620	51.1601	57.2750	64.2028
21	23.2392	25.7833	28.6765	31.9692	35.7193	39.9927	44.8652	50.4229	56.7645	64.0025	72.2651
22	24.4716	27.2990	30.5368	34.2480	38.5052	43.3923	49.0057	55.4568	62.8733	71.4027	81.2143
23	25.7163	28.8450	32.4529	36.6179	41.4305	46.9958	53.4361	60.8933	69.5319	79.5430	91.1479
24	26.9735	30.4219	34.4265	39.0826	44.5020	50.8156	58.1767	66.7648	76.7898	88.4973	102.1742
25	28.2432	32.0303	36.4593	41.6459	47.7271	54.8645	63.2490	73.1059	84.7009	98.3471	114.4133
26	29.5256	33.6704	38.5530	44.3117	51.1135	59.1564	68.6765	79.9544	93.3240	109.1818	127.9988
27	30.8209	35.3443	40.7096	47.0842	54.6691	63.7058	74.4838	87.3508	102.7231	121.0999	143.0786
28	32.1291	37.0512	42.9309	49.9676	58.4026	68.5281	80.6977	95.3388	112.9682	134.0099	159.8173
29	33.4504	38.7922	45.2189	52.9663	62.3227	73.6398	87.3465	103.9659	124.1354	148.6309	178.3972
30	34.7849	40.5681	47.5754	56.0849	66.4388	79.0582	94.4608	113.2832	136.3075	164.4940	199.0209

期数	12%	13%	14%	15%	16%	18%	20%	25%	30%
1	1.0000	1.0000	1.0000	1.0000	1.0000	1.0000	1.0000	1.0000	1.0000
2	2.1200	2.1300	2.1400	2.1500	2.1600	2.1800	2.2000	2.2500	2.3000
3	3.3744	3.4069	3.4396	3.4725	3.5056	3.5724	3.6400	3.8125	3.9900
4	4.7793	4.8493	4.9211	4.9934	5.0665	5.2154	5.3680	5.7656	6.1870
5	6.3528	6.4803	6.6101	6.7424	6.8771	7.1542	7.4416	8.2070	9.0431
6	8.1152	8.3227	8.5355	8.7537	8.9775	9.4420	9.9299	11.2588	12.7560
7	10.0390	10.4047	10.7305	11.0668	11.4139	12.1415	12.9159	15.0735	17.5823
8	12.2997	12.7573	13.2328	13.7268	14.2401	15.3270	16.4991	19.8419	23.8577
9	14.7757	15.4157	16.0853	16.7858	17.5185	19.0859	20.7989	25.8023	32.0150
10	17.5487	18.4197	19.3373	20.3037	21.3215	23.5213	25.9587	33.2529	42.6195
11	20.6546	21.8143	23.0445	24.3493	25.7329	28.7551	32.1504	42.5661	56.4053
12	24.1331	25.6502	27.2707	29.0017	30.8502	34.9311	39.5805	54.2077	74.3270
13	28.0291	29.9847	32.0887	34.3519	36.7862	42.2187	48.4966	68.7596	97.6250
14	32.3926	34.8827	37.5811	40.5047	43.6720	50.8180	59.1959	86.9495	127.9125
15	37.2797	40.4175	43.8424	47.5804	51.6595	60.9653	72.0351	109.6868	167.2863
16	42.7533	46.6717	50.9804	55.7175	60.9250	72.9390	87.4421	138.1085	218.4722
17	48.8837	53.7391	59.1176	65.0751	71.7630	87.0608	105.9306	173.6357	285.0139
18	55.7497	61.7251	68.3941	75.8364	84.1407	103.7403	128.1167	218.0446	371.5180
19	63.4397	70.7494	78.9692	88.2118	98.6032	123.4135	154.7400	273.5558	483.9734
20	72.0524	80.9468	91.0249	102.4436	115.3797	146.6280	186.6880	342.9447	630.1655
21	81.6987	92.4699	104.7684	118.8101	134.8405	174.0210	295.0256	429.6809	820.2151
22	92.5026	105.4910	120.4360	137.6316	157.4150	206.3448	271.0307	538.1011	1 067.2796
23	104.6029	120.2048	138.2970	159.2764	183.6014	244.4868	326.2369	673.6264	1 388.4635
24	118.1552	136.8315	158.6586	184.1678	213.9776	289.4945	392.4842	843.0329	1 806.0026
25	133.3339	155.6196	181.8708	212.7930	249.2140	342.6035	471.9811	1 054.7912	2 348.8033
26	150.3339	176.8501	208.3327	245.7120	290.0883	405.2721	567.3773	1 319.4890	3 054.4443
27	169.3740	200.8406	238.4993	283.5688	337.5024	479.2211	681.8528	1 650.3612	3 971.7776
28	190.6989	227.9499	272.8892	327.1041	392.5028	566.4809	819.2233	2 063.9515	5 164.3109
29	214.5828	258.5834	312.0937	377.1697	456.3032	669.4475	984.0680	2 580.9394	6 714.6042
30	241.3397	293.1992	356.7868	434.7451	530.3117	790.9480	1 181.8816	3 227.1743	8 729.9855

附表四

年金现值系数表

期数	1%	2%	3%	4%	5%	6%	7%	8%	9%	10%
1	0.9901	0.9804	0.9709	0.9615	0.9524	0.9434	0.9346	0.9259	0.9174	0.9091
2	1.9704	1.9416	1.9135	1.8861	1.8594	1.8334	1.8080	1.7833	1.7591	1.7355
3	2.9410	2.8839	2.8286	2.7751	2.7232	2.6730	2.6243	2.5771	2.5313	2.4869
4	3.9020	3.8077	3.7171	3.6299	3.5460	3.4651	3.3872	3.3121	3.2397	3.1699
5	4.8534	4.7135	4.5797	4.4518	4.3295	4.2124	4.1002	3.9927	3.8897	3.7908
6	5.7950	5.6014	5.4172	5.2421	5.0757	4.9173	4.7665	4.6229	4.4859	4.3553
7	6.7282	6.4720	6.2303	6.0021	5.7864	5.5824	5.3893	5.2064	5.0330	4.8684
8	7.6517	7.3255	7.0197	6.7327	6.4632	6.2098	5.9713	5.7466	5.5348	5.3349
9	8.5660	8.1622	7.7861	7.4353	7.1078	6.8017	6.5152	6.2469	5.9952	5.7590
10	9.4713	8.9826	8.5302	8.1109	7.7217	7.3601	7.0236	6.7101	6.4177	6.1446
11	10.3676	9.7868	9.2526	8.7605	8.3064	7.8869	7.4987	7.1390	6.8052	6.4951
12	11.2551	10.5753	9.9540	9.3851	8.8633	8.3838	7.9427	7.5361	7.1607	6.8137
13	12.1337	11.3484	10.6350	9.9856	9.3936	8.8527	8.3577	7.9038	7.4869	7.1034
14	13.0037	12.1062	11.2961	10.5631	9.8986	9.2950	8.7455	8.2442	7.7862	7.3667
15	13.8651	12.8493	11.9379	11.1184	10.3797	9.7122	9.1079	8.5596	8.0607	7.6061
16	14.7179	13.5777	12.5611	11.6523	10.8378	10.1059	9.4466	8.8514	8.3126	7.8237
17	15.5623	14.2919	13.1661	12.1657	11.2741	10.4773	9.7632	9.1216	8.5436	8.0216
18	16.3983	14.9920	13.7535	12.6593	11.6896	10.8276	10.0591	9.3719	8.7556	8.2014
19	17.2260	15.6785	14.3238	13.1339	12.0853	11.1581	10.3356	9.6036	8.9501	8.3649
20	18.0456	16.3514	14.8775	13.5903	12.4622	11.4699	10.5940	9.8181	9.1285	8.5136
21	18.8570	17.0112	15.4150	14.0292	12.8212	11.7641	10.8355	10.0168	9.2922	8.6487
22	19.6604	17.6580	15.9369	14.4511	13.1630	12.0416	11.0612	10.2007	9.4424	8.7715
23	20.4558	18.2922	16.4436	14.8568	13.4886	12.3034	11.2722	10.3711	9.5802	8.8832
24	21.2434	18.9139	16.9355	15.2470	13.7986	12.5504	11.4693	10.5288	9.7066	8.9847
25	22.0232	19.5235	17.4131	15.6221	14.0939	12.7834	11.6536	10.6748	9.8226	9.0770
26	22.7952	20.1210	17.8768	15.9828	14.3752	13.0032	11.8258	10.8100	9.9290	9.1609
27	23.5596	20.7069	18.3270	16.3296	14.6430	13.2105	11.9867	10.9352	10.0266	9.2372
28	24.3164	21.2813	18.7641	16.6631	14.8981	13.4062	12.1371	11.0511	10.1161	9.3066
29	25.0658	21.8444	19.1885	16.9837	15.1411	13.5907	12.2777	11.1584	10.1983	9.3696
30	25.8077	22.3965	19.6004	17.2920	15.3725	13.7648	12.4090	11.2578	10.2737	9.4269

期数	11%	12%	13%	14%	15%	16%	18%	20%	25%	30%
1	0.9009	0.8929	0.8850	0.8772	0.8696	0.8621	0.8475	0.8333	0.8000	0.7692
2	1.7125	1.6901	1.6681	1.6467	1.6257	1.6052	1.5656	1.5278	1.4400	1.3609
3	2.4437	2.4018	2.3612	2.3216	2.2832	2.2459	2.1743	2.1065	1.9590	1.8161
4	3.1024	3.0373	2.9745	2.9137	2.8550	2.7982	2.6901	2.5887	2.3616	2.1662
5	3.6959	3.6048	3.5172	3.4331	3.3522	3.2743	3.1272	2.9906	2.6893	2.4356
6	4.2305	4.1114	3.9975	3.8887	3.7845	3.6847	3.4976	3.3255	2.9514	2.6427
7	4.7122	4.5638	4.4226	4.2833	4.1604	4.0386	3.8115	3.6064	3.1611	2.8021
8	5.1461	4.9676	4.7988	4.6389	4.4873	4.3436	4.0776	3.8372	3.3289	2.9247
9	5.5370	5.3282	5.1317	4.9464	4.7716	4.6065	4.3030	4.0310	3.4631	3.0190
10	5.8892	5.6502	5.4262	5.2161	5.0188	4.8332	4.4941	4.1925	3.5705	3.0915
11	6.2065	5.9377	5.6869	5.4527	5.2337	5.0286	4.6560	4.3271	3.6564	3.1473
12	6.4924	6.1944	5.9176	5.6603	5.4206	5.1971	4.7932	4.4392	3.7251	3.1903
13	6.7499	6.4235	6.1218	5.8424	5.5831	5.3423	4.9095	4.5327	3.7801	3.2233
14	6.9819	6.6282	6.3025	6.0021	5.7245	5.4675	5.0081	4.6106	3.8241	3.2487
15	7.1909	6.8109	6.4624	6.1422	5.8474	5.5755	5.0916	4.6755	3.8593	3.2682
16	7.3792	6.9740	6.6039	6.2651	5.9542	5.6685	5.1624	4.7296	3.8874	3.2832
17	7.5488	7.1196	6.7291	6.3729	6.0472	5.7487	5.2223	4.7746	3.9099	3.2948
18	7.7016	7.2497	6.8399	6.4674	6.1280	5.8178	5.2732	4.8122	3.9279	3.3037
19	7.8393	7.3658	6.9380	6.5504	6.1982	5.8775	5.3162	4.8435	3.9424	3.3105
20	7.9633	7.4694	7.0248	6.6231	6.2593	5.9288	5.3527	4.8696	3.9539	3.3158
21	8.0751	7.5620	7.1016	6.6870	6.3125	5.9731	5.3837	4.8913	3.9631	3.3193
22	8.1757	7.6446	7.1695	6.7429	6.3587	6.0113	5.4099	4.9094	3.9705	3.3230
23	8.2664	7.7184	7.2297	6.7921	6.3988	6.0442	5.4321	4.9245	3.9764	3.3254
24	8.3481	7.7843	7.2829	6.8351	6.4338	6.0726	5.4509	4.9371	3.9811	3.3272
25	8.4217	7.8431	7.3300	6.8729	6.4641	6.0971	5.4669	4.9476	3.9849	3.3286
26	8.4881	7.8957	7.3717	6.9061	6.4906	6.1182	5.4804	4.9563	3.9879	3.3297
27	8.5478	7.9426	7.4086	6.9352	6.5135	6.1364	5.4919	4.9636	3.9903	3.3305
28	8.6016	7.9844	7.4412	6.9607	6.5335	6.1520	5.5016	4.9697	3.9923	3.3312
29	8.6501	8.0218	7.4701	6.9830	6.5509	6.1656	5.5098	4.9747	3.9938	3.3317
30	8.6938	8.0552	7.4957	7.0027	6.5660	6.1772	5.5168	4.9789	3.9950	3.3321

参考文献

［1］于树彬，刘萍，张晶．管理会计［M］．8版.大连：东北财经大学出版社，2022.

［2］周阅，丁增稳．管理会计实务［M］.2版.北京：高等教育出版社，2020.

［3］李守武．战略与预算管理［M］.北京：中国财政经济出版社，2018.

［4］孙湛．现代管理会计［M］.北京：中国财政经济出版社，2018.

［5］孙茂竹，张玉周．管理会计［M］.北京：人民邮电出版社，2019.

［6］王苹香，陈杨，王伟．管理会计实务［M］.3版．北京：人民邮电出版社，2019.

［7］高严．动态环境下预算管理［M］.北京：机械工业出版社，2011.

［8］财政部会计司编写组．管理会计案例示范集［M］.北京：经济科学出版社，2020.

［9］陈越．美国注册助理管理会计师培训教材［M］.上海：上海交通大学出版社，2010.

［10］财政部．管理会计应用指引［S］.2017.

［11］财政部．管理会计行业调研报告及案例（第一辑）［R］.2020.

［12］财政部．管理会计行业调研报告及案例（第二辑）［R］.2020.

微课索引

为了满足学生自主学习的需要，我们针对本书的重点和难点内容制作了36个微课，用手机扫一扫对应的二维码即可直接观看，括号内标注的是微课的具体页码。